PAULINE

DE MEULIEN

AVENTURES DE LYDERIC — JACQUES Ier ET JACQUES II

Paris. — Charles UNSINGER, imprimeur, 83, rue du Bac.

PAULINE
DE MEULIEN

AVENTURES DE LYDERIC — JACQUES IER ET JACQUES II

PAR

ALEXANDRE DUMAS

DESSINS PAR J. A. BEAUCÉ, STAAL, C. NANTEUIL, ED. COPPIN

PARIS

CALMANN LÉVY, ÉDITEUR

ANCIENNE MAISON MICHEL LÉVY FRÈRES

3, RUE AUBER, 3

1891

PAULINE DE MEULIEN

PAR

ALEXANDRE DUMAS

I

ers la fin de l'année 1834, nous étions réunis un samedi soir dans un petit salon attenant à la salle d'armes de Grisier, écoutant, le fleuret à la main et le cigare à la bouche, les savantes théories de notre professeur, interrompues de temps en temps par des anecdotes à l'appui, lorsque la porte s'ouvrit, et que Alfred de Nerval entra.

Ceux qui ont lu mon *Voyage en Suisse* se rappelleront peut-être ce jeune homme qui servait de cavalier à une femme mystérieuse et voilée qui m'était apparue pour la première fois à Fluelen lorsque je courais avec Francesco pour rejoindre la barque qui devait nous conduire à la pierre de Guillaume Tell : ils n'auront point oublié alors que, loin de m'attendre, Alfred de Nerval, que j'espérais avoir pour compagnon de voyage, avait hâté le départ des bateliers, et, quittant la rive au moment où j'en étais encore éloigné de trois cents pas, m'avait fait de la main un signe, à la fois d'adieu et d'amitié, que je traduisis par ces mots : « Pardon, cher ami, j'aurais grand plaisir à te voir, mais je ne suis pas seul, et... » A ceci j'avais répondu par un autre signe qui voulait dire : « Je comprends parfaitement. » Et je m'étais arrêté et incliné en marque d'obéissance à cette décision, si sévère qu'elle me parût ; de sorte que, faute de barque et de bateliers, ce ne fut que le lendemain que je pus partir. De retour à l'hôtel, j'avais alors demandé si l'on connaissait cette femme, et l'on m'avait répondu que tout ce qu'on savait d'elle, c'est qu'elle paraissait fort souffrante, et qu'elle s'appelait *Pauline*

J'avais oublié complétement cette rencontre, lorsque, en allant visiter la source d'eau chaude qui alimente les bains de Pfeffers, je vis venir, peut-être se le rappellera-t-on encore, sous la longue galerie souterraine, Alfred de Nerval, donnant le bras à cette même femme que j'avais déjà entrevue à Flueleu, et qui, là, m'avait manifesté son désir de rester inconnue de la manière que j'ai racontée. Cette fois encore elle me parut désirer garder le même incognito, car son premier mouvement fut de retourner en arrière. Malheureusement le chemin sur lequel nous marchions ne permettait de s'écarter ni à droite ni à gauche : c'était une espèce de pont composé de deux planches humides et glissantes, qui, au lieu d'être jetées en travers d'un précipice, au fond duquel grondait la Tamina sur un lit de marbre noir, longeaient une des parois du souterrain, à quarante pieds à peu près au-dessus du torrent, soutenues par des poutres enfoncées dans le rocher. La mystérieuse compagne de mon ami pensa donc que toute fuite était impossible ; alors, prenant son parti, elle baissa son voile et continua de s'avancer vers moi. Je racontai alors la singulière impression que me fit cette femme blanche et légère comme une ombre, marchant au bord de l'abîme sans plus paraître s'en inquiéter que si elle appartenait déjà à un autre monde. En la voyant s'approcher, je me rangeai contre la muraille, afin d'occuper le moins de place possible. Alfred voulut la faire passer seule ; mais elle refusa de quitter son bras, de sorte que nous nous trouvâmes un instant à trois sur une largeur de deux pieds tout au plus ; mais cet instant fut prompt comme un éclair : cette femme étrange, pareille à une de ces fées qui se penchent au bord des torrents et font flotter leur écharpe dans l'écume des cascades, s'inclina sur le précipice, et passa comme par miracle, mais pas si rapidement encore que je ne pusse entrevoir son visage calme et doux, quoique pâle et amaigri par la souffrance. Alors il me sembla que ce n'était point la première fois que je voyais cette figure ; il s'éveilla dans mon esprit un

souvenir vague d'une autre époque, une réminiscence de salons, de bals, de fêtes ; il me semblait que j'avais connu cette femme, au visage si défait et si triste aujourd'hui, joyeuse, rougissante et couronnée de fleurs, emportée au milieu des parfums et de la musique dans quelque valse langoureuse ou quelque galop bondissant : où cela ? je n'en savais plus rien ; à quelle époque ? il m'était impossible de le dire ; c'était une vision, un rêve, un écho de ma mémoire, qui n'avait rien de précis et de réel, et qui m'échappait comme si j'eusse voulu saisir une vapeur. Je revins en me promettant de la revoir, dussé-je être indiscret pour parvenir à ce but ; mais, à mon retour, quoique je n'eusse été absent qu'une demi-heure, ni Alfred ni elle n'étaient déjà plus aux bains de Pfeffers.

Deux mois s'étaient écoulés depuis cette seconde rencontre ; je me trouvais à Baveno, près du lac Majeur : c'était par une belle soirée d'automne ; le soleil venait de disparaître derrière la chaîne des Alpes, et l'ombre montait à l'orient, qui commençait à se parsemer d'étoiles. La fenêtre de ma chambre donnait de plain-pied sur une terrasse toute couverte de fleurs ; j'y descendis et je me trouvai au milieu d'une forêt de lauriers-roses, de myrtes et d'orangers. C'est une si douce chose que les fleurs, que ce n'est point encore assez d'en être entouré, on veut en jouir de plus près, et, quelque part qu'on en trouve, fleurs des champs, fleurs des jardins, l'instinct de l'enfant, de la femme et de l'homme est de les arracher à leur tige, et d'en faire un bouquet dont le parfum les suive, et dont l'éclat soit à eux. Aussi ne résistai-je pas à la tentation ; je brisai quelques branches embaumées, et j'allai m'appuyer sur la balustrade de granit rose qui domine le lac, dont elle n'est séparée que par la grande route qui va de Genève à Milan. J'y fus à peine, que la lune se leva du côté de Sesto, et que ses rayons commencèrent à glisser aux flancs des montagnes qui bornaient l'horizon, et sur l'eau qui dormait à mes pieds, resplendissante et tranquille comme un immense miroir : tout était calme ; aucun bruit ne venait de la terre, du lac, ni du ciel, et la nuit commençait sa course dans une majestueuse et mélancolique sérénité. Bientôt, d'un massif d'arbres qui s'élevait à ma gauche, et dont les racines baignaient dans l'eau, le chant d'un rossignol s'élança harmonieux et tendre : c'était le seul son qui veillât ; il se soutint un instant, brillant et cadencé, puis tout à coup il s'arrêta à la fin d'une roulade. Alors, comme si ce bruit en eût éveillé un autre d'une nature bien différente, le roulement lointain d'une voiture se fit entendre venant de Doma d'Ossola, puis le chant du rossignol reprit, et je n'écoutai plus que l'oiseau de Juliette. Lorsqu'il cessa, j'entendis de nouveau la voiture plus rapprochée ; elle venait rapidement ; cependant, si rapide que fût sa course, mon mélodieux voisin eut encore le temps de reprendre sa nocturne prière. Mais cette fois, à peine eut-il lancé sa dernière note, qu'au tournant de la route j'aperçus une chaise de poste qui roulait, emportée par le galop de deux chevaux, sur le chemin qui passait devant l'auberge. A deux cents pas de nous, le postillon fit claquer bruyamment son fouet, afin d'avertir son confrère de son arrivée. En effet, presque aussitôt la grosse porte de l'auberge grinça sur ses gonds, et un nouvel attelage en sortit ; au même instant, la voiture s'arrêta au-dessous de la terrasse à la balustrade de laquelle j'étais accoudé.

La nuit, comme je l'ai dit, était si pure, si transparente et si parfumée, que les voyageurs, pour jouir des douces émanations de l'air, avaient abaissé la capote de la calèche. Ils étaient deux, un jeune homme et une jeune femme : la jeune femme enveloppée dans un grand châle ou dans un manteau, et la tête renversée en arrière sur le bras du jeune homme qui la soutenait. En ce moment le postillon sortit avec une lumière pour allumer les lanternes de la voiture : un rayon de clarté passa sur la figure des voyageurs, et je reconnus Alfred de Nerval et Pauline.

Toujours lui et toujours elle! il semblait qu'une puissance plus intelligente que le hasard nous poussait à la rencontre les uns des autres. Toujours elle, mais si changée encore depuis Pfeffers, si pâle, si mourante, que ce n'était plus qu'une ombre ; et cependant ces traits flétris rappelèrent encore à mon esprit cette vague image de femme qui dormait au fond de ma mémoire, et qui, à chacune de ces apparitions, montait à sa surface et glissait sur ma pensée comme sur le brouillard une rêverie d'Ossian. J'étais tout près d'appeler Alfred, mais je me rappelai combien sa compagne désirait ne pas être vue. Et pourtant un sentiment de si mélancolique pitié m'entraînait vers elle, que je voulus qu'elle sût du moins que quelqu'un priait pour que son âme tremblante et prête à s'envoler n'abandonnât pas sitôt avant l'heure le corps gracieux qu'elle animait. Je pris une carte de visite dans ma poche ; j'écrivis au dos avec mon crayon : « Dieu garde les voyageurs, console les affligés et guérisse les souffrants. » Je mis la carte au milieu des branches d'orangers, de myrtes et de roses que j'avais cueillies, et je laissai tomber le bouquet dans la voiture. Au même instant le postillon repartit, mais pas si rapidement que je n'aie eu le temps de voir Alfred se pencher en dehors de la voiture afin d'approcher ma carte de la lumière. Alors il se retourna de mon côté, me fit un signe de la main, et la calèche disparut à l'angle de la route.

Le bruit de la voiture s'éloigna, mais sans être interrompu cette fois par le chant du rossignol. J'eus beau me tourner du côté du buisson et rester une heure encore sur la terrasse, j'attendis vainement. Alors une pensée profondément triste me prit : je me figurai que cet oiseau qui avait chanté, c'était l'âme de la jeune fille qui dit son cantique d'adieu à la terre, et que, puisqu'il ne chantait plus, c'est qu'elle était déjà remontée au ciel.

La situation ravissante de l'auberge, placée entre les Alpes qui finissent et l'Italie qui commence, ce spectacle calme et en même temps animé du lac Majeur, avec ses trois îles, dont l'une est un jardin, l'autre un village et la troisième un palais ; ces premières neiges de l'hiver qui couvraient les montagnes, et ces dernières chaleurs de l'automne qui venaient de la Méditerranée, tout cela me retint huit jours à Baveno ; puis je partis pour Arona ; et d'Arona pour Sesto Calende.

Là m'attendait un dernier souvenir de Pauline ; là, l'étoile que j'avais vue filer à travers le ciel s'était éteinte ; là, ce pied si léger au bord du précipice avait heurté la tombe ; et, jeunesse usée, beauté flétrie, cœur brisé, tout s'était englouti sous une pierre, voile du sépulcre, qui, fermé aussi mystérieusement sur ce cadavre que le voile de la vie avait été tiré sur le visage, n'avait laissé pour tout renseignement à la curiosité du monde que le prénom de *Pauline*.

J'allai voir cette tombe : au contraire des tombes italiennes, qui sont dans les églises, celle-ci s'élevait dans un charmant jardin, au haut d'une colline boisée, sur le versant qui regardait et dominait le lac. C'était le soir ; la pierre commençait à blanchir aux rayons de la lune ; je m'assis près d'elle, forçant ma pensée à ressaisir tout ce qu'elle avait de souvenirs épars et flottants de cette jeune femme ; mais cette fois encore ma mémoire fut rebelle ; je ne pus réunir que des vapeurs sans forme, et non une statue aux contours arrêtés, et je renonçai à pénétrer ce mystère jusqu'au jour où je retrouverais Alfred de Nerval.

On comprendra facilement maintenant combien son apparition inattendue, au moment où je songeais le moins à lui, vint frapper tout à la fois mon esprit, mon cœur et mon imagination d'idées nouvelles ; en un instant je revis tout : cette barque qui m'échappait sur le lac ; ce pont souterrain, pareil à un vestibule de l'enfer, où les voyageurs semblent des ombres ; cette petite auberge de Baveno, au pied de laquelle était passée la voiture mortuaire ; puis enfin cette pierre blanchissante, où, aux rayons de la lune glissant entre les branches des orangers et des lauriers-roses, on peut lire, pour toute épitaphe, le prénom de cette femme morte si jeune et probablement si malheureuse.

Aussi m'élançai-je vers Alfred comme un homme enfermé depuis longtemps dans un souterrain s'élance à la lumière qui entre par une porte que l'on ouvre ; il sourit tristement en me tendant la main, comme pour me dire qu'il me comprenait ; et ce fut alors moi qui fis un mouvement en arrière et qui me repliai en quelque sorte sur moi-même, afin qu'Alfred, vieil ami de quinze ans, ne prît pas pour un simple mouvement de curiosité le sentiment qui m'avait poussé au-devant de lui.

Il entra. C'était un des bons élèves de Grisier, et cependant depuis près de trois ans il n'avait point paru à la salle d'armes. La dernière fois qu'il y était venu, il avait un duel pour le lendemain, et, ne sachant encore à quelle arme il se battrait, il venait, à tout hasard, *se refaire la main* avec le maître. Depuis ce temps, Grisier ne l'avait pas revu; il avait entendu dire seulement qu'il avait quitté la France et habitait Londres.

Grisier, qui tient à la réputation de ses élèves autant qu'à la sienne, n'eut pas plutôt échangé avec lui les compliments d'usage, qu'il lui mit un fleuret dans la main, lui choisit parmi nous un adversaire de sa force; c'était, je m'en souviens, ce pauvre Labattut, qui partait pour l'Italie, et qui, lui aussi, allait trouver à Pise une tombe ignorée et solitaire.

A la troisième passe, le fleuret de Labattut rencontra la poignée de l'arme de son adversaire, et, se brisant à deux pouces au-dessous du bouton, alla en passant à travers la garde, déchirer la manche de sa chemise, qui se teignit de sang. Labattut jeta aussitôt son fleuret; il croyait, comme nous, Alfred sérieusement blessé.

Heureusement ce n'était qu'une égratignure; mais, en relevant la manche de sa chemise, Alfred nous découvrit une autre cicatrice qui avait dû être plus sérieuse; une balle de pistolet lui avait traversé les chairs de l'épaule.

— Tiens! lui dit Grisier avec étonnement, je ne vous savais pas cette blessure!

C'est que Grisier nous connaissait tous, comme une nourrice son enfant; pas un de ses élèves n'avait une piqûre sur le corps dont il ne sût la date et la cause. Il écrirait une histoire amusante et bien scandaleuse, j'en suis sûr, s'il voulait raconter celle des coups d'épée dont il sait les antécédents; mais cela ferait trop de bruit dans les alcôves; et, par contre-coup, trop de tort à son établissement; il en fera des mémoires posthumes.

— C'est, lui répondit Alfred, que je l'ai reçue le lendemain du jour où je suis venu faire assaut avec vous, et que, le jour où je l'ai reçue, je suis parti pour l'Angleterre. — Je vous avais bien dit de ne pas vous battre au pistolet. Thèse générale : l'épée est l'arme du brave et du gentilhomme, l'épée est la relique la plus précieuse que l'histoire conserve des grands hommes qui ont illustré la patrie : on dit l'épée de Charlemagne, l'épée de Bayard, l'épée de Napoléon, qui est-ce qui a jamais parlé de leur pistolet? Le pistolet est l'arme du brigand; c'est le pistolet sous la gorge qu'on fait signer de fausses lettres de change; c'est le pistolet à la main qu'on arrête une diligence au fond d'un bois; c'est avec un pistolet que le banqueroutier se brûle la cervelle... Le pistolet!... fi donc!... L'épée, à la bonne heure ! c'est la compagne, c'est la confidente, c'est l'amie de l'homme; elle garde son honneur ou elle le venge. — Eh bien! mais avec cette conviction, répondit en souriant Alfred, comment vous êtes-vous battu il y a deux ans au pistolet? — Moi, c'est autre chose : je dois me battre à tout ce qu'on veut; je suis maître d'armes ; et puis il y a des circonstances où l'on ne peut pas refuser les conditions qu'on vous impose... — Eh bien ! je me suis trouvé dans une de ces circonstances, mon cher Grisier, et vous voyez que je ne m'en suis pas mal tiré... — Oui, avec une balle dans l'épaule. — Cela valait toujours mieux qu'une balle dans le cœur. — Et peut-on savoir la cause de ce duel? — Pardonnez-moi, mon cher Grisier, mais toute cette histoire est encore un secret; plus tard, vous la connaîtrez. — Pauline ?... lui dis-je tout bas. — Oui, me répondit-il. — Nous la connaîtrons, bien sûr?... dit Grisier. — Bien sûr, reprit Alfred ; et la preuve, c'est que j'emmène souper Alexandre, et que je la lui raconterai ce soir; de sorte qu'un beau jour, lorsqu'il n'y aura plus d'inconvénient à ce qu'elle paraisse, vous la trouverez dans quelque volume intitulé : *Contes bruns* ou *Contes bleus*. Prenez donc patience jusque-là.

Force fut donc à Grisier de se résigner. Alfred m'emmena souper comme il me l'avait offert, et me raconta l'histoire de *Pauline*.

Aujourd'hui le seul inconvénient qui existât à sa publication a disparu. La mère de Pauline est morte, et avec elle s'est éteinte la famille et le nom de cette malheureuse enfant, dont les aventures semblent empruntées à une époque ou à une localité bien étrangères à celles où nous vivons.

Pauline de Meulien.

II

u sais, me dit Alfred, que j'étudiais la peinture lorsque mon brave homme d'oncle mourut et nous laissa, à ma sœur et à moi, chacun trente mille livres de rente.

Je m'inclinai en signe d'adhésion à ce que me disait Alfred, et de respect pour l'ombre de celui qui avait fait une si belle action en prenant congé de ce monde.

— Dès lors, continua le narrateur, je ne me livrai plus à la peinture que comme à un délassement : je résolus de voyager, de voir l'Écosse, les Alpes, l'Italie ; je pris avec mon notaire des arrangements d'argent, et je partis pour le Havre, désirant commencer mes courses par l'Angleterre.

Au Havre, j'appris que Dauzats et Jadin étaient de

l'autre côté de la Seine, dans un petit village nommé Trouville ; je ne voulus pas quitter la France sans serrer la main à deux camarades d'atelier. Je pris le paquebot ; deux heures après j'étais à Honfleur et le lendemain matin à Trouville : malheureusement ils étaient partis depuis la veille.

Tu connais ce petit port avec sa population de pêcheurs ; c'est un des plus pittoresques de la Normandie. J'y restai quelques jours, que j'employai à visiter les environs ; puis, le soir, assis au coin du feu de ma respectable hôtesse, madame Oseraie, j'écoutais le récit d'aventures assez étranges dont, depuis trois mois, les départements du Calvados, du Loiret et de la Manche étaient le théâtre Il s'agissait de vols commis avec une adresse ou une audace merveilleuse : des voyageurs avaient disparu entre le village du Buisson et celui de Sallenelles. On avait retrouvé le postillon les yeux bandés et attaché à un arbre, la chaise de poste sur la grande route et les chevaux paissant tranquillement dans la prairie voisine. Un soir que le receveur général de Caen donnait à souper à un jeune homme de Paris nommé Horace de Beuzeval, et à deux de ses amis qui étaient venus passer avec lui la saison des chasses dans le château de Burcy, distant de Trouville d'une quinzaine de lieues, on avait forcé sa caisse et enlevé une somme de 70,000 francs. Enfin, le percepteur de Pont-l'Évêque, qui allait faire un versement de 12,000 francs à Lisieux, avait été assassiné, et son corps, jeté dans la Touques et repoussé par ce petit fleuve sur son rivage, avait seul révélé le meurtre, dont les auteurs étaient restés parfaitement inconnus, malgré l'activité de la police parisienne, qui, ayant commencé à s'inquiéter de ces brigandages, avait envoyé dans ces départements quelques-uns de ses plus habiles suppôts.

Ces événements, qu'éclairait de temps en temps un de ces incendies dont on ignorait la cause, et qu'à cette époque les journaux de l'opposition attribuaient au gouvernement, jetaient par toute la Normandie une terreur inconnue jusqu'alors dans ce bon pays, très-renommé pour ses avocats et ses plaideurs, mais nullement pittoresque à l'endroit des brigands et des assassins. Quant à moi, j'avoue que je n'ajoutais pas grande foi à toutes ces histoires, qui me paraissaient appartenir plutôt aux gorges désertes de la Sierra ou aux montagnes incultes de la Calabre qu'aux riches plaines de Falaise et aux fertiles vallées de Pont-Audemer, parsemées de villages, de châteaux et de métairies. Les voleurs m'étaient toujours apparus au milieu d'une forêt ou au fond d'une caverne. Or, dans tous les trois départements, il n'y a pas un terrier qui mérite le nom de caverne, et pas une garenne qui ait la présomption de se présenter comme une forêt.

Cependant force me fut bientôt de croire à la réalité de ces récits : un riche Anglais, venant du Havre et se rendant à Alençon, fut arrêté avec sa femme à une demi-lieue de Dives, où il venait de relayer ; le postillon, bâillonné et garrotté, avait été jeté dans la voiture à la place de ceux qu'il conduisait, et les chevaux, qui savaient leur route, étaient arrivés au train ordinaire à Ranville, et s'étaient arrêtés à la poste, où ils étaient restés tranquillement jusqu'au jour, attendant qu'on les dételât ; au jour, un garçon d'écurie, en ouvrant la grande porte, avait trouvé la calèche encore attelée et ayant pour tout maître le pauvre postillon bâillonné. Conduit aussitôt chez le maire, cet homme déclara avoir été arrêté sur la grande route par quatre hommes masqués qui, par leur mise, semblaient appartenir à la dernière classe de la société, lesquels l'avaient forcé de s'arrêter et avaient fait descendre les voyageurs ; alors l'Anglais ayant essayé de se défendre, un coup de pistolet avait été tiré ; presque aussitôt il avait entendu des gémissements et des cris ; mais il n'avait rien vu, ayant la face contre terre : d'ailleurs, un instant après, il avait été bâillonné et jeté dans la voiture, qui l'avait amené à la poste aussi directement que s'il eût conduit ses chevaux, au lieu d'être conduit par eux. La gendarmerie se porta aussitôt vers l'endroit désigné comme le lieu de la catastrophe : en effet on retrouva le corps de l'Anglais dans un fossé : il était percé de deux coups de poignard. Quant à sa femme, on n'en découvrit aucune trace. Ce nouvel événement s'était passé à dix ou douze lieues à peine de Trouville ; le corps de la victime avait été transporté à Caen : il n'y avait donc plus moyen de douter, eussé-je même été aussi incrédule que saint Thomas, car je pouvais, en moins de cinq ou six heures, aller mettre comme lui le doigt dans les blessures.

Trois ou quatre jours après cet événement, et la veille de mon départ, je résolus de faire une dernière visite aux côtes que j'allais quitter : je fis appareiller le bateau que j'avais loué pour un mois, comme à Paris on loue un remise ; puis, voyant le ciel pur et la journée à peu près certaine, je fis porter à bord mon dîner, mon bristol et mes crayons, et je mis à la voile, composant à moi seul tout mon équipage.

— En effet, interrompis-je, je connais tes prétentions comme marin, et je me rappelle que tu as fait ton apprentissage entre le pont des Tuileries et le pont de la Concorde, dans une embarcation au pavillon d'Amérique. — Oui, continua Alfred en souriant ; mais cette fois ma prétention faillit m'être fatale : d'abord tout alla bien ; j'avais une petite barque de pêcheur à une seule voile, que je pouvais manœuvrer du gouvernail ; le vent venait du Havre et me faisait glisser sur la mer à peine agitée avec une rapidité vraiment merveilleuse. Je fis ainsi à peu près huit ou dix lieues dans l'espace de trois heures, puis tout à coup le vent tomba et l'Océan devint calme comme un miroir. J'étais justement en face de l'embouchure de l'Orne : j'avais à ma droite le raz de Langrune et les rochers de Lyon, et à ma gauche les ruines d'une espèce d'abbaye attenante au château de Burcy; c'était un paysage tout composé; je n'avais qu'à copier pour faire un tableau. J'abattis ma voile et je me mis à l'ouvrage.

J'étais tellement occupé de mon dessin, que je ne saurais dire depuis combien de temps je travaillais, lorsque je sentis passer sur mon visage une de ces brises chaudes qui annoncent l'approche d'un orage; en même temps la mer changea de couleur, et, de verte qu'elle était, devint gris de cendre. Je me retournai vers le large : un éclair sillonnait le ciel couvert de nuages si noirs et si pressés, qu'il sembla fendre une chaîne de montagnes; je jugeai qu'il n'y avait pas un instant à perdre : le vent, comme je l'avais espéré en venant le matin, avait tourné avec le soleil; je hissai ma petite voile et je mis le cap sur Trouville, en serrant la côte, afin de m'y faire échouer en cas de danger. Mais je n'avais pas fait un quart de lieue, que je vis ma voile faseir contre le mât; j'abattis aussitôt l'un et l'autre, car je me défiais de ce calme apparent. En effet, au bout d'un instant, plusieurs courants se croisèrent, la mer commença à clapoter, un coup de tonnerre se fit entendre; c'était un avertissement à ne pas mépriser : en effet, la bourrasque s'approchait avec la rapidité d'un cheval de course. Je mis bas mon habit, je pris un aviron de chaque main et je commençai à ramer vers le rivage.

J'avais à peu près deux lieues à faire avant de l'atteindre; heureusement c'était l'heure du flux, et, quoique le vent fût contraire, ou plutôt qu'il n'y eût réellement point de vent, mais seulement des rafales qui se croisaient en tous sens, la vague me poussait vers la terre. De mon côté, je faisais merveille en ramant de toutes mes forces; cependant la tempête allait encore plus vite que moi, de sorte qu'elle me rejoignit. Pour comble de disgrâce, la nuit commençait à tomber; cependant j'espérais encore toucher le rivage avant que l'obscurité fût complète.

Je passai une heure terrible : mon bateau, soulevé comme une coquille de noix, suivait toutes les ondulations des vagues, remontant et retombant avec elles. Je ramais toujours; mais, voyant bientôt que je m'épuisais inutilement, et prévoyant le cas où je serais obligé de me sauver à la nage, je tirai mes deux avirons de leurs crochets, je les jetai au fond de la barque, auprès de la voile et du mât, et, ne gardant que mon pantalon et ma chemise, je me débarrassai de tout ce qui pouvait gêner mes mouvements. Deux ou trois fois je fus sur le point de me jeter à la mer; mais la légèreté de la barque même me sauva; elle flottait comme un liège, et n'embarquait pas une goutte d'eau; seulement il y avait à craindre que d'un moment à l'autre elle ne chavirât; une fois je crus sentir qu'elle touchait; mais la sensation fut si rapide et si légère, que je n'osai l'espérer. L'obscurité était d'ailleurs tellement profonde, que je ne pouvais distinguer à vingt pas devant moi; de sorte que j'ignorais à quelle distance j'étais encore du rivage. Tout à coup, j'éprouvai une violente secousse : il n'y avait plus de doute cette fois, j'avais touché; mais était-ce contre un rocher? était-ce contre le sable? Une vague m'avait remis à flot, et pendant quelques minutes je me trouvai emporté avec une nouvelle violence. Enfin la barque fut poussée en avant avec tant de force, que, lorsque la mer se retira, la quille se trouva engravée. Je ne perdis pas un instant. Je pris mon paletot et sautai par-dessus bord, abandonnant tout le reste; j'avais de l'eau seulement jusqu'aux genoux, et, avant que la vague, que je voyais revenir comme une montagne, m'eût rejoint, j'étais sur la grève.

Tu comprends que je ne perdis pas de temps : je mis mon paletot sur mes épaules, et je m'avançai rapidement vers la côte. Bientôt je sentis que je glissais sur ces cailloux ronds qu'on appelle du galet et qui indiquent les limites du flux; je continuai de monter quelque temps encore; le terrain avait de nouveau changé de nature; je marchais dans ces grandes herbes qui poussent sur les dunes : je n'avais plus rien à craindre, je m'arrêtai.

C'est une magnifique chose que la mer vue la nuit à la lueur de la foudre et pendant une tempête : c'est l'image du chaos et de la destruction; c'est le seul élément à qui Dieu ait donné le pouvoir de se révolter contre lui en croisant ses vagues avec ses éclairs. L'Océan semblait une immense chaîne de montagnes mouvantes, aux sommets confondus avec les nuages et aux vallées profondes comme des abîmes; à chaque éclat de tonnerre, une lueur blafarde serpentait de ces cimes à ces profondeurs, et allait s'éteindre dans des gouffres aussitôt fermés qu'ouverts, aussitôt ouverts que fermés. Je contemplais avec une terreur pleine de curiosité ce spectacle prodigieux, que Vernet voulut voir et regarda inutilement du mât du vaisseau où il s'était fait attacher; car jamais pinceau humain n'en pourra rendre l'épouvantable grandiose et la terrible majesté. Je serais resté toute la nuit peut-être, immobile, écoutant et regardant, si je n'avais senti tout à coup de larges gouttes de pluie fouetter mon visage. Quoique nous ne fussions encore qu'au milieu de septembre, les nuits étaient déjà froides; je cherchai dans mon esprit où je pourrais trouver un abri contre cette pluie : je me souvins alors des ruines que j'avais aperçues de la mer, et qui ne devaient pas être éloignées du point de la côte où je me trouvais. En conséquence, je continuai de monter par une pente rapide; bientôt je me trouvai sur une espèce de plateau; j'avançais toujours, car j'apercevais devant moi une masse noire que je ne pouvais distinguer, mais qui, quelle qu'elle fût, devait m'offrir un couvert. Enfin un éclair brilla, je recon-

Enfin un éclair brilla; je reconnus le porche dégradé d'une chapelle.

nus le porche dégradé d'une chapelle; j'entrai, et je me trouvai dans un cloître; je cherchai l'endroit le moins écroulé, et je m'assis dans un angle à l'ombre d'un pilier, décidé à attendre là le jour; car, ne connaissant pas la côte, je ne pouvais me hasarder par le temps qu'il faisait à me mettre en quête d'une habitation. D'ailleurs j'avais, dans mes chasses de la Vendée et des Alpes, dans une chaumière bretonne ou dans un chalet suisse, passé vingt nuits plus mauvaises encore que celle qui m'attendait; la seule chose qui m'inquiétait était un certain tiraillement d'estomac qui me rappelait que je n'avais rien pris depuis dix heures du matin,

quand tout à coup je me rappelai que j'avais dit à madame Oseraie de songer aux poches de mon paletot : j'y portai vivement la main; ma brave hôtesse avait suivi ma recommandation : je trouvai dans l'une un petit pain et dans l'autre une gourde pleine de rhum. C'était un souper parfaitement adapté à la circonstance : aussi, à peine l'eus-je achevé, que je sentis une douce chaleur renaître dans mes membres, qui commençaient à s'engourdir; mes idées, qui avaient pris une teinte sombre dans l'attente d'une veille affamée, se ranimèrent dès que le besoin fut éteint; je sentis le sommeil qui allait venir, conduit par la lassitude : je m'enveloppai dans mon

La lune reparut; et, à l'extrémité du petit cimetière, j'aperçus le mystérieux inconnu. — Page 11.

paletot, je m'établis contre mon pilier, et bientôt je m'assoupis, bercé par le bruit de la mer qui venait se briser contre le rivage et le sifflement du vent qui s'engouffrait dans les ruines.

Je dormais depuis deux heures à peu près lorsque je fus réveillé par le bruit d'une porte qui se refermait en grinçant sur ses gonds et en battant la muraille. J'ouvris d'abord les yeux tout grands, comme il arrive lorsqu'on est d'un sommeil inquiet; puis je me levai aussitôt en prenant la précaution instinctive de me cacher derrière mon pilier..... Mais j'eus beau regarder autour de moi, je ne vis rien, je n'entendis rien; cependant je n'en restai pas moins sur mes gardes, convaincu que le bruit qui m'avait réveillé s'était bien réellement fait entendre, et que l'illusion d'un rêve ne m'avait pas trompé.

III

L'orage était apaisé, et, quoique le ciel fût toujours chargé de nuages noirs, de temps en temps, dans leur intervalle, la lune parvenait à glisser un de ses rayons. Pendant un de ces moments de clarté rapide que l'obscurité venait bientôt éteindre, je détournai mes regards de cette porte que je croyais avoir entendue crier, pour les étendre autour de moi. J'étais, comme j'avais cru le distinguer malgré les ténèbres, au milieu d'une vieille abbaye en ruines : autant qu'on en pouvait juger par les restes encore debout, je me trouvais dans la chapelle : à ma droite et à ma gauche s'étendaient les deux corridors du cloître, soutenus par des arcades basses et cintrées, tandis qu'en face quelques pierres brisées et posées à plat au milieu de grandes herbes indiquaient le petit cimetière où les anciens habitants de ce cloître venaient se reposer de la vie au pied de la croix de pierre, mutilée et veuve de son Christ, mais encore debout.

Tu le sais, continua Alfred, et tous les hommes véritablement braves l'avoueront, les influences physiques ont un immense pouvoir sur les impressions de l'âme. Je venais d'échapper, la veille, à un orage terrible; j'étais arrivé à moitié glacé au milieu de ruines inconnues; je m'étais endormi d'un sommeil de fatigue, troublé bientôt par un bruit extraordinaire dans cette solitude; enfin, à mon réveil, je me trouvais sur le théâtre même de ces vols et de ces assassinats qui, depuis deux mois, désolaient la Normandie; je m'y trouvais seul, sans armes, et, comme je te le dis, dans une de ces dispositions d'esprit où les antécédents physiques empêchent le moral engourdi de reprendre toute son énergie. Tu ne trouveras donc rien d'étonnant à ce que tous ces récits du coin du feu me revinssent en mémoire et à ce que je restasse immobile et debout contre mon pilier, au lieu de me recoucher et d'essayer de me rendormir. Au reste, ma conviction était si grande qu'un bruit humain m'avait réveillé, que, tout en interrogeant les ténèbres des corridors et l'espace plus éclairé du cimetière, mes yeux revenaient constamment se fixer sur cette porte enfoncée dans la muraille, où j'étais certain que quelqu'un était entré : vingt fois j'eus le désir d'aller écouter à cette porte si je n'entendrais pas quelque bruit qui pût éclaircir mes doutes; mais il fallait, pour arriver jusqu'à elle, franchir un espace que les rayons de la lune éclairaient en plein. Or, d'autres hommes pouvaient comme moi être cachés dans ce cloître, et n'échapper à mes regards que comme j'échappais aux leurs, c'est-à-dire en restant dans l'ombre et sans mouvement. Néanmoins, au bout d'un quart d'heure, tout ce désert était redevenu si calme et si silencieux, que je résolus de profiter du premier moment où un nuage obscurcirait la lune, pour franchir l'intervalle de quinze à vingt pas qui me séparait de cet enfoncement, et aller écouter à cette porte : ce moment ne se fit pas attendre; la lune se voila bientôt, et l'obscurité fut si profonde, que je pensai pouvoir me hasarder sans danger à accomplir ma résolution. Je me détachai donc lentement de ma colonne, à laquelle jusque-là j'étais resté adhérent comme une sculpture gothique; puis, de pilier en pilier, retenant mon haleine, écoutant à chaque pas, je parvins enfin jusqu'au mur du corridor. Je le suivis un instant en m'appuyant contre lui; enfin j'arrivai aux degrés qui conduisaient sous la voûte, je descendis trois marches, et je touchai la porte.

Pendant dix minutes j'écoutai sans rien entendre, et peu à peu ma première conviction s'éteignit pour faire place au doute. J'en revenais à croire qu'un rêve m'avait trompé, et que j'étais le seul habitant de ces ruines qui m'avaient offert un asile : j'allais quitter la porte et rejoindre mon pilier, lorsque la lune reparut en éclairant de nouveau l'espace qu'il me fallait traverser pour retourner à mon poste; j'allais me mettre en route, malgré cet inconvénient, qui pour moi avait cessé d'en être un, lorsqu'une pierre se détacha de la voûte et tomba. J'entendis le bruit qu'elle fit, et, quoique j'en connusse la cause, je tressaillis comme à un avertissement, et, au lieu de suivre mon premier sentiment, je demeurai encore un instant dans l'ombre que projetait la voûte en avançant au-dessus de ma tête. Tout à coup je crus distinguer derrière moi un bruit lointain et prolongé, pareil à celui que ferait une porte en se fermant au fond d'un souterrain; bientôt des pas éloignés encore se firent entendre, puis se rapprochèrent; on montait l'escalier profond auquel appartenaient les trois marches que j'avais descendues. En ce moment la lune disparut de nouveau. D'un seul bond je m'élançai dans le corridor, et, à reculons, les bras étendus derrière moi, l'œil fixé sur l'enfoncement que je venais de quitter, je regagnai ma colonne protectrice, et je repris ma place. Au bout d'un instant, le même grincement qui m'avait réveillé se fit entendre de nouveau; la porte s'ouvrit et se referma; puis un homme parut, sortant à moitié de l'ombre, s'arrêta un instant pour écouter et regarder autour de lui; et, voyant que tout était tranquille, il entra dans le corridor et s'avança vers l'extrémité opposée à celle où je me trouvais Il n'eut pas fait dix pas que je le perdis de vue, tant l'obscurité était épaisse. Au bout d'un instant la lune reparut de nouveau, et à l'extrémité du petit cimetière j'aperçus le mystérieux inconnu, une bêche à la main. Il enleva une ou deux pelletées de terre, jeta un objet que je ne pus distinguer dans le trou qu'il avait creusé, et, sans doute pour que toute trace de ce qu'il venait de faire fût cachée aux hommes, il laissa retomber sur l'endroit auquel il avait confié son dépôt la pierre d'une tombe qu'il avait soulevée. Ces précautions prises, il regarda de nouveau autour de lui, et, ne voyant rien, n'entendant rien, il alla reposer sa bêche contre un des piliers du cloître, et disparut sous une voûte.

Ce moment avait été court, et la scène que je viens de raconter s'était passée à quelque distance de moi; cependant, malgré la rapidité de l'exécution et l'éloignement de l'acteur, j'avais pu distinguer un jeune homme de vingt-huit à trente ans, aux cheveux blonds et de moyenne taille. Il était vêtu d'un simple pantalon de toile bleue, pareil à celui que portent habituellement les paysans les jours de fête; mais ce qui indiquait qu'il appartenait à une autre classe que celle que l'apparence première lui assignait, c'était un couteau de chasse pendu à sa ceinture, et dont je vis briller aux rayons de la lune la garde et l'extrémité. Quant à sa figure, il m'eût été difficile d'en donner le signalement précis; mais cependant j'en avais vu assez pour le reconnaître, s'il m'arrivait de le rencontrer.

Tu comprends que cette scène étrange suffisait à chasser pour le reste de la nuit, non-seulement tout espoir, mais encore toute idée de sommeil. Je restai donc debout sans éprouver un moment de fatigue, tout entier aux mille pensées qui se croisaient dans mon esprit, et bien résolu à approfondir ce mystère; mais pour le moment la chose était impossible : j'étais sans armes, comme je l'ai dit; je n'avais ni la clef de cette porte ni une pince pour l'enfoncer; puis il fallait penser si mieux ne valait pas faire une déposition que tenter par moi-même une aventure au bout de laquelle je pourrais bien, comme Don Quichotte, trouver quelque moulin à vent. En conséquence, dès que je vis blanchir le ciel, je repris le chemin du porche par lequel j'étais entré; bientôt

je me retrouvai sur la déclivité de la montagne : un vaste brouillard couvrait la mer; je descendis sur la plage et je m'assis en attendant qu'il fût dissipé. Au bout d'une demi-heure, le soleil se leva, et ses premiers rayons fondirent la vapeur qui couvrait l'Océan encore ému et furieux de l'orage de la veille.

J'avais espéré retrouver ma barque, que la marée montante avait dû jeter à la côte : en effet, je l'aperçus échouée au milieu des galets; j'allai à elle. Mais, outre qu'en se retirant la mer me mettait dans l'impossibilité de la lancer à flot, une des planches du fond s'était brisée à l'angle d'une roche : il était donc inutile de penser à m'en servir pour retourner à Trouville. Heureusement la côte est abondante en pêcheurs, et une demi-heure ne s'était pas écoulée, que j'aperçus un bateau. Bientôt il fut à portée de la voix, je fis signe et j'appelai : je fus vu et entendu, le bateau se dirigea de mon côté; j'y transportai le mât, la voile et les avirons de ma barque, qu'une nouvelle marée pouvait emporter; quant à la carcasse, je l'abandonnai : son propriétaire viendrait voir lui-même si elle était encore en état de servir, et j'en serais quitte pour en payer la réparation partielle ou la perte entière. Les pêcheurs, qui me recueillaient comme un nouveau Robinson Crusoé, étaient justement de Trouville. Ils me reconnurent et me témoignèrent leur joie de me retrouver vivant : ils m'avaient vu partir la veille, et, sachant que je n'étais pas revenu, ils m'avaient cru noyé. Je leur racontai mon naufrage; je leur dis que j'avais passé la nuit derrière un rocher, et à mon tour je leur demandai comment on nommait ces ruines qui s'élevaient sur le sommet de la montagne, et que nous commencions à apercevoir en nous éloignant du rivage. Ils me répondirent que c'étaient celles de l'abbaye de Grand-Pré, attenantes au parc du château de Burcy, qu'habitait le comte Horace de Beuzeval.

C'était la seconde fois que ce nom était prononcé devant moi, et faisait tressaillir mon cœur en y rappelant un ancien souvenir Le comte Horace de Beuzeval était le mari de mademoiselle Pauline de Meulien.

— Pauline de Meulien! m'écriai-je en interrompant Alfred, Pauline de Meulien!... Et toute ma mémoire me revint... Oui, c'est bien cela... c'est bien la femme que j'ai rencontrée avec toi en Suisse et en Italie. Nous nous étions trouvés ensemble dans les salons de la princesse B., du duc de F., de madame de M. Comment ne l'ai-je pas reconnue, toute pâle et défaite qu'elle était? Oh! mais une femme charmante, pleine de talents, de charmes et d'esprit! De magnifiques cheveux noirs, avec des yeux doux et fiers! Pauvre enfant! pauvre enfant! Oh! je me la rappelle et je la reconnais maintenant. — Oui, me dit Alfred d'une voix émue et étouffée, oui... c'est cela... Elle aussi t'avait reconnu, et voilà pourquoi elle te fuyait avec tant de soin. C'était un ange de beauté, de grâce et de douceur : tu le sais, car, ainsi que tu l'as dit, nous l'avons vue plus d'une fois ensemble ; mais ce que tu ne sais pas. c'est que je l'aimais alors de toute mon âme, que j'eusse certes tenté d'être son époux si, à cette époque, j'avais eu la fortune que je possède aujourd'hui, et que je me suis tu, parce que j'étais pauvre comparativement à elle. Je compris donc que, si je continuais de la voir, je jouais tout mon bonheur à venir contre un regard dédaigneux ou un refus humiliant. Je partis pour l'Espagne ; et, pendant que j'étais à Madrid, j'appris que mademoiselle Pauline de Meulien avait épousé le comte Horace de Beuzeval.

Les nouvelles pensées que le nom que ces pêcheurs venaient de prononcer avait fait naître en moi commencèrent à effacer les impressions qu'avait jusqu'alors laissées dans mon esprit l'accident étrange de la nuit ; d'ailleurs le jour, le soleil, le peu d'analogie qu'il y a entre notre vie habituelle et de pareilles aventures contribuaient à me faire regarder tout cela comme un songe. L'idée de faire une déposition était complétement évanouie ; celle de tenter de tout éclaircir par moi-même m'était seule restée au fond du cœur ; d'ailleurs, je me reprochais cette terreur d'un moment dont je m'étais senti saisi, et je voulais me donner à moi-même une réparation qui me satisfît.

J'arrivai à Trouville vers les onze heures du matin. Tout le monde me fit fête ! on me croyait noyé ou assassiné, et l'on était enchanté de voir que j'en étais quitte pour une courbature ; en effet, je tombais de fatigue, et je me couchai en recommandant qu'on me réveillât à cinq heures du soir, et qu'on me tînt une voiture prête pour me conduire à Pont-l'Évêque, où je comptais aller coucher. Mes recommandations furent ponctuellement suivies, et à huit heures j'étais arrivé à ma destination. Le lendemain, à six heures du matin, je pris un cheval de poste, et, précédé de mon guide, je partis à franc étrier pour Dives. Mon intention était, arrivé à cette ville, de m'en aller en simple promeneur au bord de la mer, de suivre la côte jusqu'à ce que je rencontrasse les ruines de l'abbaye de Grand-Pré, et alors de visiter le jour, en simple amateur de paysage, ces localités que je désirais parfaitement étudier, afin de les reconnaître et d'y revenir pendant la nuit. Un incident imprévu détruisit ce plan, et me conduisit au même but par un autre chemin.

En arrivant chez le maître de poste de Dives, qui était en même temps le maire, je trouvai la gendarmerie à sa porte et toute la ville en révolution. Un nouveau meurtre venait encore d'être commis, mais cette fois avec une audace sans pareille. Madame la comtesse de Beuzeval, arrivée quelques jours auparavant de Paris, venait d'être assassinée dans le parc même

de son château, habité par le comte et deux ou trois de ses amis. Comprends-tu ? Pauline... la femme que j'avais aimée, celle dont le souvenir, réveillé dans mon cœur, y vivait tout entier... Pauline, assassinée... assassinée pendant la nuit, assassinée dans le parc de son château, tandis que j'étais, moi, dans les ruines de l'abbaye attenante, c'est-à-dire à cinq cents pas d'elle ! C'était à n'y pas croire... Mais tout à coup cette apparition, cette porte, cet homme, tout cela me revint à l'esprit ; j'allais parler, j'allais tout dire, lorsque je ne sais quel pressentiment me retint ; je n'avais pas encore assez de certitude, et je résolus, avant de rien révéler, de pousser mon investigation jusqu'au bout.

Les gendarmes, qui avaient été prévenus à quatre heures du matin, venaient chercher le maire, le juge de paix et deux médecins pour dresser le procès-verbal ; le maire et le juge de paix étaient prêts ; mais un des deux médecins, absent pour affaires de clientèle, ne pouvait se rendre à l'invitation de l'autorité : j'avais fait pour la peinture quelques études d'anatomie à la Charité, je m'offris comme élève en chirurgie. Je fus accepté à défaut de mieux, et nous partîmes pour le château de Burcy : toute ma conduite était instinctive ; j'avais voulu revoir Pauline avant que les planches du cercueil ne se fermassent pour elle, ou plutôt j'obéissais à une voix intérieure qui me venait du ciel.

Nous arrivâmes au château ; le comte en était parti le matin même pour Caen : il allait solliciter du préfet la permission de faire transporter le cadavre à Paris, où étaient les caveaux de sa famille, et il avait profité, pour s'éloigner, du moment où la justice remplirait ses froides formalités, si douloureuses pour le désespoir.

Un de ses amis nous reçut et nous conduisit à la chambre de la comtesse. A peine si je pouvais me soutenir, mes jambes pliaient sous moi, mon cœur battait avec violence ; je devais être pâle comme la victime qui nous attendait. Nous entrâmes dans la chambre, elle était encore toute parfumée d'une odeur de vie. Je jetai autour de moi un regard effaré : j'aperçus sur un lit une forme humaine que trahissait le linceul déjà étendu sur elle ; alors je sentis tout mon courage s'évanouir, je m'appuyai contre la porte . le médecin s'avança vers le lit avec ce calme et cette insensibilité incompréhensible que donne l'habitude Il souleva le drap qui recouvrait le cadavre et découvrit la tête : alors je crus rêver encore, ou bien que j'étais sous l'empire de quelque fascination ! Ce cadavre étendu sur le lit, ce n'était pas celui de la comtesse de Beuzeval ; cette femme assassinée et dont nous venions constater la mort, ce n'était pas Pauline !

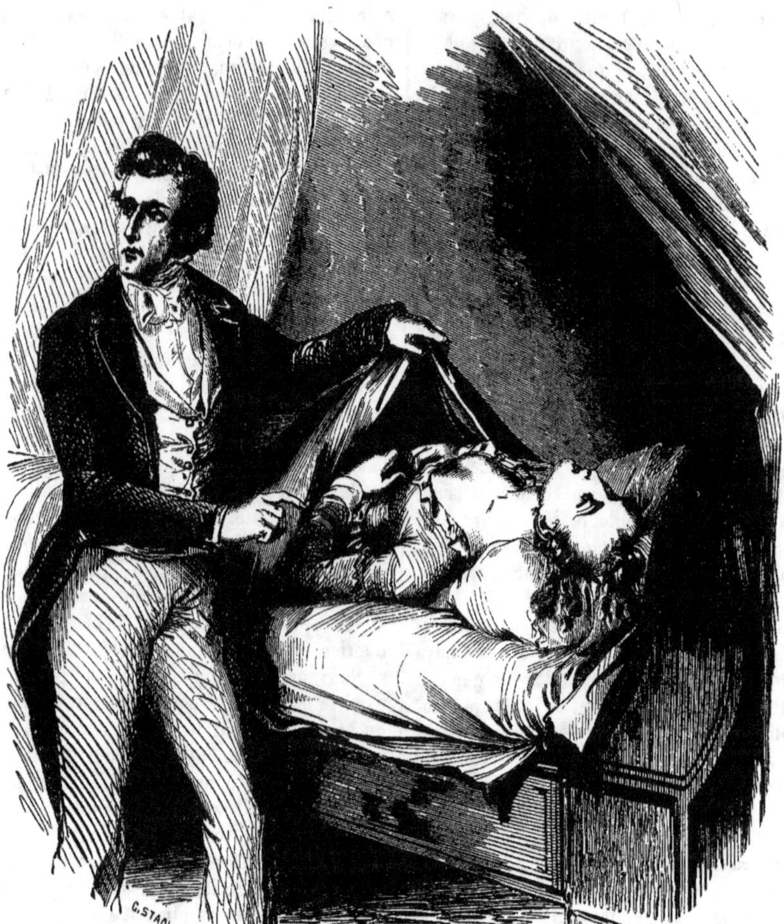

C'était une femme jeune et belle, mais ce n'était pas Pauline.

IV

C'était une femme blonde et aux yeux bleus, à la peau blanche et aux mains élégantes et aristocratiques, c'était une femme jeune et belle, mais ce n'était pas Pauline.

La blessure était au côté droit; la balle avait passé entre deux côtes et était allée traverser le cœur; de sorte que la mort avait dû être instantanée. Tout ceci était un mystère si étrange, que je commençais à m'y perdre; mes soupçons ne savaient où se fixer: mais ce qu'il y avait de certain dans tout cela, c'est que cette femme, ce n'était pas Pauline, que son mari déclarait morte, et sous le nom de laquelle on allait enterrer une étrangère.

Je ne sais trop à quoi je fus bon pendant **toute**

cette opération chirurgicale ; je ne sais trop ce que je signai sous le titre de procès-verbal ; heureusement que le docteur de Dives, tenant sans doute à établir sa supériorité sur un élève, et la prééminence de la province sur Paris, se chargea de toute la besogne, et ne réclama que ma signature. L'opération dura deux heures à peu près ; puis nous descendîmes dans la salle à manger du château, où l'on nous avait préparé quelques rafraîchissements. Pendant que mes compagnons répondaient à cette politesse en s'attablant, j'allai m'appuyer la tête contre le carreau d'une fenêtre qui donnait sur le devant. J'y étais depuis un quart d'heure à peu près lorsqu'un homme couvert de poussière rentra au grand galop de son cheval dans la cour, se jeta en bas de sa monture sans s'inquiéter si quelqu'un était là pour la garder, et s'élança rapidement vers le perron. J'avançais de surprise en surprise : cet homme, quoique je n'eusse fait que l'entrevoir, je l'avais reconnu malgré son changement de costume. Cet homme, c'était celui que j'avais vu au milieu des ruines sortant du caveau ; c'était l'homme au pantalon bleu, à la bêche et au couteau de chasse. J'appelai un domestique et lui demandai quel était le cavalier qui venait de rentrer. — C'est mon maître, me dit-il, le comte de Beuzeval, qui revient de Caen, où il était allé chercher l'autorisation de transfert. Je lui demandai s'il comptait repartir bientôt pour Paris. — Ce soir, me dit-il, car le fourgon qui doit transporter le corps de madame est préparé, et les chevaux de poste commandés pour cinq heures. En sortant de la salle à manger, nous entendîmes des coups de marteau ; c'était le menuisier qui clouait la bière. Tout se faisait régulièrement, mais en hâte, comme on le voit.

Je repartis pour Dives : à trois heures j'étais à Pont-l'Évêque, et à quatre heures à Trouville.

Ma résolution était prise pour cette nuit. J'étais décidé à tout éclaircir moi-même, et, si ma tentative était inutile, à tout déclarer le lendemain, et à laisser à la police le soin de terminer cette affaire.

En conséquence, la première chose dont je m'occupai en arrivant fut de louer une nouvelle barque ; mais cette fois je retins deux hommes pour la conduire, puis je montai dans ma chambre, je passai une paire d'excellents pistolets à deux coups dans ma ceinture de voyage, qui supportait en même temps un couteau-poignard ; je boutonnai mon paletot par-dessus, pour déguiser à mon hôtesse ces préparatifs formidables ; je fis porter dans la barque une torche et une pince, et j'y descendis avec mon fusil, donnant pour prétexte à mon excursion le désir de tirer des mouettes et des guillemots.

Cette fois encore le vent était bon ; en moins de trois heures nous fûmes à la hauteur de l'embouchure de la Dive : arrivé là, j'ordonnai à mes matelots de rester en panne jusqu'à ce que la nuit fût tout à fait venue ; puis, lorsque je vis l'obscurité as-

sez complète, je fis mettre le cap sur la côte et j'abordai.

Alors je donnai mes dernières instructions à mes hommes : elles consistaient à m'attendre dans un creux de rocher, à veiller chacun à leur tour, et à se tenir prêts à partir à mon premier signal. Si, au jour, je n'étais pas revenu, ils devaient se rendre à Trouville et remettre au maire un paquet cacheté : c'était ma déposition écrite et signée, les détails de l'expédition que je tentais et les renseignements à l'aide desquels on pourrait me retrouver mort ou vivant. Cette précaution prise, je mis mon fusil en bandoulière ; je pris ma pince et ma torche, un briquet pour l'allumer au besoin, et j'essayai de reprendre le chemin que j'avais suivi lors de mon premier voyage.

Je ne tardai pas à le retrouver, je gravis la montagne, et les premiers rayons de la lune me montrèrent les ruines de la vieille abbaye ; je franchis le porche, et, comme la première fois, je me trouvai dans la chapelle.

Cette fois encore, mon cœur battait avec violence ; mais c'était plus d'attente que de terreur. J'avais eu le temps d'asseoir ma résolution, non pas sur cette excitation physique que donne le courage brutal et momentané, mais sur cette réflexion morale qui fait la résolution prudente, mais irrévocable.

Arrivé au pilier au pied duquel je m'étais couché, je m'arrêtai pour jeter un coup d'œil autour de moi. Tout était calme, aucun bruit ne se faisait entendre, si ce n'est ce mugissement éternel, qui semble la respiration bruyante de l'Océan ; je résolus de procéder par ordre, et de fouiller d'abord l'endroit où j'avais vu le comte de Beuzeval, car j'étais bien convaincu que c'était lui, cacher un objet que je n'avais pu distinguer. En conséquence, je laissai la pince et la torche contre le pilier, j'armai mon fusil pour être prêt à la défense en cas d'événement ; je gagnai le corridor, je suivis ses arcades sombres ; contre une des colonnes qui les soutenaient était appuyée la bêche, je m'en emparai ; puis, après un instant d'immobilité et de silence, qui me convainquit que j'étais bien seul, je me hasardai à gagner l'endroit du dépôt ; je soulevai la pierre de la tombe, comme l'avait fait le comte, je vis la terre fraîchement remuée, je couchai mon fusil à terre, j'enfonçai ma bêche dans la même ligne déjà découpée, et, au milieu de la première pelletée de terre, je vis briller une clef ; je remplis le trou, replaçai la pierre sur la tombe, ramassai mon fusil, remis la bêche où je l'avais trouvée, et m'arrêtai un instant dans l'endroit le plus obscur, pour remettre un peu d'ordre dans mes idées.

Il était évident que cette clef ouvrirait la porte par laquelle j'avais vu sortir le comte ; dès lors je n'avais plus besoin de la pince : en conséquence, je la laissai derrière le pilier, je pris seulement la torche, je m'avançai vers la porte voûtée, je descendis les trois marches, je présentai la clef à la serrure, elle y entra, au second tour le pêne s'ouvrit, j'entrai ; j'allais refermer la porte, lorsque je pensai qu'un accident quelconque pouvait m'empêcher de la rouvrir avec la clef ; j'allai rechercher la pince, je la couchai dans l'angle le plus profond de la quatrième à la cinquième marche ; je refermai la porte derrière moi ; me trouvant alors dans l'obscurité la plus profonde, j'allumai ma torche, et le souterrain s'éclaira.

Le passage dans lequel j'étais engagé ressemblait à l'entrée d'une cave, il avait tout ou plus cinq ou six pieds de large, les murailles et la voûte étaient de pierre ; un escalier d'une vingtaine de marches se déroulait devant moi ; au bas de l'escalier, je me trouvai sur une pente inclinée qui continuait de s'enfoncer sous la terre ; devant moi, à quelques pas. je vis une seconde porte, j'allai à elle, j'écoutai en appuyant l'oreille contre ses parois de chêne, je n'entendis rien encore ; j'essayai la clef, elle ouvrait ainsi qu'elle avait ouvert l'autre ; comme la première fois j'entrai, mais sans la refermer derrière moi, et je me trouvai dans les caveaux réservés aux supérieurs de l'abbaye : on enterrait les simples moines dans le cimetière.

Là, je m'arrêtai un instant : il était évident que j'approchais du terme de ma course ; ma résolution était trop bien prise pour que rien lui portât atteinte ; et cependant, continua Alfred, tu comprendras facilement que l'impression des lieux n'était pas sans puissance ; je passai la main sur mon front couvert de sueur, et je m'arrêtai un instant pour me remettre. Qu'allais-je trouver ? sans doute quelque pierre mortuaire, scellée depuis trois jours ; tout à coup, je tressaillis ! J'avais cru entendre un gémissement.

Ce bruit, au lieu de diminuer mon courage, me le rendit tout entier ; je m'avançai rapidement ; mais de quel côté ce gémissement était-il venu ? Pendant que je regardais autour de moi, une seconde plainte se fit entendre ; je m'élançai du côté d'où elle venait, plongeant mes regards dans chaque caveau, sans y rien voir autre chose que les pierres funèbres, dont les inscriptions indiquaient le nom de ceux qui dormaient à leur abri ; enfin, arrivé au dernier, au plus profond, au plus reculé, j'aperçus dans un coin une femme assise, les bras tordus, les yeux fermés et mordant une mèche de ses cheveux ; près d'elle, sur une pierre, était une lettre, une lampe éteinte et un verre vide. Étais-je arrivé trop tard ? était-elle morte ? J'essayai la clef, elle n'était pas faite pour la serrure ; mais, au bruit que je fis, la femme ouvrit des yeux hagards, écarta convulsivement les cheveux qui lui couvraient le visage, et, d'un mouvement rapide et mécanique, se leva debout comme une ombre. Je jetai à la fois un cri et un nom : — Pauline !

Alors la femme se précipita vers la grille et tomba à genoux.

— Oh ! s'écria-t-elle avec l'accent de la plus affreuse agonie, tirez-moi d'ici. Je n'ai rien vu, je ne dirai rien, je le jure par ma mère ! — Pauline ! Pauline ! répétai-je en lui prenant les mains à travers la grille, Pauline, vous n'avez rien à craindre, je viens à votre aide, à votre secours : je viens vous sauver. — Oh ! dit-elle en se relevant, me sauver, me sauver !... oui, me sauver. Ouvrez cette porte, ouvrez-la à l'instant ; tant qu'elle ne sera pas ouverte, je ne croirai à rien de ce que vous me direz. Au nom du ciel, ouvrez cette porte. Et elle secouait la grille avec une puissance dont j'aurais cru une femme incapable.—Remettez-vous, remettez-vous, lui dis-je, je n'ai pas la clef de cette porte, mais j'ai des moyens de l'ouvrir : je vais aller chercher... — Ne me quittez pas ! s'écria Pauline en me saisissant le bras à travers la grille avec une force inouïe ; ne me quittez pas, je ne vous reverrais plus. — Pauline, lui dis-je en rapprochant la torche de mon visage, ne me reconnaissez-vous pas ? Oh ! regardez-moi, et songez si je puis vous abandonner.

Pauline fixa ses grands yeux noirs sur les miens, chercha un instant dans ses souvenirs ; puis tout à coup : — Alfred de Nerval ! s'écria-t-elle. — Oh ! merci, merci, lui répondis-je, ni vous non plus, vous ne m'avez pas oublié. Oui, c'est moi qui vous ai tant aimée, qui vous aime tant encore. Voyez si vous pouvez vous confier à moi.

Une rougeur subite passa sur son visage pâle, tant la pudeur est inhérente au cœur de la femme ; puis elle lâcha mon bras.

— Serez-vous longtemps ? me dit-elle. — Cinq minutes. — Allez donc, mais laissez-moi cette torche, je vous en supplie, les ténèbres me tueraient.

Je lui donnai la torche ; elle la prit, passa son bras à travers la grille, appuya son visage entre deux barreaux afin de me suivre des yeux le plus longtemps possible, et je me hâtai de reprendre le chemin par lequel j'étais venu. Au moment de franchir la première porte. je me retournai et je vis Pauline dans la même posture, immobile comme une statue qui eût tenu un flambeau avec son bras de marbre.

Au bout de vingt pas, je trouvai le second escalier, et, à la quatrième marche, la pince que j'y avais cachée ; je revins aussitôt : Pauline était toujours à la même place. En me revoyant, elle jeta un cri de joie. Je me précipitai vers la grille.

La serrure en était tellement solide, que je vis qu'il fallait me tourner du côté des gonds : je me mis donc à attaquer la pierre ; Pauline m'éclairait ; au bout de dix minutes, les deux attaches de l'un des battants étaient descellées, je le tirai, il céda. Pauline tomba à genoux : ce n'était que de ce moment qu'elle se croyait libre.

Je la laissai un instant à son action de grâces, puis j'entrai dans le caveau Alors, elle se retourna vivement, saisit la lettre ouverte sur la pierre et la cacha dans son sein. Ce mouvement me rappela le verre vide ; je m'en emparai avec anxiété ; un demi-pouce de matière blanchâtre restait au fond.

— Qu'y avait-il dans ce verre? — Du poison. — Et vous l'avez bu?

— Qu'y avait-il dans ce verre? dis-je épouvanté.
— Du poison, me répondit Pauline. — Et vous l'avez bu? m'écriai-je. — Savais-je que vous alliez venir? me dit Pauline en s'appuyant contre la grille; car alors seulement elle se rappela qu'elle avait vidé ce verre une heure ou deux avant mon arrivée. — Souffrez vous? lui dis-je. — Pas encore, me répondit-elle.

Alors un espoir me vint.

— Et y avait-il longtemps que le poison était dans ce verre? — Deux jours et deux nuits à peu près, car je n'ai pas pu calculer le temps.

Je regardai de nouveau le verre, le détritus qui en couvrait le fond me rassura un peu : pendant ces deux jours et ces deux nuits, le poison avait eu le temps de se précipiter. Pauline n'avait bu que de l'eau, empoisonnée il est vrai, mais peut-être pas à un degré assez intense pour donner la mort.

— Il n'y a pas un instant à perdre, lui dis-je en l'enlevant sous un de mes bras, il faut fuir pour trouver du secours. — Je pourrai marcher, dit Pauline en se dégageant avec cette sainte pudeur qui avait déjà coloré son visage.

Aussitôt nous nous acheminâmes vers la première

— A la mer! à la mer! criai-je d'une voix impérative.

porte, que nous refermâmes derrière nous, puis nous arrivâmes à la seconde, qui s'ouvrit sans difficulté, et nous nous retrouvâmes sous le cloître. La lune brillait au milieu d'un ciel pur; Pauline étendit les bras, et tomba une seconde fois à genoux.

— Partons, partons, lui dis-je, chaque minute est peut-être mortelle. — Je commence à souffrir, dit-elle en se relevant.

Une sueur froide me passa sur le front, je la pris dans mes bras comme j'aurais fait d'un enfant, je traversai les ruines, je sortis du cloître et je descendis en courant la montagne : arrivé sur la plage, je vis de loin le feu de mes deux hommes.

— A la mer, à la mer! criai-je de cette voix impérative qui indique qu'il n'y a pas un instant à perdre.

Ils s'élancèrent vers la barque et la firent approcher le plus près qu'ils purent de la rive, j'entrai dans l'eau jusqu'aux genoux; ils prirent Pauline de mes bras et la déposèrent dans la barque. Je m'y élançai après elle.

— Souffrez-vous davantage? — Oui, me dit Pauline.

Ce que j'éprouvais était quelque chose de pareil au désespoir : pas de secours, pas de contre-poison;

tout à coup, je pensai à l'eau de mer, j'en remplis un coquillage qui se trouvait au fond de la barque, et je le présentai à Pauline.

— Buvez, lui dis-je.

Elle obéit machinalement.

— Qu'est-ce que vous faites donc? s'écria un des pêcheurs; vous allez la faire vomir, c'te p'tite femme.

C'était tout ce que je voulais : un vomissement seul pouvait la sauver. Au bout de cinq minutes, elle éprouva des contractions d'estomac d'autant plus douloureuses, que, depuis trois jours, elle n'avait rien pris que ce poison. Mais, ce paroxysme passé, elle se trouva soulagée; alors je lui présentai un verre plein d'eau douce et fraîche, qu'elle but avec avidité. Bientôt les douleurs diminuèrent, une lassitude extrême leur succéda. Nous fîmes au fond de la barque un lit des vestes de mes pêcheurs et de mon paletot : Pauline s'y coucha, obéissante comme un enfant; presque aussitôt ses yeux se fermèrent, j'écoutai un instant sa respiration; elle était rapide, mais régulière : tout était sauvé.

— Allons, dis-je joyeusement à mes matelots, maintenant à Trouville, et cela le plus vite possible : il y a vingt-cinq louis pour vous en arrivant.

Aussitôt mes braves bateliers, jugeant que la voile était insuffisante, se penchèrent sur leurs rames, et la barque glissa sur l'eau comme un oiseau de mer attardé.

V

auline rouvrit les yeux en rentrant dans le port; son premier mouvement fut tout à l'effroi : elle croyait avoir fait un rêve consolant, et elle étendit les bras comme pour s'assurer qu'ils ne touchaient plus les murs de son caveau; puis elle regarda autour d'elle avec inquiétude.

— Où me conduisez vous? me dit-elle. — Soyez tranquille, lui répondis-je; ces maisons que vous voyez devant vous appartiennent à un pauvre village; ceux qui l'habitent sont trop occupés pour être curieux; vous y resterez inconnue aussi longtemps que vous voudrez. D'ailleurs, si vous désirez partir, dites-moi seulement où vous allez, et demain, cette nuit, à l'instant, je pars avec vous, je vous conduis, je suis votre guide. — Même hors de France? — Partout! — Merci, me dit-elle; laissez-moi seulement songer une heure à cela; je vais essayer de rassembler mes idées, car en ce moment j'ai la tête et le cœur brisés; toute ma force s'est usée pendant ces deux jours et ces deux nuits, et je sens dans mon esprit une confusion qui ressemble à de la folie. — A vos ordres; quand vous voudrez me voir, vous me ferez appeler. Elle me fit un geste de remerciment. En ce moment nous arrivions à l'auberge.

Je fis préparer une chambre dans un corps de logis entièrement séparé du mien, pour ne pas blesser la susceptibilité de Pauline; puis je recommandai à notre hôtesse de ne lui monter que du bouillon coupé, toute autre nourriture pouvant devenir dangereuse dans l'état d'irritation et d'affaiblissement où devait être l'estomac de la malade. Ces ordres donnés, je me retirai dans ma chambre.

Là, je pus me livrer tout entier au sentiment de joie qui remplissait mon âme, et que, devant Pauline, je n'avais point osé laisser éclater. Celle que j'aimais encore, celle dont le souvenir, malgré une séparation de deux ans, était resté vivant dans mon cœur, je l'avais sauvée, elle me devait la vie. J'admirais par combien de détours cachés et de combinaisons diverses le hasard ou la Providence m'avaient conduit à ce résultat; puis tout à coup il me passait un frisson mortel par les veines en songeant que, si une de ces circonstances fortuites avait manqué; que, si un seul de ces petits événements dont la chaîne avait formé le fil conducteur qui m'avait guidé dans ce labyrinthe n'était pas venu au-devant de moi, à cette heure même, Pauline, enfermée dans un caveau, se tordrait les bras dans les convulsions du poison ou de la faim, tandis que moi, moi, dans mon ignorance, occupé ailleurs d'une futilité, d'un plaisir peut-être, je l'eusse laissée agonisante ainsi, sans qu'un souffle, sans qu'un pressentiment, sans qu'une voix fût venue me dire : — Elle se meurt, sauve-la!... Ces choses sont affreuses à penser, et la peur de réflexion est la plus terrible. Il est vrai que c'est aussi la plus consolante, car, après nous avoir fait épuiser le cercle du doute, elle nous ramène à la foi, qui arrache le monde des mains aveugles du hasard pour le remettre à la prescience de Dieu.

Je restai une heure ainsi, et, je te le jure, continua Alfred, pas une pensée qui ne fût pure ne me vint au cœur ou à l'esprit. J'étais heureux, j'étais fier de l'avoir sauvée; cette action portait avec elle sa récompense, et je n'en demandais pas d'autre que le bonheur même d'avoir été choisi pour l'accomplir.

Au bout de cette heure, elle me fit demander : je me levai vivement, comme pour m'élancer vers sa chambre; mais à la porte les forces me manquèrent, je fus obligé de m'appuyer un instant contre le mur, et il fallut que la fille d'auberge revînt sur ses pas en m'invitant à entrer, pour que je prisse sur moi de surmonter mon émotion.

Elle s'était jetée sur son lit, mais sans se déshabiller. Je m'approchai d'elle avec l'apparence la plus calme que je pus : elle me tendit la main.

— Je ne vous ai pas encore remercié, me dit-elle : mon excuse est dans l'impossibilité de trouver des termes qui expriment ma reconnaissance. Faites la part de la terreur d'une femme dans la position où vous m'avez trouvée, et pardonnez-moi. — Écoutez-moi, madame, lui dis-je en essayant de réprimer mon émotion, et croyez à ce que je vais vous dire. Il est de ces situations si inattendues, si étranges, qu'elles dispensent de toutes les formes ordinaires et de toutes les préparations convenues. Dieu m'a conduit vers vous et je l'en remercie; mais ma mission n'est point accomplie, je l'espère, et peut-être aurez-vous encore besoin de moi. Écoutez-moi donc et pesez chacune de mes paroles.

Je suis libre... je suis riche... rien ne m'enchaîne sur un point de la terre plutôt que sur un autre. Je comptais voyager, je partais pour l'Angleterre sans aucun but; je puis donc changer mon itinéraire, et me diriger vers telle partie de ce monde où il plaira au hasard de me pousser. Peut-être devez-vous quitter la France? Je n'en sais rien. Je ne demande aucun de vos secrets, et j'attendrai que vous me fassiez un signe pour former même une supposition. Mais, soit que vous restiez en France, soit que vous la quittiez, disposez de moi, madame, à titre d'ami ou de frère; ordonnez que je vous accompagne de près ou que je vous suive de loin, faites vous de moi un défenseur avoué, ou exigez que j'aie l'air de ne pas vous connaître, et j'obéirai à l'instant; et cela, madame, croyez-le bien, sans arrière-pensée, sans espoir égoïste, sans intention mauvaise. Et maintenant que j'ai dit, oubliez votre âge, oubliez le mien, ou supposez que je suis votre frère.

— Merci, me dit la comtesse avec une voix pleine d'une émotion profonde; j'accepte avec une confiance pareille à votre loyauté; je me remets tout entière à votre honneur, car je n'ai que vous au monde : vous seul savez que j'existe.

Oui, vous l'avez supposé avec raison, il faut que je quitte la France. Vous alliez en Angleterre, vous m'y conduirez; mais je n'y puis pas arriver seule et sans famille; vous m'avez offert le titre de votre sœur; pour tout le monde désormais je serai mademoiselle de Nerval.

— Oh! que je suis heureux! m'écriai-je. La comtesse me fit signe de l'écouter. — Je vous demande plus que vous ne croyez peut-être, me dit-elle; moi aussi j'ai été riche, mais les morts ne possèdent plus rien. — Mais je le suis, moi; mais toute ma fortune... — Vous ne me comprenez pas, me dit-elle, et, en ne me laissant pas achever, vous me forcez à rougir. — Oh! pardon. — Je serai mademoiselle de Nerval, une fille de votre père, si vous voulez, une orpheline qui vous a été confiée. Vous devez avoir des lettres de recommandation; vous me présenterez comme institutrice dans quelque pensionnat. Je parle l'anglais et l'italien comme ma langue maternelle; je suis bonne musicienne, du moins on me le disait autrefois, je donnerai des leçons de musique et de langues. — Mais c'est impossible! m'écriai-je. — Voilà mes conditions, me dit la comtesse; les refusez-vous, monsieur, ou les acceptez-vous, mon frère? — Oh! tout ce que vous voudrez, tout, tout, tout! — Eh bien! alors il n'y a pas de temps à perdre, il faut que demain nous partions; est-ce possible? — Parfaitement. — Mais un passe-port? — J'ai le mien. — Au nom de monsieur de Nerval? — J'ajouterai : Et de sa sœur. — Vous ferez un faux? — Bien innocent. Aimez-vous mieux que j'écrive à Paris qu'on m'envoie un second passe-port?... — Non, non... cela entraînerait une trop grande perte de temps. D'où partirons-nous? — Du Havre. — Comment? — Par le paquebot, si vous voulez. — Et quand cela? — A votre volonté. — Pouvons-nous tout de suite? — N'êtes-vous pas bien faible? — Vous vous trompez, je suis forte. Dès que vous serez disposé à partir, vous me trouverez prête. — Dans deux heures. — C'est bien. Adieu, frère. — Adieu, madame — Ah! reprit la comtesse en souriant, voilà déjà que vous manquez à nos conventions. — Laissez-moi le temps de m'habituer à ce nom si doux. — M'a-t-il donc tant coûté, à moi? — Oh! vous!... m'écriai-je. Je vis que j'allais en dire trop. Dans deux heures, repris-je, tout sera préparé selon vos désirs. Puis je m'inclinai et je sortis.

Il n'y avait qu'un quart d'heure que je m'étais offert, dans toute la sincérité de mon âme, à jouer le rôle de frère, et déjà j'en ressentais toute la difficulté.

Être le frère adoptif d'une femme jeune et belle est déjà chose difficile; mais lorsqu'on a aimé cette femme, lorsqu'on l'a perdue, lorsqu'on l'a retrouvée seule et isolée, n'ayant d'appui que vous; lorsque le bonheur auquel on n'aurait osé croire, car on le regardait comme un songe, est là près de vous en réalité, et qu'en étendant la main on le touche, alors, malgré la résolution prise, malgré la parole donnée, il est impossible de renfermer dans son âme ce feu qu'elle couve, et il en sort toujours quelque étincelle par les yeux ou par la bouche.

Je retrouvai mes bateliers soupant et buvant; je leur fis part de mon nouveau projet de gagner le Havre pendant la nuit, afin d'y être arrivé au moment du départ du paquebot; mais ils refusèrent de tenter la traversée dans une barque qui nous avait amenés. Comme ils ne demandaient qu'une heure pour préparer un bâtiment plus solide, nous fîmes prix à l'instant, ou plutôt ils laissèrent la chose à ma générosité. J'ajoutai cinq louis aux vingt-cinq qu'ils avaient déjà reçus; pour cette somme ils m'eussent conduit en Amérique.

Je fis une visite dans les armoires de mon hôtesse. La comtesse s'était sauvée avec la robe qu'elle portait au moment où elle fut enfermée, et voilà tout. Je craignais pour elle, faible et souffrante comme elle l'était encore, le vent et le brouillard de la nuit; j'aperçus sur la planche d'honneur un grand tartan écossais dont je m'emparai, et que je priai madame Oseraie de mettre sur ma note; grâce à ce châle et à mon manteau, j'espérais que ma compagne de voyage ne serait pas incommodée de la traversée. Elle ne se fit pas attendre, et, lorsqu'elle sut que les bateliers étaient prêts, elle descendit aussitôt. J'avais profité du temps qu'elle m'avait donné pour régler tous mes petits comptes à l'auberge; nous n'eûmes donc qu'à gagner le port et à nous embarquer.

Comme je l'avais prévu, la nuit était froide, mais calme et belle. J'enveloppai la comtesse de son tartan, et je voulus la faire entrer sous la tente que nos bateliers avaient faite à l'arrière du bâtiment avec une voile; mais la sérénité du ciel et la tranquillité de la mer la retinrent sur le pont; je lui montrai un banc, et nous nous assîmes l'un près de l'autre.

Tous deux nous avions le cœur si plein de nos pensées, que nous demeurâmes ainsi sans nous adresser la parole. J'avais laissé retomber ma tête sur ma poitrine, et je songeais avec étonnement à cette suite d'aventures étranges qui venaient de commencer pour moi, et dont la chaîne allait probablement s'étendre dans l'avenir. Je brûlais de savoir par quelle suite d'événements la comtesse de Beuzeval, jeune, riche, aimée en apparence de son mari, en était arrivée à attendre, dans un des caveaux d'une abbaye en ruines, la mort à laquelle je l'avais arrachée. Dans quel but et pour quel résultat son mari avait il fait courir le bruit de sa mort et exposé sur le lit mortuaire une étrangère à sa place? Était-ce par jalousie?... ce fut la première idée qui se présenta à mon esprit, elle était affreuse... Pauline aimer quelqu'un!... Oh! alors voilà qui désenchantait tous mes rêves; car pour cet homme qu'elle aimait elle reviendrait à la vie sans doute; quelque part qu'elle fût, cet homme la rejoindrait. Alors je l'aurais sauvée pour un autre; elle me remercierait

comme un frère, et tout serait dit; cet homme me serrerait la main en me répétant qu'il me devait plus que la vie; puis ils seraient heureux d'un bonheur d'autant plus sûr, qu'il serait ignoré!... Et moi, je reviendrais en France pour y souffrir comme j'avais déjà souffert, et mille fois davantage; car cette félicité, que d'abord je n'avais entrevue que de loin, s'était rapprochée de moi, pour m'échapper plus cruellement encore; et alors il viendrait un moment peut-être où je maudirais l'heure où j'avais sauvé cette femme, où je regretterais que, morte pour tout le monde, elle fût vivante pour moi, loin de moi, et, pour un autre, près de lui... D'ailleurs, si elle était coupable, la vengeance du comte était juste... A sa place je ne l'eusse pas fait mourir... mais, certes... je l'eusse tuée... elle et l'homme qu'elle aimait... Pauline aimant un autre!... Pauline coupable!... Oh! cette idée me rongeait le cœur..

Je relevai lentement le front; Pauline, la tête renversée en arrière, regardait le ciel, et deux larmes coulaient le long de ses joues.

— Oh! m'écriai-je... qu'avez-vous donc, mon Dieu? — Croyez-vous, me dit-elle en gardant son immobilité, croyez-vous que l'on quitte pour toujours sa patrie, sa famille, sa mère, sans que le cœur se brise? Croyez-vous qu'on passe, sinon du bonheur, mais du moins de la tranquillité au désespoir, sans que le cœur saigne? Croyez-vous qu'on traverse l'Océan, à mon âge, pour aller traîner le reste de sa vie sur une terre étrangère, sans mêler une larme aux flots qui vous emportent loin de tout ce qu'on a aimé?... — Mais, lui dis-je, est-ce donc un adieu éternel? — Éternel! murmura-t-elle en secouant doucement la tête. — De ceux que vous regrettez, ne reverrez-vous personne? — Personne... — Et tout le monde doit-il ignorer à jamais, et... sans exception, que celle que l'on croit morte et qu'on regrette est vivante et pleure? — Tout le monde... à jamais... sans exception... — Oh! m'écriai-je, oh! que je suis heureux, et quel poids vous m'enlevez du cœur!... — Je ne vous comprends pas, dit Pauline. — Oh! ne devinez-vous point tout ce qui s'éveille en moi de doutes et de craintes?... N'avez-vous point hâte de savoir vous-même par quel enchaînement de circonstances je suis arrivé jusques auprès de vous?... Et rendez-vous grâce au ciel de vous avoir sauvée, sans vous informer à moi de quels moyens il s'est servi!... — Vous avez raison, un frère ne doit point avoir de secrets pour sa sœur... Vous me raconterez tout... et, à mon tour, je ne vous cacherai rien... — Rien... Oh! jurez-le-moi... Vous me laisserez lire dans votre cœur comme dans un livre ouvert?... — Oui... et vous n'y trouverez que le malheur, la résignation et la prière... Mais ce n'est ni l'heure ni le moment. D'ailleurs je suis trop près encore de toutes ces catastrophes pour avoir le courage de les ra-

— Regardez, me dit-elle, n'ai-je pas bien le costume de mon emploi? — Page 22.

conter... — Oh! quand vous voudrez... à votre heure... à votre temps... J'attendrai.

Elle se leva. — J'ai besoin de repos, me dit-elle : ne m'avez-vous pas dit que je pourrais dormir sous cette tente?

Je l'y conduisis, j'étendis mon manteau sur le plancher; puis elle me fit signe de la main de la laisser seule J'obéis, et je retournai m'asseoir sur le pont, à la place qu'elle avait occupée ; je posai ma tête où elle avait posé la sienne, et je demeurai ainsi jusqu'à notre arrivée au Havre.

Le lendemain soir nous abordions à Brighton, six heures après nous étions à Londres.

VI

on premier soin en arrivant fut de me mettre en quête d'un appartement pour ma sœur et pour moi; en conséquence, je me présentai le même jour chez le banquier auprès duquel j'étais accrédité : il m'indiqua une petite maison toute meublée, qui faisait parfaitement l'affaire de deux personnes et de deux domestiques; je le chargeai de terminer la négociation, et le lendemain il m'écrivit que le cottage était à ma disposition.

Aussitôt, et tandis que la comtesse reposait, je me fis conduire dans une lingerie : la maîtresse de l'établissement me composa à l'instant un trousseau d'une grande simplicité, mais parfaitement complet et de bon goût; deux heures après, il était marqué au nom de Pauline de Nerval et transporté tout entier dans les armoires de la chambre à coucher de celle à qui il était destiné : j'entrai immédiatement chez une modiste, qui mit, quoique Française, la même célérité dans sa fourniture; quant aux robes, comme je ne pouvais me charger d'en donner les mesures, j'achetai quelques pièces d'étoffe, les plus jolies que je pus trouver, et je priai le marchand de m'envoyer le soir même une couturière.

J'étais de retour à l'hôtel à midi : on me dit que ma sœur était réveillée et m'attendait pour prendre le thé : je la trouvai vêtue d'une robe très-simple qu'elle avait eu le temps de faire faire pendant les douze heures que nous étions restés au Havre. Elle était charmante ainsi.

— Regardez, me dit-elle en me voyant entrer, n'ai-je pas déjà bien le costume de mon emploi, et hésiterez-vous maintenant à me présenter comme une sous-maîtresse? — Je ferai tout ce que vous m'ordonnerez de faire, lui répondis-je. — Oh! mais ce n'est pas ainsi que vous devez me parler, et si je suis à mon rôle, il me semble que vous oubliez le vôtre : les frères, en général, ne sont pas soumis aussi aveuglément aux volontés de leur sœur, et surtout les frères aînés. Vous vous trahirez, prenez garde. — J'admire vraiment votre courage, lui dis-je, laissant tomber mes bras et la regardant : — la tristesse au fond du cœur, car vous souffrez de l'âme; la pâleur sur le front, car vous souffrez du corps; éloignée pour jamais de tout ce que vous aimez, vous me l'a-vez dit, vous avez la force de sourire. Tenez, pleurez, pleurez, j'aime mieux cela, et cela me fait moins de mal. — Oui, vous avez raison, me dit-elle, et je suis une mauvaise comédienne. On voit mes larmes, n'est-ce pas, à travers mon sourire? Mais j'avais pleuré pendant que vous n'y étiez pas, cela m'avait fait du bien; de sorte qu'à un œil moins pénétrant, à un frère moins attentif, j'aurais pu faire croire que j'avais déjà tout oublié. — Oh! soyez tranquille, madame, lui dis-je avec quelque amertume, car tous mes soupçons me revenaient, soyez tranquille, je ne le croirai jamais. — Croyez-vous qu'on oublie sa mère, quand on sait qu'elle vous croit morte et qu'elle pleure votre mort?... O ma mère, ma pauvre mère! s'écria la comtesse en fondant en larmes et en se laissant retomber sur le canapé. — Voyez comme je suis égoïste, lui dis-je en m'approchant d'elle, je préfère vos larmes à votre sourire. Les larmes sont confiantes et le sourire est dissimulé; le sourire, c'est le voile sous lequel le cœur se cache pour mentir. Puis, quand vous pleurez, il me semble que vous avez besoin de moi pour essuyer vos pleurs. Quand vous pleurez, j'ai l'espoir que lentement, à force de soins, d'attentions, de respect, je vous consolerai; tandis que, si vous étiez consolée déjà, quel espoir me resterait-il? — Tenez, Alfred, me dit la comtesse avec un sentiment profond de bienveillance et en m'appelant pour la première fois par mon nom, ne nous faisons pas une vaine guerre de mots; il s'est passé entre nous des choses si étranges, que nous sommes dispensés, vous de détours envers moi, moi de ruse envers vous. Soyez franc, interrogez-moi; que voulez-vous savoir? je vous répondrai. — Oh! vous êtes un ange, m'écriai-je, et moi je suis un fou : je n'ai le droit de rien savoir, de rien demander. N'ai-je pas été aussi heureux qu'un homme puisse l'être, quand je vous ai retrouvée dans ce caveau, quand je vous ai emportée dans mes bras en descendant cette montagne, quand vous vous êtes appuyée sur mon épaule dans cette barque? Aussi je ne sais, mais je voudrais qu'un danger éternel vous menaçât, pour vous sentir toujours frissonner contre mon cœur : ce serait une existence vite usée qu'une existence pleine de sensations pareilles. On ne vivrait qu'un an peut-être ainsi, puis le cœur se briserait; mais quelle longue vie ne changerait-on pas pour une pareille année? Alors vous étiez toute à votre crainte, et moi j'étais votre seul espoir. Vos souvenirs de Paris ne vous tourmentaient pas. Vous ne feigniez pas de sourire pour me cacher vos larmes; j'étais heureux!... je n'étais pas jaloux. — Alfred, me dit gravement la comtesse, vous avez fait assez pour moi pour que je fasse quelque chose pour vous. D'ailleurs, il faut que vous souffriez, et beaucoup, pour me parler ainsi; car, en me parlant ainsi, vous me prouvez que vous ne vous souvenez plus que je suis sous votre dépendance entière. Vous me faites honte pour moi; vous me faites mal pour vous. — Oh! pardonnez-moi, pardonnez-moi! m'écriai-je en tombant à ses genoux; mais vous savez que je vous ai aimée jeune fille, quoique je ne vous l'aie jamais dit; vous savez que mon défaut de fortune seul m'a empêché d'aspirer à votre main; et vous savez encore que, depuis que je vous ai retrouvée, cet amour, endormi peut-être, mais jamais éteint, s'est réveillé plus ardent, plus vif que jamais. Vous le savez, car on n'a pas besoin de dire de pareilles choses pour qu'elles soient sues. Eh bien! voilà ce qui fait que je souffre également à vous voir sourire et à vous voir pleurer; c'est que, quand vous souriez, vous me cachez quelque chose; c'est que, quand vous pleurez, vous m'avouez tout. Ah! vous aimez, vous regrettez quelqu'un. — Vous vous trompez, me répondit la comtesse; si j'ai aimé, je n'aime plus; si je regrette quelqu'un, c'est ma mère! — Oh! Pauline! Pauline! m'écriai-je, me dites-vous vrai! ne me trompez-vous pas? Mon Dieu! mon Dieu! — Croyez-vous que je sois capable d'acheter votre protection par un mensonge?—Oh! le ciel m'en garde!... Mais d'où est venue la jalousie de votre mari? car la jalousie seule a pu le porter à une pareille infamie. — Ecoutez, Alfred, un jour ou l'autre il aurait fallu que je vous avouasse ce terrible secret; vous avez le droit de le connaître. Ce soir vous le saurez, ce soir vous lirez dans mon âme; ce soir, vous disposerez de plus que de ma vie, car vous disposerez de mon honneur et de celui de toute ma famille, mais à une condition. — Laquelle? dites; je l'accepte à l'avance. — Vous ne me parlerez plus de votre amour; je vous promets, moi, de ne pas oublier que vous m'aimez.

Elle me tendit la main; je la baisai avec un respect qui tenait de la religion.

— Asseyez-vous là, me dit-elle, et ne parlons plus de tout cela jusqu'au soir: qu'avez-vous fait? — J'ai cherché une petite maison bien simple et bien isolée, où vous soyez libre et maîtresse, car vous ne pouvez rester dans un hôtel — Et vous l'avez trouvée? — Oui, à Piccadilly. Et, si vous voulez, nous irons la voir après le déjeuner. — Alors, tendez donc votre tasse.

Nous prîmes le thé; puis nous montâmes en voiture, et nous nous rendîmes au cottage.

C'était une jolie petite fabrique à jalousies vertes, avec un jardin plein de fleurs; une véritable maison anglaise, à deux étages seulement. Le rez-de-chaussée devait nous être commun; le premier était pré-

paré pour Pauline. Je m'étais réservé le second.

Nous montâmes à son appartement: il se composait d'une antichambre, d'un salon, d'une chambre à coucher, d'un boudoir et d'un cabinet de travail, où l'on avait réuni tout ce qu'il fallait pour faire de la musique et dessiner. J'ouvris les armoires; la lingère m'avait tenu parole.

— Qu'est-ce cela? me dit Pauline. — Si vous entrez dans une pension, lui répondis-je, on exigera que vous ayez un trousseau. Celui-ci est marqué à votre nom, un P et un N, Pauline de Nerval. — Merci, mon frère, me dit-elle en me serrant la main. C'était la première fois qu'elle me redonnait ce titre depuis notre explication; mais, cette fois, ce titre ne me fit pas mal.

Nous entrâmes dans la chambre à coucher; sur le lit étaient deux chapeaux d'une forme toute parisienne et un châle de Cachemire fort simple.

— Alfred, me dit la comtesse en les apercevant, vous eussiez dû me laisser entrer seule ici, puisque j'y devais trouver toutes ces choses. Ne voyez-vous pas que j'ai honte devant vous de vous avoir donné tant de peine?... Puis vraiment je ne sais s'il est convenable... — Vous me rendrez tout cela sur le prix de vos leçons, interrompis-je en souriant: un frère peut prêter à sa sœur. — Il peut même lui donner, lorsqu'il est plus riche qu'elle, dit Pauline, car, dans ce cas-là, c'est celui qui donne qui est heureux. — Oh! vous avez raison, m'écriai-je, et aucune délicatesse du cœur ne vous échappe... Merci, merci!...

Nous passâmes dans le cabinet de travail; sur le piano étaient les romances les plus nouvelles de madame Duchange, de Labarre et de Plantade; les morceaux les plus à la mode de Bellini, de Meyerbeer et de Rossini. Pauline ouvrit un cahier de musique et tomba dans une profonde rêverie.

— Qu'avez-vous? lui dis-je, voyant que ses yeux restaient fixés sur la même page, et qu'elle semblait avoir oublié que j'étais là. — Chose étrange! murmura-t-elle, répondant à la fois à sa pensée et à ma question, il y a une semaine au plus que je chantais ce même morceau chez la comtesse M.; alors j'avais une famille, un nom, une existence. Huit jours se sont passés... et je n'ai plus rien de tout cela...

Elle pâlit et tomba plutôt qu'elle ne s'assit sur un fauteuil, et l'on eût dit que véritablement elle allait mourir. Je m'approchai d'elle, elle ferma les yeux; je compris qu'elle était tout entière à sa pensée, je m'assis près d'elle, et, lui appuyant la tête sur mon épaule: — Pauvre sœur! lui dis-je.

Alors elle se reprit à pleurer; mais cette fois sans convulsions ni sanglots: c'étaient des larmes mélancoliques et silencieuses, de ces larmes enfin qui ne manquent pas d'une certaine douceur, et qu'il faut que ceux qui les regardent sachent laisser couler. Au bout d'un instant elle rouvrit les yeux avec un sourire.

— Je vous remercie, me dit-elle, de m'avoir lais-

Alfred de Nerval.

sée pleurer. — Je ne suis plus jaloux, lui répondis-je.

Elle se leva. — N'y a-t-il pas un second étage ? me dit-elle. — Oui ; il se compose d'un appartement tout pareil à celui-ci. — Et doit-il être occupé ? — C'est vous qui en déciderez. — Il faut accepter la position qui nous est imposée par la destinée avec toute franchise. Aux yeux du monde vous êtes mon frère, il est tout simple que vous habitiez la maison que j'habite, tandis qu'on trouverait sans doute étrange que vous allassiez loger autre part. Cet appartement sera le vôtre. Descendons au jardin.

C'était un tapis vert avec une corbeille de fleurs. Nous en fîmes deux ou trois fois le tour en suivant une allée sablée et circulaire qui l'enveloppait ; puis Pauline alla vers le massif et y cueillit un bouquet.

— Voyez donc ces pauvres roses, me dit-elle en revenant à moi, comme elles sont pâles et presque sans odeur. N'ont-elles pas l'air d'exilées qui languissent après leur pays ? Croyez-vous qu'elles aussi ont une idée de ce que c'est que la patrie, et qu'en souffrant elles ont le sentiment de leur souffrance ? — Vous vous trompez, lui dis-je, ces fleurs sont nées ici ; cet air est l'atmosphère qui leur con-

Nous nous assîmes au-dessous d'un platane magnifique.

vient; ce sont des filles du brouillard et non de la rosée; un soleil plus ardent les brûlerait. D'ailleurs, elles sont faites pour parer des cheveux blonds et pour s'harmonier avec le teint mat des filles du Nord. A vous, à vos cheveux noirs il faudrait de ces roses ardentes comme il en fleurit en Espagne. Nous irons en chercher là quand vous en voudrez.

Pauline sourit tristement. — Oui, dit-elle, en Espagne... en Suisse... en Italie... partout... excepté en France... Puis elle continua de marcher sans parler davantage, effeuillant machinalement les roses sur le chemin.

— Mais, lui dis-je, avez vous donc à tout jamais perdu l'espoir d'y rentrer? — Ne suis-je pas morte? — Mais en changeant de nom?... — Il me faudrait aussi changer de visage. — Mais c'est donc bien terrible, ce secret? — C'est une médaille à deux faces, qui porte d'un côté du poison et de l'autre un échafaud. Écoutez, je vais vous raconter tout cela; il faut que vous le sachiez, et le plus tôt est le mieux. Mais vous, dites-moi d'abord par quel miracle de la Providence vous avez été conduit vers moi?

Nous nous assîmes sur un banc au-dessous d'un

platane magnifique, qui couvrait de sa tente de feuillage une partie du jardin. Alors je commençai mon récit à partir de mon arrivée à Trouville. Je lui racontai tout : comment j'avais été surpris par l'orage et poussé sur la côte ; comment, en cherchant un abri, j'étais entré dans les ruines de l'abbaye ; comment, réveillé au milieu de mon sommeil par le bruit d'une porte, j'avais vu sortir un homme du souterrain ; comment cet homme avait enfoui quelque chose sous une tombe, et comment, dès lors, je m'étais douté d'un mystère que j'avais résolu de pénétrer. Puis je lui dis mon voyage à Dives, la nouvelle fatale que j'y appris, la résolution désespérée de la revoir une fois encore, mon étonnement et ma joie en reconnaissant que le linceul couvrait une autre femme qu'elle ; enfin mon expédition nocturne, la clef sous la tombe, mon entrée dans le souterrain, mon bonheur et ma joie en la retrouvant ; et

je lui racontai tout cela avec cette expression de l'âme qui, sans prononcer le mot d'amour, le fait palpiter dans chaque parole que l'on dit ; et pendant que je parlais, j'étais heureux et récompensé, car je voyais ce récit passionné l'inonder de mon émotion, et quelques-unes de mes paroles filtrer secrètement jusqu'à son cœur. Lorsque j'eus fini, elle me prit la main, la serra entre les siennes sans parler, me regarda quelque temps avec une expression de reconnaissance angélique ; puis enfin, rompant le silence : — Faites-moi un serment, me dit-elle. — Lequel ? parlez. — Jurez-moi, sur ce que vous avez de plus sacré, que vous ne révélerez à qui que ce soit au monde ce que je vais vous dire, à moins que je ne sois morte, que ma mère ne soit morte, que le comte ne soit mort. — Je le jure sur l'honneur, répondis-je. — Et maintenant, écoutez, dit-elle.

VII

Je n'ai pas besoin de vous dire quelle était ma famille, vous la connaissez ; ma mère, puis des parents éloignés, voilà tout. J'avais quelque fortune. — Hélas ! oui, interrompis-je, et plût au ciel que vous eussiez été pauvre ! — Mon père, continua Pauline sans paraître remarquer le sentiment qui m'avait arraché mon exclamation, laissa en mourant quarante mille livres de rentes à peu près. Comme je suis fille unique, c'était une fortune. Je me présentai donc dans le monde avec la réputation d'une riche héritière. — Vous oubliez, dis-je, celle d'une grande beauté, jointe à une éducation parfaite. — Vous voyez bien que je ne puis pas continuer, me répondit Pauline en souriant, puisque vous m'interrompez toujours. — Oh ! c'est que vous ne pouvez pas dire comme moi tout l'effet que vous produisîtes dans ce monde ; c'est que c'est une partie de votre histoire que je connais mieux que vous-même ; c'est que, sans vous en douter, vous étiez la reine de toutes les fêtes. Reine à la couronne d'hommages, invisible à vos seuls regards. C'est alors que je vous vis. La première fois, ce fut chez la princesse de Bel... Tout ce qu'il y avait de talents et de célébrités était réuni chez cette belle exilée de Milan. On chanta, alors

nos virtuoses de salon s'approchèrent tour à tour du piano. Tout ce que l'instrumentation a de science et le chant de méthode se réunirent d'abord pour charmer cette foule de dilettanti, étonnés toujours de rencontrer dans le monde ce fini d'exécution que l'on demande et qu'on trouve si rarement au théâtre ; puis quelqu'un parla de vous et prononça votre nom. Pourquoi mon cœur battit-il à ce nom que j'entendais pour la première fois ? La princesse se leva, vous prit par la main, et vous conduisit presque en victime à cet autel de la mélodie : dites-moi encore pourquoi, en vous voyant si confuse, eus-je un sentiment de crainte comme si vous étiez ma sœur, moi qui vous avais vue depuis un quart d'heure à peine. Oh ! je tremblai plus que vous, peut-être, et certes vous étiez loin de penser que, dans toute cette foule, il y avait un cœur frère de votre cœur, qui battait de votre crainte et allait s'enivrer de votre triomphe. Votre bouche sourit, les premiers sons de votre voix, tremblants et incertains, se firent entendre ; mais bientôt les notes s'échappèrent pures et vibrantes ; vos yeux cessèrent de regarder la terre et se fixèrent vers le ciel. Cette foule qui vous entourait disparut, et je ne sais même si les applaudissements arrivèrent jusqu'à vous, tant votre esprit semblait planer au-dessus d'elle ; c'était un air de Bellini, mélodieux et simple, et cependant plein de larmes, comme lui seul savait les faire. Je ne vous applaudis pas, je pleurai. On vous reconduisit à votre place au milieu des félicitations; moi seul n'osai m'approcher de vous; mais je me plaçai de manière à vous voir toujours. La soirée reprit son cours, la musique continua d'en faire les honneurs, secouant sur son auditoire enchanté ses ailes harmonieuses et changeantes; mais je n'entendis plus rien : depuis que vous aviez quitté le piano, tous mes sens s'étaient concentrés en un seul. Je vous regardais. Vous souvenez-vous de cette soirée? — Oui, je crois me la rappeler, dit Pauline. — Depuis, continuai-je sans penser que j'interrompais son récit, depuis, j'entendis encore une fois, non pas cet air lui-même, mais la chanson populaire qui l'inspira. C'était en Sicile, vers le soir d'un de ces jours comme Dieu n'en a fait que pour l'Italie et la Grèce; le soleil se couchait derrière Girgenti, la vieille Agrigente. J'étais assis sur le revers d'un chemin ; j'avais à ma gauche, et commençant à se perdre dans l'ombre naissante, toute cette plage couverte de ruines, au milieu desquelles ses trois temples seuls restaient debout. Au delà de cette plage, la mer, calme et unie comme un miroir d'argent; j'avais à ma droite la ville se détachant en vigueur sur un fond d'or, comme une de ces tableaux de la première école florentine, qu'on attribue à Gaddi, ou qui sont signés de Cimabué ou de Giotto. J'avais devant moi une jeune fille qui revenait de la fontaine, portant sur sa tête une de ces longues amphores antiques à la forme délicieuse; elle passait en chantant, et elle chantait cette chanson que je vous ai dite. Oh! si vous saviez quelle impression je ressentis alors! Je fermai les yeux, je laissai tomber ma tête dans mes mains : mer, cité, temples, tout disparut, jusqu'à cette fille de la Grèce, qui venait comme une fée de me faire reculer de trois ans et de me transporter dans le salon de la princesse Bel... Alors je vous revis, j'entendis de nouveau votre voix; je vous regardai avec extase; puis tout à coup une profonde douleur s'empara de mon âme, car vous n'étiez déjà plus la jeune fille que j'avais tant aimée, et qu'on appelait Pauline de Meulien : vous étiez la comtesse Horace de Beuzeval. Hélas!... hélas! — Oh! oui, hélas! murmura Pauline.

Nous restâmes tous deux quelques instants sans parler, Pauline se remit la première.

— Oui, ce fut le beau temps, le temps heureux de ma vie, continua-t-elle. Oh! les jeunes filles, elles ne connaissent pas leur félicité ; elles ne savent pas que le malheur n'ose toucher au voile chaste qui les enveloppe et dont un mari vient les dépouiller. Oui, j'ai été heureuse pendant trois ans; pendant trois ans ce fut à peine si ce soleil brillant de mes jeunes années s'obscurcit un jour, et si une de ces émotions innocentes que les jeunes filles prennent pour de l'amour y passa comme un nuage. L'été, nous allions dans notre château de Meulien; l'hiver, nous revenions à Paris. L'été se passait au milieu

des fêtes de la campagne, et l'hiver suffisait à peine aux plaisirs de la ville. Je ne pensais pas qu'une vie si pure et si sereine pût jamais s'assombrir. J'avançais joyeuse et confiante; nous atteignîmes ainsi l'automne de 1830.

Nous avions pour voisine de villégiature madame de Lucienne, dont le mari avait été grand ami de mon père ; elle nous invita un soir, ma mère et moi, à passer la journée du lendemain à son château. Son mari, son fils et quelques jeunes gens de Paris s'y étaient réunis pour chasser le sanglier, et un grand dîner devait célébrer la victoire du moderne Méléagre. Nous nous rendîmes à son invitation.

Lorsque nous arrivâmes, les chasseurs étaient déjà partis; mais, comme le parc était fermé de murs, nous pouvions facilement les rejoindre ; d'ailleurs, de temps en temps, nous devions entendre le son du cor, et en nous rendant vers lui nous pouvions prendre tout le plaisir de la chasse sans en risquer la fatigue; M. de Lucienne était resté pour nous tenir compagnie, à sa femme, à sa fille, à ma mère et à moi ; Paul, son fils, dirigeait la chasse.

A midi, le bruit du cor se rapprocha sensiblement; nous entendîmes sonner plus souvent le même air : M. de Lucienne nous dit que c'était l'à vue; que le sanglier se fatiguait, et que, si nous voulions, il était temps de monter à cheval; dans ce moment un des chasseurs arrive au grand galop, venant nous chercher de la part de Paul, le sanglier ne pouvant tarder à faire tête aux chiens. M. de Lucienne prit une carabine qu'il pendit à l'arçon de sa selle; nous montâmes à cheval tous trois et nous partîmes. Nos deux mères, de leur côté, se rendirent à pied dans un pavillon autour duquel tournait la chasse.

Nous ne tardâmes point à la rejoindre, et, quelle qu'ait été ma répugnance d'abord à prendre part à cet événement, bientôt le bruit du cor, la rapidité de la course, les aboiements des chiens, les cris des chasseurs, nous atteignirent nous-mêmes, et nous galopâmes, Lucie et moi, moitié riant, moitié tremblant, à l'égal des plus habiles cavaliers. Deux ou trois fois, nous vîmes le sanglier traverser des allées, et, chaque fois, les chiens le suivaient plus rapprochés. Enfin, il alla s'appuyer contre un gros chêne, se retourna et fit tête à la meute. C'était au bord d'une clairière, sur laquelle donnaient justement les fenêtres du pavillon; de sorte que madame de Lucienne et ma mère se trouvèrent parfaitement pour ne rien perdre du dénoûment.

Les chasseurs étaient placés en cercle à quarante ou cinquante pas de distance du lieu où se livrait le combat; les chiens, excités par une longue course, s'étaient jetés tous sur le sanglier, qui avait presque disparu sous leur masse mouvante et tachetée. De temps en temps, un des assaillants était lancé à huit ou dix pieds de hauteur, et retombait en hurlant et tout ensanglanté; puis il se rejetait au milieu de la meute, et, tout blessé qu'il était, revenait contre son ennemi. Ce combat dura un quart d'heure à peine, et plus de dix à douze chiens étaient déjà blessés mortellement. Ce spectacle sanglant et cruel devenait pour moi un supplice, et le même effet était produit, à ce qu'il paraît, sur les autres spectateurs, car j'entendis la voix de madame de Lucienne qui criait : — Assez, assez! je t'en prie, Paul, assez! Aussitôt, Paul sauta en bas de son cheval, sa carabine à la main, fit quelques pas à pied vers le sanglier, l'ajusta au milieu des chiens et fit feu.

Au même instant, car ce qui se passa fut rapide comme un éclair, la meute s'ouvrit, le sanglier blessé passa au milieu d'elle, et, avant que madame de Lucienne elle-même eût eu le temps de jeter un cri, il était sur Paul; Paul tomba renversé, et l'animal furieux, au lieu de suivre sa course, s'arrêta acharné sur son nouvel ennemi.

Il y eut alors un silence terrible; madame de Lucienne, pâle comme la mort, les bras tendus vers son fils, essayait de parler et murmurait d'une voix presque inintelligible : — Sauvez-le! sauvez-le! M. de Lucienne, qui était le seul armé, prit sa carabine et voulut ajuster l'animal; mais Paul était dessous, la plus légère déviation de la balle, et le père tuait le fils. Un tremblement convulsif s'empara de lui; il vit son impuissance, et, laissant tomber son arme, il courut vers Paul en criant : — Au secours! au secours! Les autres chasseurs le suivirent. Au même instant, un jeune homme s'élança à bas de cheval, sauta sur le fusil, et de cette voix ferme et puissante qui commande : — Place! cria-t-il. Les chasseurs s'écartèrent pour laisser passer le messager de mort qui devait arriver avant eux. Ce que je viens de vous dire s'était passé en moins d'une minute.

Tous les yeux se fixèrent aussitôt sur le tireur et sur le terrible but qu'il avait choisi; quant à lui, il était ferme et calme, comme s'il eût eu sous les yeux une simple cible. Le canon de la carabine se leva lentement de terre; puis, arrivé à une certaine hauteur, le chasseur et le fusil devinrent immobiles comme s'ils étaient de pierre; le coup partit, et le sanglier blessé à mort roula à deux ou trois pas de Paul, qui, débarrassé de son adversaire, se releva sur un genou, son couteau de chasse à la main. Mais c'était inutile, la balle avait été guidée par un œil trop sûr pour qu'elle ne fût pas mortelle. Madame de Lucienne jeta un cri et s'évanouit, Lucie s'affaissa sur son cheval et serait tombée, si l'un des piqueurs ne l'eût soutenue : je sautai à bas du mien et je courus vers madame de Lucienne; quant aux chasseurs, ils étaient tous autour de Paul et du sanglier mort, à l'exception du tireur, qui, le coup parti, reposa tranquillement sa carabine contre le tronc d'un arbre.

Madame de Lucienne revint à elle dans les bras de son fils et de son mari, Paul n'avait qu'une légère blessure à la cuisse, tant s'était passé rapidement ce que je viens de vous raconter. La première émotion effacée, madame de Lucienne regarda autour d'elle : elle avait toute sa gratitude maternelle à exprimer à un homme; elle cherchait le chasseur qui avait sauvé son fils. M. de Lucienne devina son intention et le lui amena. Madame de Lucienne lui saisit la main, voulut le remercier, fondit en larmes, et ne put prononcer que ces mots : — Oh! monsieur de Beuzeval!...

— C'était donc lui? m'écriai-je. — Oui, c'était lui. Je le vis ainsi pour la première fois, entouré de la reconnaissance d'une famille entière et de tout le prestige de l'émotion que m'avait causée cette scène dont il avait été le héros. C'était un jeune homme pâle, et plutôt petit que grand, avec des yeux noirs et des cheveux blonds. Au premier aspect, il paraissait à peine avoir vingt ans; puis, en regardant plus attentivement, on voyait quelques légères rides partir du coin de la paupière en s'élargissant vers les tempes, tandis qu'un pli imperceptible lui traversait le front, indiquant, au fond de son esprit ou de son cœur, la présence habituelle d'une pensée sombre; des lèvres pâles et minces, de belles dents et des mains de femme complétaient cet ensemble, qui, au premier abord, m'inspira plutôt un sentiment de répulsion que de sympathie, tant était froide, au milieu de l'exaltation générale, la figure de cet homme qu'une mère remerciait de lui avoir conservé son fils.

La chasse était finie : on revint au château. En rentrant au salon, le comte Horace de Beuzeval s'excusa de ne pouvoir rester plus longtemps; mais il avait un engagement pris pour dîner à Paris. On lui fit observer qu'il avait quinze lieues à faire et quatre heures à peine pour arriver à temps; le comte répondit en souriant que son cheval avait pris à son service l'habitude de ces sortes de courses, et donna ordre à son domestique de le lui amener.

Ce domestique était un Malais que le comte Horace avait ramené d'un voyage qu'il avait fait dans l'Inde pour recueillir une succession considérable, et qui avait conservé le costume de son pays. Quoiqu'il fût en France depuis trois ans, il ne parlait que sa langue maternelle, dont le comte savait quelques mots à l'aide desquels il se faisait servir; il obéit avec une promptitude merveilleuse, et, à travers les carreaux du salon, nous vîmes bientôt piaffer les deux chevaux, sur la race desquels tous ces messieurs se récrièrent : c'était en effet, autant que j'en pus juger, deux magnifiques animaux; aussi le prince de Condé avait eu le désir de les avoir; mais le comte Horace avait doublé le prix que l'altesse royale voulait y mettre, et il les lui avait enlevés.

Tout le monde reconduisit le comte jusqu'au perron. Madame de Lucienne semblait n'avoir pas eu le temps de lui exprimer toute sa reconnaissance, et elle lui serrait les mains en le suppliant de revenir. Le comte le promit en jetant un regard rapide qui me fit baisser les yeux comme un éclair, car, je ne sais pourquoi, il me sembla qu'il m'était adressé; lorsque je relevai la tête, le comte était à cheval, il

Le comte Horace de Beuzeval.

s'inclina une dernière fois devant madame de Lucienne, nous fit un salut général, adressa de la main un signe d'amitié à Paul, et, lâchant la bride à son cheval, qui l'emporta au galop, il disparut en quelques secondes au tournant du chemin.

Chacun était resté à la même place, le regardant en silence; car il y avait dans cet homme quelque chose d'extraordinaire qui commandait l'attention. On sentait une de ces organisations puissantes que souvent la nature, comme par caprice, s'amuse à enfermer dans un corps qui semble trop faible pour la contenir : aussi le comte paraissait-il un composé de contrastes. Pour ceux qui ne le connaissaient pas, il avait l'apparence faible et languissante d'un homme atteint d'une maladie organique; pour ses amis et ses compagnons, c'était un homme de fer, résistant à toutes les fatigues, surmontant toutes les émotions, domptant tous les besoins : Paul l'avait vu passer des nuits entières, soit au jeu, soit à table; et le lendemain. tandis que ses convives de table ou de jeu dormaient, partir, sans avoir pris une heure de sommeil, pour une chasse ou pour une course avec de nouveaux compagnons, qu'il lassait comme les premiers, sans que la fatigue se manifestât chez lui autrement que par une pâleur plus grande et une toux sèche qui lui était habituelle, mais qui, dans ce cas, devenait plus fréquente.

Je ne sais pourquoi j'écoutai tous ces détails avec un intérêt infini; sans doute la scène dont j'avais été témoin, le sang-froid dont le comte avait fait preuve, l'émotion toute récente que j'avais éprouvée, étaient cause de cette attention que je prêtais à tout ce qu'on racontait de lui. Au reste, le calcul le plus habile n'eût rien inventé de mieux que ce départ subit, qui laissait en quelque sorte le château désert, tant celui qui s'était éloigné avait produit une immense impression sur ses habitants.

On annonça que le dîner était servi. La conversation, interrompue pendant quelque temps, reprit au dessert une, nouvelle activité, et, comme pendant toute l'après-midi, le comte en fut l'objet. Alors, soit que cette constante attention pour un seul parût à quelques-uns désobligeante pour les autres, soit qu'en effet plusieurs des qualités qu'on lui accordait fussent contestables, une légère discussion s'éleva sur son existence étrange, sur sa fortune, dont la source était inconnue, et sur son courage, que l'un des convives attribuait à sa grande habileté à manier l'épée et le pistolet. Paul se fit alors tout naturellement le défenseur de celui qui lui avait sauvé la vie. L'existence du comte Horace était celle de presque tous les hommes à la mode ; sa fortune venait de la succession d'un oncle de sa mère, qui était resté quinze ans dans l'Inde. Quant à son courage, c'était, à son avis, la chose la moins contestable ; car, non-seulement il avait fait ses preuves dans quelques duels dont il était toujours sorti à peu près sain et sauf, mais encore en d'autres circonstances. Paul alors en raconta plusieurs, dont une surtout se grava profondément dans mon esprit.

Le comte Horace, en arrivant à Goa, trouva son oncle mort, mais un testament avait été fait en sa faveur, de sorte qu'aucune contestation n'eut lieu, et quoique deux jeunes Anglais, parents du défunt, car la mère du comte était Anglaise, se trouvassent héritiers au même degré que lui, il se vit seul en possession de l'héritage qu'il venait réclamer. Au reste, ces deux jeunes Anglais étaient riches; tous deux au service et occupant des grades dans l'armée britannique en garnison à Bombay. Ils reçurent donc leur cousin, sinon avec affection, du moins avec politesse, et, avant son départ pour la France, ils lui offrirent avec leurs camarades, officiers du régiment où ils servaient, un dîner d'adieu que le comte Horace accepta.

Il était plus jeune de quatre ans à cette époque, et en paraissait à peine dix-huit, quoiqu'il en eût réellement vingt-cinq ; sa taille élégante, son teint pâle, la blancheur de ses mains, lui donnaient l'apparence d'une femme déguisée en homme. Aussi, au premier coup d'œil, les officiers anglais mesurèrent-ils le courage de leur convive à son apparence. Le comte, de son côté, avec cette rapidité de jugement qui le distingue, comprit aussitôt l'effet qu'il avait produit, et, certain de l'intention railleuse de ses hôtes, se tint en garde, résolu à ne pas quitter Bombay sans y laisser un souvenir quelconque de son passage. En se mettant à table, les deux jeunes officiers demandèrent à leur parent s'il parlait anglais; mais, quoique le comte connût cette langue aussi bien que la nôtre, il répondit modestement qu'il n'en entendait pas un mot, et pria ces messieurs de vouloir bien, lorsqu'ils désireraient qu'il y prît part, soutenir la conversation en français.

Cette déclaration donna une grande latitude aux convives, et, dès le premier service, le comte s'aperçut qu'il était l'objet d'une raillerie continue. Cependant il dévora tout ce qu'il entendit, le sourire sur les lèvres et la gaieté dans les yeux ; seulement ses joues devinrent plus pâles, et deux fois ses dents brisèrent les bords du verre qu'il portait à sa bouche. Au dessert, le bruit redoubla avec le vin de France, et la conversation tomba sur la chasse ; alors on demanda au comte quel genre de gibier il chassait en France, et de quelle manière il le chassait. Le comte, décidé à poursuivre son rôle jusqu'au bout, répondit qu'il chassait tantôt en plaine et avec le chien d'arrêt la perdrix et le lièvre, tantôt au bois et à courre, le renard et le cerf.

— Ah! ah! dit en riant un des convives, vous chassez le lièvre, le renard et le cerf! Eh bien! nous, ici, nous chassons le tigre. — Et de quelle manière? dit le comte Horace avec une bonhomie parfaite. — De quelle manière? répondit un autre ; mais montés sur des éléphants, et avec des esclaves, dont les uns, armés de piques et de haches, font face à l'animal, tandis que les autres nous chargent nos fusils, et que nous tirons. — Ce doit être un charmant plaisir, répondit le comte. — Il est malheureux, dit l'un des jeunes gens, que vous partiez si vite, mon cher cousin... nous aurions pu vous le procurer. — Vrai, reprit Horace, je regrette bien sincèrement de manquer une pareille occasion, et s'il ne fallait pas attendre trop longtemps, je resterais. — Mais, répondit le premier, cela tombe à merveille, il y a justement à trois lieues d'ici, dans un marais qui longe les montagnes et qui s'étend du côté de Surate, une tigresse et ses petits. Des Indiens à qui elle a enlevé des moutons nous en ont prévenus hier seulement ; nous voulions attendre que les petits fussent plus forts, afin de faire une chasse en règle, mais, puisque nous avons une si bonne occasion de vous être agréables, nous avancerons l'expédition d'une quinzaine de jours. — Je vous en suis tout à fait reconnaissant, dit en s'inclinant le comte; mais est-il bien certain que la tigresse soit où on la croit? — Il n'y a aucun doute. — Et sait-on précisément à quel endroit est son repaire? — C'est facile à voir en montant sur un rocher qui domine le marais; ses chemins sont tracés au milieu des roseaux brisés, et tous aboutissent à un centre, comme les rayons d'une étoile. — Eh bien! dit le comte en remplissant son verre et en se levant comme pour porter une santé, à celui qui ira tuer la tigresse au milieu de ses roseaux, entre ses deux petits, seul, à pied, et sans autre arme que ce poignard! A ces mots, il prit à la ceinture d'un esclave un poignard malais, et le posa sur la table.—Etes-vous fou? dit un des convives. — Non, messieurs, je ne suis pas fou, répondit le comte avec une amertume mêlée de mépris, et la preuve, c'est que je renouvelle mon toast. Ecoutez donc bien, afin que celui qui voudra l'accepter sache à quoi il s'engage en vidant son verre : A celui, dis-je, qui ira tuer la tigresse au milieu de ses roseaux, entre ses deux petits, seul, à pied, et sans autre arme que ce poignard !

Il se fit un moment de silence, pendant lequel le comte interrogea successivement tous les yeux, qui tous se baissèrent.

— Personne ne répond? dit-il avec un sourire; personne n'ose accepter mon toast... personne n'a le courage de me faire raison... Eh bien! alors, c'est moi qui irai... et, si je n'y vais pas, vous direz que je suis un misérable, comme je dis que vous êtes des lâches.

A ces mots, le comte vida son verre, le reposa tranquillement sur la table, et, s'avançant vers la porte •

— A demain, messieurs, dit-il. Et il sortit.

Le lendemain, à six heures du matin, il était prêt pour cette terrible chasse, lorsque ses convives entrèrent dans sa chambre. Ils venaient le supplier de renoncer à son entreprise, dont le résultat ne pouvait manquer d'être mortel pour lui. Mais le comte ne voulut rien entendre. Ils reconnurent d'abord qu'ils avaient eu tort la veille, que leur conduite était celle de jeunes fous. Le comte les remercia de leurs excuses, mais refusa de les accepter. Ils lui offrirent alors de choisir l'un d'eux, et de se battre avec lui, s'il se croyait trop offensé pour que la chose pût se passer sans réparation. Le comte répondit avec ironie que ses principes religieux lui défendaient de verser le sang de son prochain; que, de son côté, il retirait les paroles amères qu'il avait dites; mais que, quant à cette chasse, rien au monde ne pouvait l'y faire renoncer. A ces mots, il invita ces messieurs à monter à cheval et à le suivre, les prévenant, au reste, que, s'ils ne voulaient pas l'honorer de leur compagnie, il n'irait pas moins attaquer la tigresse tout seul. Cette décision était prononcée d'une voix si ferme, et paraissait tellement inébranlable, qu'ils ne tentèrent même plus de l'y faire renoncer, et que, montant à cheval de leur côté, ils vinrent le rejoindre à la porte orientale de la ville, où le rendez-vous avait été donné.

La cavalcade s'achemina en silence vers l'endroit indiqué; chacun des cavaliers s'était muni d'un fusil à deux coups ou d'une carabine. Le comte seul était sans armes; son costume, parfaitement élégant, était celui d'un jeune homme du monde qui va faire sa promenade du matin au bois de Boulogne. Tous les officiers se regardaient avec étonnement, ne pouvant croire qu'il conserverait ce sang-froid jusqu'à la fin.

En arrivant sur la lisière du marais, les officiers firent un nouvel effort pour dissuader le comte d'aller plus avant. Au milieu de la discussion, et comme pour leur venir en aide, un rugissement se fit entendre, parti de quelques centaines de pas à peine; les chevaux, inquiets, piaffèrent et hennirent.

— Vous voyez, messieurs, dit le comte, il est trop tard, nous sommes reconnus, l'animal sait que nous sommes là; et je ne veux pas, en quittant l'Inde, que je ne reverrai probablement jamais, laisser une fausse opinion de moi, même à un tigre. En avant, messieurs ! — Et le comte poussa son cheval pour gagner, en longeant les marais, le rocher du haut duquel on dominait les roseaux où la tigresse avait mis bas.

En arrivant au pied du rocher, un second rugissement se fit entendre, mais si fort et si rapproché, que l'un des chevaux fit un écart et que son cavalier manqua d'être désarçonné; tous les autres, l'écume à la bouche, les naseaux ouverts et l'œil hagard, frissonnaient et tremblaient sur leurs quatre pieds comme s'ils venaient de sortir de l'eau glacée. Alors les cavaliers descendirent, les montures furent confiées aux domestiques, et le comte, le premier, commença de gravir le point élevé du haut duquel il comptait examiner le terrain.

En effet, du sommet du rocher il suivait des yeux, aux roseaux brisés, la trace du terrible animal qu'il allait combattre; des espèces de chemins, larges de deux pieds à peu près, étaient frayés dans les hautes herbes, et chacun, comme l'avaient dit les officiers, aboutissaient à un centre, où les plantes, tout à fait battues, formaient une clairière. Un troisième rugissement, qui partait de cet endroit, vint dissiper tous les doutes, et le comte sut où il devait aller chercher son ennemi.

Alors le plus âgé des officiers s'approcha de nouveau du comte; mais celui-ci, devinant son intention, lui fit froidement signe de la main que tout était inutile. Puis il boutonna sa redingote, pria l'un de ses cousins de lui prêter l'écharpe de soie qui lui serrait la taille pour s'envelopper le bras gauche, fit signe au Malais de lui donner son poignard, se le fit assurer autour de la main avec un foulard mouillé; alors, posant son chapeau à terre, il releva gracieusement ses cheveux, et, par le chemin le plus court, s'avança vers les roseaux, au milieu desquels il disparut à l'instant, laissant ses compagnons s'entre-regardant épouvantés, et ne pouvant croire à une pareille audace.

Il fit signe au Malais de lui donner son poignard, et se le fit assurer autour de la main avec
un foulard mouillé. — Page 31.

Quant à lui, il s'avança lentement et avec précaution par le chemin qu'il avait pris, et qui était tracé
si directement qu'il n'y avait à s'écarter ni à droite
ni à gauche. Au bout de deux cents pas à peu près,
il entendit un rauquement sourd qui lui annonçait
que son ennemie était sur ses gardes, et que, s'il
n'avait point été vu encore, il était déjà éventé;
cependant il ne s'arrêta qu'une seconde, et, aussitôt
que le bruit eut cessé, il continua de marcher. Au
bout de cinquante pas à peu près, il s'arrêta de nouveau, il lui semblait que, s'il n'était pas arrivé, il
devait au moins être bien près, car il touchait à la

clairière, et cette clairière était parsemée d'ossements, dont quelques-uns conservaient encore des
lambeaux de chair sanglante. Il regarda donc circulairement autour de lui, et, dans un enfoncement
pratiqué dans l'herbe et pareil à une voûte de quatre ou cinq pieds de profondeur, il aperçut la tigresse couchée à moitié, la gueule béante et les
yeux fixés sur lui; ses petits jouaient sous son ventre comme de jeunes chats.

Ce qui se passa dans son âme à cette vue, lui seul
peut le dire; mais son âme est un abîme d'où rien
ne sort. Quelque temps la tigresse et lui se regardè-

Quelque temps la tigresse et lui se regardèrent immobiles.

rent immobiles ; et, voyant que, de peur de quitter ses petits sans doute, elle ne venait pas à lui, ce fut lui qui alla vers elle.

Il en approcha ainsi jusqu'à la distance de quatre pas ; puis, voyant qu'enfin elle faisait un mouvement pour se soulever, il se rua sur elle. Ceux qui regardaient et écoutaient entendirent à la fois un rugissement et un cri ; ils virent pendant quelques secondes les roseaux s'agiter ; puis le silence et la tranquillité leur succédèrent : tout était fini.

Ils attendirent un instant pour voir si le comte reviendrait ; mais le comte ne revint pas. Alors ils eurent honte de l'avoir laissé entrer seul, et se décidèrent, puisqu'ils n'avaient pas sauvé sa vie, à sauver du moins son cadavre. Ils s'avancèrent dans le marais tous ensemble et pleins d'ardeur, s'arrêtant de temps en temps pour écouter, puis se remettant aussitôt en chemin ; enfin, ils arrivèrent à la clairière et trouvèrent les deux adversaires couchés l'un sur l'autre : la tigresse était morte, et le comte évanoui. Quant aux deux petits, trop faibles pour dévorer le corps, ils léchaient le sang.

La tigresse avait reçu dix-sept coups de poignard, le comte un coup de dent qui lui avait brisé le bras gauche, et un coup de griffe qui lui avait déchiré la poitrine.

Les officiers emportèrent le cadavre de la tigresse et le corps du comte; l'homme et l'animal rentrèrent à Bombay comme ils à côté l'un de l'autre, et portés sur le même brancard. Quant aux petits tigres, l'esclave malais les avait garrottés avec la percale de son turban, et ils pendaient aux deux côtés de sa selle.

Lorsque, au bout de quinze jours, le comte se leva, il trouva devant son lit la peau de la tigresse avec des dents en perles, des yeux en rubis et des ongles d'or; c'était un don des officiers du régiment dans lequel servaient ses deux cousins.

VIII

Ces récits firent une impression profonde dans mon esprit. Le courage est une des plus grandes séductions de l'homme sur la femme : est-ce à cause de notre faiblesse et parce que, ne pouvant rien par nous-mêmes, il nous faut éternellement un appui? Aussi, quelque chose que l'on eût dite au désavantage du comte Horace, le seul souvenir qui resta dans mon esprit fut celui de cette double chasse, à l'une desquelles j'avais assisté. Cependant, ce n'était pas sans terreur que je pensais à ce sang-froid terrible auquel Paul devait la vie. Combien de combats terribles s'étaient passés dans ce cœur avant que la volonté fût arrivée à comprimer à ce point ses pulsations, et un bien long incendie avait dû dévorer cette âme avant que sa flamme ne devînt toute cendre et que sa lave ne se changeât en glace.

Le grand malheur de notre époque est la recherche du romanesque et le mépris du simple. Plus la société se dépoétise, plus les imaginations actives demandent cet extraordinaire, qui tous les jours disparaît du monde pour se réfugier au théâtre ou dans les romans; de là, cet intérêt fascinateur qu'exercent sur tout ce qui les entoure les caractères exceptionnels. Vous ne vous étonnerez donc pas que l'image du comte Horace, s'offrant à l'esprit d'une jeune fille entourée de ce prestige, soit restée dans son imagination, où si peu d'événements avaient encore laissé leur trace. Aussi, lorsque, quelques jours après la scène que je viens de vous raconter, nous vîmes arriver deux cavaliers par la grande allée du château, et qu'on annonça M. Paul de Lucien et M. le comte Horace de Beuzeval, pour la première fois de ma vie je sentis mon cœur battre à un nom, un nuage me passa sur les yeux, et je me levai avec l'intention de fuir; ma mère me retint, ces messieurs entrèrent.

Je ne sais ce que je leur dis d'abord; mais certes je dus paraître bien timide et bien gauche, car, lorsque je levai les yeux, ceux du comte Horace étaient fixés sur moi avec une expression étrange et que je n'oublierai jamais : cependant, peu à peu j'écartai cette préoccupation et je redevins moi-même; alors je pus le regarder et l'écouter comme si je regardais et j'écoutais Paul.

Je lui retrouvai la même figure impassible, le même regard fixe et profond qui m'avait tant impressionnée, et de plus une voix douce qui, comme ses mains et ses pieds, paraissait bien plus appartenir à une femme qu'à un homme; cependant, lorsqu'il s'animait, cette voix prenait une puissance qui semblait incompatible avec les premiers sons qu'elle avait proférés : Paul, en ami reconnaissant, avait mis la conversation sur un sujet propre à faire valoir le comte : il parla de ses voyages. Le comte hésita un instant à se laisser entraîner à cette séduction d'amour-propre : on eût dit qu'il craignait de s'emparer de la conversation et de substituer le *moi* aux généralités banales des premières entrevues; mais bientôt le souvenir des lieux parcourus se présenta à sa mémoire, la vie pittoresque des contrées sauvages entra en lutte avec l'existence monotone des pays civilisés et déborda sur elle; le comte se retrouva tout entier au milieu de la végétation luxuriante de l'Inde et des aspects merveilleux des Maldives. Il nous raconta ses courses dans le golfe du Bengale, ses combats avec les pirates malais; il se laissa emporter à la peinture brillante de cette vie animée, où chaque heure apporte une émotion à l'esprit ou au cœur; il fit passer sous nos yeux les phases entières de cette existence primitive, où l'homme dans sa liberté et dans sa force étant, selon qu'il veut l'être, esclave ou roi, n'a de liens que son caprice, de bornes que l'horizon, et, lorsqu'il étouffe sur la terre, déploie les voiles de ses vaisseaux, comme les ailes d'un aigle, et va demander à l'Océan la solitude et l'immensité; puis il retomba d'un seul bond au milieu de notre société usée, où tout est mesquin, crimes et vertus, où tout est factice, visage et âme, où, esclaves emprisonnés dans les lois, captifs garrottés dans les convenances, il y a pour chaque heure du jour de petits devoirs à accomplir, pour chaque partie de la matinée des formes d'habits et des couleurs de gants à adopter, et cela sous peine de ridicule, c'est-à-dire de mort; car le ridicule, en France, tache un nom plus cruellement que ne le fait la boue ou le sang.

Je ne vous dirai pas ce qu'il y avait d'éloquence amère, ironique et mordante, contre notre société dans cette sortie du comte : c'était véritablement, aux blasphèmes près, une de ces créations de poëtes, Manfred ou Karl Moor; c'était une de ces organisations orageuses se débattant au milieu des plates et communes exigences de notre société; c'était le génie aux prises avec le monde, et qui, vainement enveloppé dans ses lois, ses convenances et ses habitudes, les emporte avec lui comme un lion ferait de misérables filets tendus pour un renard ou pour un loup.

J'écoutais cette philosophie terrible, comme j'aurais lu une page de Byron ou de Goëthe : c'était la même énergie de pensée, rehaussée de toute la puissance de l'expression. Alors cette figure si impassible avait jeté son masque de glace; elle s'animait à la flamme du cœur, et ses yeux lançaient des éclairs; alors cette voix si douce prenait successivement des accents éclatants et sombres; puis, tout à coup, enthousiasme ou amertume, espérance ou mépris, poésie ou matière, tout cela se fondait dans un sourire comme je n'en avais point vu encore, et qui contenait à lui seul plus de désespoir et de dédain que n'aurait pu le faire le sanglot le plus douloureux.

Après une visite d'une heure, Paul et le comte nous quittèrent. Lorsqu'ils furent sortis, nous nous regardâmes un instant ma mère et moi, en silence, et je me sentis le cœur soulagé d'une oppression énorme : la présence de cet homme me pesait comme celle de Méphistophélès à Marguerite; l'impression qu'il avait produite sur moi était si visible, que ma mère se mit à le défendre sans que je l'attaquasse; depuis longtemps elle avait entendu parler du comte, et, comme sur tous les hommes remarquables, le monde émettait sur lui les jugements les plus opposés. Ma mère, au reste, le regardait d'un point de vue complètement différent du mien : tous ces sophismes émis si hardiment par le comte lui paraissaient un jeu d'esprit, et voilà tout; une espèce de médisance contre la société, comme tous les jours on en dit contre les individus. Ma mère ne le mettait donc ni si haut ni si bas que je le faisais intérieurement; il en résulta que cette différence d'opinion que je ne voulais pas combattre me détermina à paraître ne plus m'occuper de lui. Au bout de dix minutes, je prétextai un léger mal de tête, et je descendis dans le parc; là rien ne vint distraire mon esprit de sa préoccupation, et je n'avais pas fait cent pas que je fus forcée de m'avouer à moi-même que je n'avais pas voulu parler du comte afin de mieux penser à lui. Cette conviction m'effraya; je n'aimais pas le comte cependant, car, à l'annonce de sa présence, mon cœur eût, certes, plutôt battu de crainte que de joie; pourtant je ne le craignais pas non plus, ou, logiquement, je ne devais pas le craindre, car enfin en quoi pouvait-il influer sur ma destinée? Je l'avais vu une fois par hasard, une seconde fois par politesse, je ne le reverrais peut-être jamais; avec son caractère aventureux et son goût des voyages, il pouvait quitter la France d'un moment à l'autre, alors son passage dans ma vie était une apparition, un rêve, et voilà tout; quinze jours, un mois, un an écoulés, je l'oublierais. En attendant, lorsque la cloche du dîner retentit, elle me surprit au milieu des mêmes pensées et me fit tressaillir de sonner si vite : les heures avaient passé comme les minutes.

En rentrant au salon, ma mère me remit une invitation de la comtesse M..., qui était restée à Paris malgré l'été, et qui donnait, à propos de l'anniversaire de la naissance de sa fille, une grande soirée, moitié dansante, moitié musicale. Ma mère, toujours excellente pour moi, voulait me consulter avant de répondre. J'acceptai avec empressement : c'était une distraction puissante à l'idée qui m'obsédait; en effet, nous n'avions que trois jours pour nous préparer, et ces trois jours suffisaient si strictement aux préparatifs du bal, qu'il était évident que le souvenir du comte se perdrait, ou du moins s'éloignerait dans les préoccupations si importantes de la toilette. De mon côté, je fis tout ce que je pus pour arriver à ce résultat : je parlai de cette soirée avec une ardeur que ne m'avait jamais vue ma mère; je demandai à revenir le même soir à Paris, sous prétexte que nous avions à peine le temps de commander nos robes et nos fleurs; mais, en effet, parce que le changement de lieu devait, il me semblait du moins, m'aider encore dans ma lutte contre mes souvenirs. Ma mère céda à toutes mes fantaisies avec sa bonté ordinaire : après le dîner nous partîmes.

Je ne m'étais pas trompée; les soins que je fus obligée de donner aux préparatifs de cette soirée, un reste de cette insouciance joyeuse de jeune fille, que je n'avais pas perdue encore, l'espoir d'un bal, dans une saison où il y en a si peu, firent diversion à mes terreurs insensées, et éloignèrent momentanément le fantôme qui me poursuivait. Le jour désiré arriva enfin; il s'écoula pour moi dans une espèce de fièvre d'activité que ma mère ne m'avait jamais connue; elle était tout heureuse de la joie que je me promettais. Pauvre mère !

Dix heures sonnèrent, j'étais prête depuis vingt minutes , je ne sais comment cela s'était fait : moi, toujours en retard, c'était moi qui, ce soir-là, attendais ma mère. Nous partîmes enfin ; presque toute notre société d'hiver était revenue comme nous à Paris pour cette fête. Je retrouvai mes amies de pension, mes danseurs d'habitude, et jusqu'à ce plaisir vif et joyeux de jeune fille, qui, depuis un an ou deux déjà, commençait à s'amortir.

Il y avait un monde fou dans les salons de danse; pendant un moment de repos, la comtesse M... me prit par le bras, et, pour fuir la chaleur étouffante qu'il faisait, m'emmena dans les chambres de jeu ; c'était en même temps une inspection curieuse à faire ; toutes les célébrités artistiques, littéraires et politiques de l'époque étaient là ; j'en connaissais beaucoup déjà, mais cependant quelques-unes encore m'étaient étrangères. Madame M... me les nommait avec une complaisance charmante, accompagnant chaque nom d'un commentaire que lui eût souvent envié le plus spirituel feuilletoniste, quand tout à coup, en entrant dans un salon, je tressaillis en laissant échapper malgré moi ces mots : — Le comte Horace ! — Eh bien ! oui, le comte Horace, me dit madame M... en souriant, le connaissez-vous ? —Nous l'avons rencontré chez madame de Lucienne, à la campagne. — Ah ! oui, reprit la comtesse, j'ai entendu parler d'une chasse, d'un accident arrivé à M. de Lucienne fils, n'est-ce pas ?

En ce moment, le comte leva les yeux et nous aperçut. Quelque chose comme un sourire passa sur ses lèvres — Messieurs, dit-il aux trois joueurs qui faisaient sa partie, voulez-vous me permettre de me retirer ? Je me charge de vous envoyer un quatrième. —Allons donc, dit Paul; tu nous gagnes quatre mille francs, et tu nous enverras un remplaçant qui se cavera de dix louis. Non pas, non pas.

Le comte, à moitié levé, se rassit ; mais au premier tour, un des joueurs ayant engagé le jeu, le comte fit son argent. Il fut tenu. L'adversaire du comte abattit son jeu ; le comte jeta le sien sans le montrer en disant : — J'ai perdu, poussa l'or et les billets de banque qu'il avait devant lui en face du gagnant, et se levant de nouveau : — Suis-je libre de me retirer cette fois? dit-il à Paul. — Non, pas encore, cher ami, répondit Paul, qui avait relevé les cartes du comte et regardé son jeu, car tu as cinq carreaux, et monsieur n'a que quatre piques. — Madame, dit le comte en se retournant de notre côté et en s'adressant à la maîtresse de la maison, je sais que mademoiselle Eugénie doit quêter ce soir pour les pauvres, voulez-vous me permettre d'être le premier à lui offrir mon tribut?

A ces mots, il prit un panier à ouvrage qui se trouvait sur un guéridon à côté de la table de jeu, y mit les huit mille francs qu'il avait devant lui, et les présenta à la comtesse. — Mais je ne sais si je dois accepter, répondit madame M... ; cette somme est vraiment si considérable... — Aussi, reprit en souriant le comte Horace, n'est-ce point en mon nom seul que je vous l'offre ; ces messieurs y ont largement contribué, c'est donc eux plus encore que moi que mademoiselle M... doit remercier au nom de ses protégés.

A ces mots, il passa dans la salle de bal, laissant le panier plein d'or et de billets de banque aux mains de la comtesse.

— Voilà bien une de ses originalités, me dit madame M...; il aura aperçu une femme avec laquelle il a envie de danser, et voilà le prix dont il paye ce plaisir. Mais il faut que je serre ce panier ; laissez-moi donc vous reconduire dans le salon de danse.

Madame M... me ramena près de ma mère. A peine y étais-je assise, que le comte s'avança vers moi et m'invita à danser.

Ce que venait de me dire la comtesse se présenta aussitôt à mon esprit ; je me sentis rougir, je compris que j'allais balbutier ; je lui tendis mon calepin, six danseurs y avaient pris rang ; il retourna le feuillet, et, comme s'il ne voulait pas que son nom fût confondu avec les autres noms, il l'inscrivit au haut de la page pour la septième contredanse ; puis, il me rendit le livret en prononçant quelques mots que mon trouble m'empêcha d'entendre, et alla s'appuyer contre l'angle de la porte. Je fus sur le point de prier ma mère de quitter le bal, car je tremblais si fort, qu'il me semblait impossible de me tenir debout; heureusement, un accord rapide et brillant se fit entendre. Le bal était suspendu. Listz s'asseyait au piano.

Il joua l'invitation à la valse de Weber.

Jamais l'habile artiste n'avait poussé si haut les merveilles de son exécution, ou peut-être jamais ne m'étais-je trouvée dans une disposition d'esprit aussi parfaitement apte à sentir cette composition si mélancolique et si passionnée ; il me sembla que c'était la première fois que j'entendais supplier, gémir et se briser l'âme souffrante, dont l'auteur du *Freyschütz* a exhalé les soupirs dans ses mélodies. Tout ce que la musique, cette langue des anges, a d'accents, d'espoir, de tristesse et de douleur, semblait s'être réuni dans ce morceau , dont les variations, improvisées selon l'inspiration du traducteur, arrivaient à la suite du motif comme des notes explicatives. J'avais souvent moi-même exécuté cette brillante fantaisie, et je m'étonnais, aujourd'hui que je l'entendais reproduire par un autre, d'y trouver des choses que je n'avais pas soupçonnées alors , était-ce le talent admirable de l'artiste qui les faisait ressortir? était-ce une disposition nouvelle de mon esprit? La main savante qui glissait sur les touches avait-elle si profondément creusé la mine, qu'elle y trouvait des filons inconnus? ou mon cœur avait-il reçu une si puissante secousse, que des fibres en-

dormies s'y étaient réveillées? En tout cas, l'effet fut magique; les sons flottaient dans l'air comme une vapeur, et m'inondaient de mélodie; en ce moment, je levai les yeux, ceux du comte étaient fixés de mon côté; je baissai rapidement la tête, il était trop tard; je cessai de voir ses yeux, mais je sentis son regard peser sur moi, le sang se porta rapidement à mon visage, et un tremblement involontaire me saisit. Bientôt Listz se leva; j'entendis le bruit des personnes qui se pressaient autour de lui pour le féliciter; j'espérai que, dans ce mouvement, le comte avait quitté sa place; en effet, je me hasardai à relever la tête, il n'était plus contre la porte; je respirai, mais je me gardai de pousser la recherche plus loin; je craignais de retrouver son regard, j'aimais mieux ignorer qu'il fût là.

Au bout d'un instant, le silence se rétablit; une nouvelle personne s'était mise au piano; j'entendis, aux chuts prolongés jusque dans les salles attenantes, que la curiosité était vivement excitée; mais je n'osai lever les yeux. Une gamme mordante courut sur les touches, un prélude large et triste lui succéda, puis une voix vibrante, sonore et profonde, fit entendre ces mots sur une mélodie de Schubert :

« J'ai tout étudié, philosophie, droit et médecine; j'ai fouillé dans le cœur des hommes, je suis descendu dans les entrailles de la terre, j'ai attaché à mon esprit les ailes de l'aigle pour planer au-dessus des nuages; où m'a conduit cette longue étude? au doute et au découragement. Je n'ai plus, il est vrai, ni illusion ni scrupule, je ne crains ni Dieu ni Satan; mais j'ai payé ces avantages au prix de toutes les joies de la vie. »

Au premier mot, j'avais reconnu la voix du comte Horace. On devine donc facilement quelle singulière impression durent faire sur moi ces paroles de Faust dans la bouche de celui qui les chantait : l'effet fut général, au reste. Un moment de silence profond succéda à la dernière note, qui s'envola plaintive comme une âme en détresse ; puis des applaudissements frénétiques partirent de tous côtés. Je me hasardai alors à regarder le comte; pour tous peut-être sa figure était calme et impassible, mais, pour moi, le léger froncement de sa bouche indiquait clairement cette agitation fiévreuse dont un des accès l'avait pris pendant sa visite au château. Madame M... s'approcha de lui pour le féliciter à son tour; alors son visage prit l'aspect souriant et insoucieux que commandent aux esprits les plus préoccupés les convenances du monde; le comte Horace lui offrit le bras et ne fut plus qu'un homme comme tous les hommes; à la manière dont il la regardait, je jugeai que, de son côté, il lui faisait des compliments sur sa toilette. Tout en causant avec elle, il jeta rapidement de mon côté un regard qui rencontra le mien; je fus sur le point de laisser échapper un cri, j'avais en quelque sorte été surprise ; il vit sans doute ma détresse et en eut pitié, car il entraîna madame M... dans la salle voisine et disparut avec elle. Au même moment, les musiciens donnèrent de nouveau le signal de la contredanse ; le premier inscrit de mes danseurs s'élança vers moi, je pris machinalement sa main et je me laissai conduire à la place qu'il voulut; je dansai, voilà tout ce dont je me souviens, puis deux ou trois contredanses se suivirent, pendant lesquelles je repris un peu de calme ; enfin une nouvelle pause, destinée à un nouvel intermède musical, leur succéda.

Madame M... s'avança vers moi; elle venait me prier de faire ma partie dans le duo du premier acte de *Don Juan;* je refusai d'abord, car je me voyais incapable en ce moment, toute timidité naturelle à part, d'articuler une note. Ma mère vit ce débat, et, avec son amour-propre de mère, vint se joindre à la comtesse, qui s'offrait pour accompagner; j'eus peur, si je continuais à résister, que ma mère ne se doutât de quelque chose; j'avais chanté si souvent ce duo, que je ne pouvais opposer une bonne raison à leurs instances ; je finis donc par céder. La comtesse M... me prit par la main et me conduisit au piano, où elle s'assit : j'étais derrière sa chaise, debout et les yeux baissés, sans oser regarder autour de moi, de peur de retrouver encore ce regard qui me suivait partout. Un jeune homme vint se placer de l'autre côté de la comtesse, je me hasardai à lever les yeux sur mon partenaire; un frisson me courut par tout le corps : c'était le comte Horace qui chantait le rôle de don Juan.

Vous comprendrez quelle fut mon émotion ; cependant il était trop tard pour me retirer, tous les yeux étaient fixés sur nous; madame M... préludait. Le comte commença; c'était une autre voix, c'était un autre homme qui chantait, et lorsqu'il commença : *Là ci darem la mano,* je tressaillis, espérant que je m'étais trompée, et ne pouvant pas croire que la voix puissante qui venait de nous faire frémir avec la mélodie de Schubert pouvait se plier à des intonations d'une gaieté si fine et si gracieuse. Aussi, dès la première phrase , un murmure d'applaudissement courut-il par toute la salle; il est vrai que, lorsqu'à mon tour je dis en tremblant : *Vorrei e non vorrei mi trema un poco il cor,* il y avait dans ma voix une telle expression de crainte, que les applaudissements contenus éclatèrent; puis on fit tout à coup un silence profond pour nous écouter. Je ne puis vous dire ce qu'il y avait d'amour dans la voix du comte lorsqu'il reprit : *Vieni, mio bel diletto,* et ce qu'il mit de séduction et de promesses dans cette phrase : *Io cangiero tua sorte;* tout cela était si applicable à moi, ce duo semblait si bien choisi pour la situation de mon cœur, qu'effectivement je me sentis prête à m'évanouir, en disant : *Presto non so più forte :* certes, la musique avait ici changé d'expression; au lieu de la plainte coquette de Zerline, c'était le cri de la détresse la plus profonde; en ce moment, je sentis que le comte s'était rapproché de mon côté, sa main toucha ma main pendant près de moi, un voile de flamme s'abaissa sur mes yeux, je saisis la chaise de la comtesse M... et je m'y cramponnai; grâce à ce soutien, je parvins à me tenir debout; mais, lorsque nous reprîmes ensemble : *Andiamo, andiam mio bene,* je sentis son haleine passer dans mes cheveux, son souffle courir sur mes épaules; un frisson me passa par les veines, je jetai, en prononçant le mot *amor,* un cri dans lequel s'épuisèrent toutes mes forces, et je m'évanouis...

Ma mère s'élança vers moi; mais elle serait arrivée trop tard, si la comtesse M... ne m'avait reçue dans ses bras. Mon évanouissement fut attribué à la chaleur; on me transporta dans une chambre voisine; des sels qu'on me fit respirer, une fenêtre qu'on ouvrit, quelques gouttes d'eau qu'on me jeta au visage, me rappelèrent à moi; madame M... insista pour me faire rentrer au bal, mais je ne voulus entendre à rien; ma mère, inquiète elle-même, fut cette fois de mon avis, on fit avancer la voiture, et nous rentrâmes à l'hôtel.

Je me retirai aussitôt dans ma chambre ; en ôtant

mon gant, je fis tomber un papier qui y avait été glissé pendant mon évanouissement, je le ramassai, et je lus ces mots écrits au crayon : *Vous m'aimez !... merci, merci !*

IX

Je passai une nuit affreuse, une nuit de sanglots et de larmes. Vous ne savez pas, vous autres hommes, vous ne saurez jamais quelles angoisses sont celles d'une jeune fille élevée sous l'œil de sa mère, dont le cœur, pur comme une glace, n'a encore été terni par aucune haleine, dont la bouche n'a jamais prononcé le mot amour, et qui se voit tout à coup, comme un pauvre oiseau sans défense, prise et enveloppée dans une volonté plus puissante que sa résistance ; qui sent une main qui l'entraîne, si fort qu'elle se roidisse contre elle, et qui entend une voix qui lui dit : Vous m'aimez, avant qu'elle n'ait dit : Je vous aime.

Oh ! je vous le jure, je ne sais comment il se fit que je ne devins pas folle pendant cette nuit ; je me crus perdue. Je me répétais tout bas et incessamment : — Je l'aime ! je l'aime ! et cela avec une terreur si profonde, qu'aujourd'hui encore je ne sais si je n'étais pas en proie à un sentiment tout à fait contraire à celui que je croyais ressentir. Cependant il était probable que toutes ces émotions que j'avais éprouvées étaient des preuves d'amour, puisque le comte, à qui aucune d'elles n'était échappée, les interprétait ainsi. Quant à moi, c'étaient les premières sensations de ce genre que je ressentais. On m'avait dit que l'on ne devait craindre ou haïr que ceux qui vous ont fait du mal ; je ne pouvais alors ni haïr ni craindre le comte, et si le sentiment que j'éprouvais pour lui n'était ni de la haine, ni de la crainte, ce devait donc être de l'amour.

Le lendemain matin, au moment où nous nous mettions à table pour déjeuner, on apporta à ma mère deux cartes du comte Horace de Beuzeval : il avait envoyé s'informer de ma santé et demander si mon indisposition avait eu des suites. Cette démarche, toute matinale qu'elle était, parut à ma mère une simple manifestation de politesse. Le comte chantait avec moi lorsque l'accident m'était arrivé : cette circonstance excusait son empressement. Ma mère s'aperçut alors seulement combien je paraissais fatiguée et souffrante ; elle s'en inquiéta d'abord ; mais je la rassurai en lui disant que je n'é-

prouvais aucune douleur, et que, d'ailleurs, l'air et la tranquillité de la campagne me remettraient, si elle voulait que nous y retournassions. Ma mère n'avait qu'une volonté, c'était la mienne ; elle ordonna que l'on mît les chevaux à la voiture ; vers les deux heures nous partîmes.

Je fuyais Paris avec l'empressement que, quatre jours auparavant, j'avais mis à fuir la campagne ; car ma première pensée, en voyant les cartes du comte, avait été qu'aussitôt que l'heure où l'on est visible serait arrivée, il se présenterait en personne. Or, je voulais le fuir, je voulais ne plus le revoir ; après l'idée qu'il avait prise de moi, après la lettre qu'il m'avait écrite, il me semblait que je mourrais de honte en me retrouvant avec lui. Toutes ces pensées qui se heurtaient dans ma tête faisaient passer sur mes joues des rougeurs si subites et si ardentes, que ma mère crut que je manquais d'air dans cette voiture fermée, et ordonna au cocher d'arrêter, afin que le domestique pût abaisser la couverture de la calèche. On était aux derniers jours de septembre, c'est-à-dire au plus doux moment de l'année. les feuilles de certains arbres commençaient à rougir dans les bois Il y a quelque chose du printemps dans l'automne, et les derniers parfums de l'année ressemblent parfois à ses premières émanations. L'air, le spectacle de la nature, tous ces bruits de la forêt qui n'en forment qu'un, prolongé, mélancolique, indéfinissable, commençaient à distraire mon esprit, lorsque tout à coup, à l'un des détours de la route, j'aperçus devant nous un cavalier. Quoiqu'il fût encore à une grande distance, je saisis le bras de ma mère dans l'intention de lui dire de retourner vers Paris, — car j'avais reconnu le comte ; — mais je m'arrêtai aussitôt. Quel prétexte donner à ce changement de volonté, qui paraîtrait un caprice sans raison aucune ? Je rassemblai donc tout mon courage.

Le cavalier allait au pas, aussi le rejoignîmes-nous bientôt. Comme je l'ai dit, c'était le comte.

A peine nous eût-il reconnues, qu'il s'approcha de nous, s'excusa d'avoir envoyé de si bonne heure pour savoir de mes nouvelles ; mais, devant partir dans la journée pour la campagne de M. de Lucienne, où il allait passer quelques jours, il n'avait pas voulu

J'étais restée immobile à la même place. — PAGE 41.

quitter Paris avec l'inquiétude où il était; si l'heure eût été convenable, il se serait présenté lui-même. Je balbutiai quelques mots, ma mère le remercia. — Nous aussi nous retournions à la campagne, lui dit-elle, pour le reste de la saison. — Alors vous me permettrez de vous servir d'escorte jusqu'au château, répondit le comte. Ma mère s'inclina en souriant; la chose était toute simple : notre maison de campagne était de trois lieues plus rapprochée que celle de M. de Lucienne, et la même route conduisait à toutes les deux.

Le comte continua donc de galoper près de nous pendant les cinq lieues qui nous restaient à faire. La rapidité de notre course, la difficulté de se tenir près de la portière, fit que nous n'échangeâmes que quelques paroles. Arrivé au château, il sauta à bas de son cheval, aida ma mère à descendre, puis m'offrit sa main à mon tour. Je ne pouvais refuser; je tendis la mienne en tremblant; il la prit sans vivacité, sans affectation, comme il eût pris celle de toute autre; mais je sentis qu'il y laissait un billet. Avant que je n'aie pu dire un mot ni faire un mouvement, le comte s'était retourné vers ma mère et la saluait; puis il remonta à cheval, résistant aux in-

— Enfin, je l'ouvris, et je lus. — Page 42.

stances qu'elle lui faisait pour qu'il se reposât un instant ; alors, reprenant le chemin de Lucienne, où il était attendu, disait-il, il disparut au bout de quelques secondes.

J'étais restée immobile à la même place ; mes doigts crispés retenaient le billet, que je n'osais laisser tomber, et que cependant j'étais bien résolue à ne pas lire. Ma mère m'appela, je la suivis. Que faire de ce billet ? Je n'avais pas de feu pour le brûler ; le déchirer, on en pouvait trouver les morceaux : je le cachai dans la ceinture de ma robe.

Je ne connais pas de supplice pareil à celui que j'éprouvai jusqu'au moment où je rentrai dans ma chambre : ce billet me brûlait la poitrine ; il semblait qu'une puissance surnaturelle rendait chacune de ses lignes lisibles pour mon cœur, qui le touchait presque, ce papier avait une vertu magnétique. Certes, au moment où je l'avais reçu, je l'eusse déchiré, brûlé à l'instant même sans hésitation ; eh bien ! lorsque je rentrai chez moi, je n'en eus plus le courage. Je renvoyai ma femme de chambre en lui disant que je me déshabillerais seule ; puis je m'assis sur mon lit, et je restai ainsi une heure, immobile et les yeux fixes, le billet froissé dans ma main fermée.

Enfin je l'ouvris et je lus :

« Vous m'aimez, Pauline, car vous me fuyez. Hier vous avez quitté le bal où j'étais, aujourd'hui vous quittez la ville où je suis ; mais tout est inutile. Il y a des destinées qui peuvent ne se rencontrer jamais, mais qui, dès qu'elles se rencontrent, ne doivent plus se séparer.

« Je ne suis point un homme comme les autres hommes : à l'âge du plaisir, de l'insouciance et de la joie, j'ai beaucoup souffert, beaucoup pensé, beaucoup gémi ; j'ai vingt-huit ans. Vous êtes la première femme que j'aie aimée, car je vous aime, Pauline.

« Grâce à vous, et si Dieu ne brise pas cette dernière espérance de mon cœur, j'oublierai mon passé et j'espérerai dans l'avenir. Le passé est la seule chose pour laquelle Dieu est sans pouvoir et l'amour sans consolation. L'avenir est à Dieu, le présent est à nous, mais le passé est au néant. Si Dieu, qui peut tout, pouvait donner l'oubli du passé, il n'y aurait dans le monde ni blasphémateurs, ni matérialistes, ni athées.

« Maintenant tout est dit, Pauline ; car que vous apprendrais-je que vous ne sachiez pas, que vous dirais-je que vous n'ayez pas deviné ? Nous sommes jeunes tous deux, riches tous deux, libres tous deux ; je puis être à vous, vous pouvez être à moi : un mot de vous, je m'adresse à votre mère, et nous sommes unis. Si ma conduite, comme mon âme, est en dehors des habitudes du monde, pardonnez-moi ce que j'ai d'étrange et acceptez-moi comme je suis, vous me rendrez meilleur.

« Si, au contraire de ce que j'espère, Pauline, un motif que je ne prévois pas, mais qui cependant peut exister, vous faisait continuer à me fuir comme vous avez essayé de le faire jusqu'à présent, sachez bien que tout serait inutile : partout je vous suivrais comme je vous ai suivie ; rien ne m'attache à un lieu plutôt qu'à un autre, tout m'entraîne au contraire où vous êtes ; aller au-devant de vous ou marcher derrière vous sera désormais mon seul but. J'ai perdu bien des années et risqué cent fois ma vie et mon âme pour arriver à un résultat qui ne me promettait pas le même bonheur.

« Adieu, Pauline ! je ne vous menace pas, je vous implore ; je vous aime, vous m'aimez. Ayez pitié de vous et de moi. »

Il me serait impossible de vous dire ce qui se passa en moi à la lecture de cette étrange lettre ; il me semblait être en proie à un de ces songes terribles où, menacé d'un danger, on tente de fuir ; mais les pieds s'attachent à la terre, l'haleine manque à la poitrine ; on veut crier, la voix n'a pas de son. Alors l'excès de la peur brise le sommeil, et l'on se réveille le cœur bondissant et le front mouillé de sueur.

Mais là, là, il n'y avait pas à me réveiller ; ce n'était point un rêve que je faisais, c'était une réalité terrible qui me saisissait de sa main puissante et qui m'entraînait avec elle ; et cependant qu'y avait-il de nouveau dans ma vie ? Un homme y avait passé, et voilà tout. A peine si avec cet homme j'avais échangé un regard et une parole. Quel droit se croyait-il donc de garrotter comme il le faisait ma destinée à la sienne, et de me parler presque en maître, lorsque je ne lui avais pas même accordé les droits d'un ami ? Cet homme, je pouvais demain ne plus le regarder, ne plus lui parler, ne plus le connaître. Mais non, je ne pouvais rien... j'étais faible... j'étais femme... je l'aimais.

En savais-je quelque chose, au reste ? ce sentiment que j'éprouvais, était-ce de l'amour ? l'amour entre-t-il dans le cœur précédé d'une terreur aussi profonde ? Jeune et ignorante comme je l'étais, savais-je moi-même ce que c'était que l'amour ? Cette lettre fatale, pourquoi ne l'avais-je pas brûlée avant de la lire ? n'avais-je pas donné au comte le droit de croire que je l'aimais en la recevant ? Mais aussi que pouvais-je faire ? un éclat devant des valets, des domestiques. Non ; mais la remettre à ma mère, lui tout dire, lui tout avouer... Lui avouer quoi ? des terreurs d'enfant, et voilà tout. Puis ma mère, qu'eût-elle pensé à la lecture d'une pareille lettre ? Elle aurait cru que d'un mot, d'un geste, d'un regard, j'avais encouragé le comte. Sans cela, de quel droit me dirait-il que je l'aimais ? Non, je n'oserais jamais rien dire à ma mère...

Mais cette lettre, il fallait la brûler d'abord et avant tout. Je l'approchai de la bougie, elle s'enflamma, et, ainsi que tout ce qui a existé et qui n'existe plus, elle ne fut bientôt qu'un peu de cendre. Puis, je me déshabillai promptement, je me hâtai de me mettre au lit, et je soufflai aussitôt mes lumières afin de me dérober à moi-même et de me cacher dans la nuit. Oh ! comme malgré l'obscurité je fermai les yeux, comme j'appuyai mes mains sur mon front, et comme, malgré ce double voile, je revis tout ! Cette lettre fatale était écrite sur les murs de la chambre. Je ne l'avais lue qu'une fois, et cependant elle s'était si profondément gravée dans ma mémoire, que chaque ligne, tracée par une main invisible, semblait paraître à mesure que la ligne précédente s'effaçait ; et je lus et relus ainsi cette lettre dix fois, vingt fois, toute la nuit. Oh ! je vous assure qu'entre cet état et la folie il y avait une barrière bien étroite à franchir, un voile bien faible à déchirer.

Enfin, au jour je m'endormis, écrasée de fatigue. Lorsque je me réveillai, il était déjà tard ; ma femme de chambre m'annonça que madame de Lucienne et sa fille étaient au château. Alors une idée subite m'illumina : je devais tout dire à madame de Lucienne : elle avait toujours été parfaite pour moi ; c'était chez elle que j'avais vu le comte Horace ; le comte Horace était l'ami de son fils ; c'était la confidente la plus convenable pour un secret comme le mien; Dieu me l'envoyait. En ce moment, la porte de la chambre s'ouvrit, et madame de Lucienne parut. Oh! alors je crus vraiment à cette mission; je me soulevai sur mon lit et je lui tendis les bras en sanglotant : elle vint s'asseoir près de moi.

— Allons, enfant, me dit-elle après un instant et en écartant mes mains dont je me voilais le visage, voyons, qu'avons-nous? — Oh! je suis bien malheureuse! m'écriai-je. — Les malheurs de ton âge, mon enfant, sont comme les orages du printemps, ils passent vite et font le ciel plus pur. — Oh! si vous saviez! — Je sais tout, me dit madame de Lucienne. — Qui vous l'a dit? — Lui. — Il vous a dit que je l'aimais? — Il m'a dit qu'il avait cet espoir, du moins; se trompe-t-il? — Je ne sais moi-même; je ne connaissais de l'amour que le nom, comment voulez-vous que je voie clair dans mon cœur, et que, au milieu du trouble que j'éprouve, j'analyse le sentiment qui l'a causé? — Allons, allons, je vois que Horace y lit mieux que vous.

Je me mis à pleurer. — Eh bien! continua madame de Lucienne, il n'y a pas là-dedans une grande cause de larmes, ce me semble. Voyons, causons raisonnablement. Le comte Horace est jeune, beau, riche, voilà plus qu'il n'en faut pour excuser le sentiment qu'il vous inspire. Le comte Horace est libre, vous avez dix-huit ans, ce serait une union convenable sous tous les rapports. — Oh! madame!... — C'est bien, n'en parlons plus; j'ai appris tout ce que je voulais savoir. Je redescends près de madame de Meulien et je vous envoie Lucie. — Oh!... mais pas un mot, n'est-ce pas? — Soyez tranquille, je sais ce qui me reste à faire; au revoir, chère enfant. Allons, essuyez ces beaux yeux et embrassez-moi...

Je me jetai une seconde fois à son cou. Cinq minutes après, Lucie entra; je m'habillai et nous descendîmes.

Je trouvai ma mère sérieuse, mais plus tendre encore que d'ordinaire. Plusieurs fois, pendant le déjeuner, elle me regarda avec un sentiment de tristesse inquiète, et, à chaque fois, je sentis la rougeur de la honte me monter au visage. A quatre heures, madame de Lucienne et sa fille nous quittèrent; ma mère fut la même avec moi qu'elle avait coutume d'être; pas un mot sur la visite de madame de Lucienne et le motif qui l'avait amenée ne fut prononcé. Le soir, comme de coutume, j'allai, avant de me retirer dans ma chambre, embrasser ma mère : en approchant mes lèvres de son front, je m'aperçus que ses larmes coulaient; alors, je tombai à genoux devant elle en cachant ma tête dans sa poitrine. En voyant ce mouvement, elle devina le sentiment qui me le dictait, et, abaissant ses deux mains sur mes épaules et me serrant contre elle : — Sois heureuse, ma fille, dit-elle, c'est tout ce que je demande à Dieu.

Le surlendemain, madame de Lucienne demanda officiellement ma main à ma mère.

Six semaines après, j'épousai le comte Horace.

❧

X

L e mariage se fit à Lucienne, dans les premiers jours de novembre; puis nous revînmes à Paris au commencement de la saison d'hiver.

Nous habitions l'hôtel tous ensemble. Ma mère m'avait donné vingt-cinq mille livres de rentes par mon contrat de mariage, le comte en avait déclaré à peu près autant; il en restait quinze mille à ma mère. Notre maison se trouva donc au nombre, sinon des maisons riches, du moins des maisons élégantes du faubourg Saint-Germain.

Horace me présenta deux de ses amis, qu'il me pria de recevoir comme ses frères : depuis six ans, ils étaient liés d'un sentiment si intime, qu'on avait pris l'habitude de les appeler les inséparables. Un quatrième, qu'ils regrettaient tous les jours et dont ils parlaient sans cesse, s'était tué au mois d'octobre de l'année précédente en chassant dans les Pyrénées, où il avait un château. Je ne puis vous révéler le nom de ces deux hommes, et à la fin de mon récit vous comprendrez pourquoi; mais, comme je serai forcée parfois de les désigner, j'appellerai l'un Henri et l'autre Max.

Je ne vous dirai pas que je fus heureuse : le sentiment que j'éprouvais pour Horace m'a été et me sera toujours inexplicable : on eût dit un respect mêlé de crainte; c'était, au reste, l'impression qu'il produisait généralement sur tous ceux qui l'approchaient. Ses deux amis eux-mêmes, si libres et si familiers qu'ils fussent avec lui, le contredisaient rarement et lui cédaient toujours, sinon comme à un maître, du moins comme à un frère aîné. Quoique adroits aux exercices du corps, ils étaient loin d'étre de sa force. Le comte avait transformé la salle de billard en une salle d'armes, et une des allées du jardin était consacrée à un tir : tous les jours ces messieurs venaient s'exercer à l'épée ou au pistolet. Parfois j'assistais à ces joutes : Horace alors était plutôt leur professeur que leur adversaire; il gardait dans ces exercices ce calme effrayant dont je lui avais vu donner une preuve chez madame de Lucienne, et plusieurs duels, qui tous avaient fini à son avantage, attestaient que, sur le terrain, ce sang-froid, si rare au moment suprême, ne l'abandonnait pas un instant. Horace, chose étrange! restait donc pour moi, malgré l'intimité, un être supérieur et en dehors des autres hommes.

Quant à lui, il paraissait heureux, il affectait du moins de répéter qu'il l'était, quoique souvent son front soucieux attestât le contraire. Parfois aussi, des rêves terribles agitaient son sommeil, et alors cet homme, si calme et si brave le jour, avait, s'il se réveillait au milieu de pareils songes, des instants d'effroi où il frissonnait comme un enfant. Il en attribuait la cause à un accident qui était arrivé à sa mère pendant sa grossesse : arrêtée dans la Sierra par des voleurs, elle avait été attachée à un arbre, et avait vu égorger un voyageur qui faisait la même route qu'elle; il en résultait que c'étaient habituellement des scènes de vol et de brigandage qui s'offraient ainsi à lui pendant son sommeil. Aussi, plutôt pour prévenir le retour de ces songes que par une crainte réelle, posait-il toujours avant de se coucher, quelque part qu'il fût, une paire de pistolets à portée de sa main. Cela me causa d'abord une grande terreur, car je tremblais toujours que, dans quelque accès de somnambulisme, il ne fît usage de ces armes; mais peu à peu je me rassurai, et je contractai l'habitude de lui voir prendre cette précaution. Une autre plus étrange encore, et dont seulement aujourd'hui je me rends compte, c'est qu'on tenait constamment, jour ou nuit, un cheval sellé et prêt à partir.

L'hiver se passa au milieu des fêtes et des bals. Horace était fort répandu de son côté; de sorte que, ses salons s'étant joints aux miens, le cercle de nos connaissance avait doublé Il m'accompagnait partout avec une complaisance extrême, et, chose qui surprenait tout le monde, il avait complétement cessé de jouer. Au printemps, nous partîmes pour la campagne.

Là nous retrouvâmes tous nos souvenirs. Nos journées s'écoulaient moitié chez nous, moitié chez nos voisins; nous avions continué de voir madame de Lucienne et ses enfants comme une seconde famille à nous. Ma situation de jeune fille se trouvait donc à peine changée, et ma vie était à peu près la même. Si cet état n'était pas du bonheur, il y ressemblait tellement, que l'on pouvait s'y tromper. La seule chose qui le troublât momentanément, c'étaient ces tristesses sans cause dont je voyais Horace de plus en plus

atteint; c'étaient ces songes, qui devenaient plus terribles à mesure que nous avancions. Souvent j'allais à lui pendant ces inquiétudes du jour, ou je le réveillais au milieu de ces rêves de la nuit; mais, dès qu'il me voyait, sa figure reprenait cette expression calme et froide qui m'avait tant frappée; cependant, il n'y avait point à s'y tromper, la distance était grande de cette tranquillité apparente à un bonheur réel.

Vers le mois de juin, Henri et Max, ces deux jeunes gens dont je vous ai parlé, vinrent nous rejoindre. Je savais l'amitié qui les unissait à Horace, et ma mère et moi les reçûmes, elle comme des enfants, moi comme des frères. On les logea dans des chambres presque attenantes aux nôtres; le comte fit poser des sonnettes, avec un timbre particulier, qui allaient de chez lui chez eux, et de chez eux chez lui, et ordonna que l'on tînt constamment trois chevaux prêts au lieu d'un. Ma femme de chambre me dit en outre qu'elle avait appris des domestiques que ces messieurs avaient la même habitude que mon mari, et ne dormaient qu'avec une paire de pistolets au chevet de leur lit.

Depuis l'arrivée de ses amis, Horace était livré presque entièrement à eux. Leurs amusements étaient, au reste, les mêmes qu'à Paris : des courses à cheval et des assauts d'armes et de pistolet. Le mois de juillet s'écoula ainsi; puis, vers la moitié d'août, le comte m'annonça qu'il serait obligé de me quitter dans quelques jours pour deux ou trois mois. C'était la première séparation depuis notre mariage : aussi m'effrayai-je à ces paroles. Le comte essaya de me rassurer en me disant que ce voyage, que je croyais peut-être lointain, était au contraire dans une des provinces de la France les plus proches de Paris, c'est-à-dire en Normandie : il allait avec ses amis au château de Burcy. Chacun d'eux possédait une maison de campagne, l'un dans la Vendée, l'autre entre Toulon et Nice; celui qui avait été tué avait la sienne dans les Pyrénées, et le comte Horace en Normandie; de sorte que, chaque année, ils se recevaient successivement pendant la saison des chasses, et passaient trois mois les uns chez les autres. C'était au tour d'Horace, cette année, à recevoir ses amis. Je m'offris aussitôt à l'accompagner pour faire les honneurs de sa maison, mais le comte me répondit que le château n'était qu'un rendez-vous de chasse, mal tenu, mal meublé, bon pour des chasseurs habitués à vivre tant bien que mal, mais non pour une femme accoutumée à tout le confortable et à tout le luxe de la vie. Il donnerait, au reste, des ordres pendant son prochain séjour afin que toutes les réparations fussent faites, et pour que désormais, quand son année viendrait, je pusse l'accompagner et faire en noble châtelaine les honneurs de son manoir.

Cet incident, tout simple et tout naturel qu'il parût à ma mère, m'inquiéta horriblement. Je ne lui

Le comte, en m'apercevant, se leva tout debout. — Page 47.

avais jamais parlé des tristesses ni des terreurs d'Horace; mais, quelque explication qu'il eût tenté de m'en donner, elles m'avaient toujours paru si peu naturelles, que je leur supposais un autre motif qu'il ne voulait ou ne pouvait dire. Cependant, il eût été si ridicule à moi de me tourmenter pour une absence de trois mois, et si étrange d'insister pour suivre Horace, que je renfermai mon inquiétude en moi-même et que je ne parlai plus de ce voyage.

Le jour de la séparation arriva : c'était le 27 d'août. Ces messieurs voulaient être installés à Burcy pour l'ouverture des chasses, fixée au 1er sep-

tembre. Ils partaient en chaise de poste et se faisaient suivre de leurs chevaux, conduits en main par le Malais, qui devait les rejoindre au château.

Au moment du départ, je ne pus m'empêcher de fondre en larmes; j'entraînai Horace dans une chambre et le priai, une dernière fois, de m'emmener avec lui : je lui dis mes craintes inconnues, je lui rappelai ces tristesses, ces terreurs incompréhensibles qui le saisissaient tout à coup. A ces mots, le sang lui monta au visage, et je le vis me donner, pour la première fois, un signe d'impatience. Au reste, il le réprima aussitôt, et, me parlant avec la plus grande douceur, il me promit, si le château était habitable, ce dont il doutait, de m'écrire d'aller le rejoindre. Je me repris à cette promesse et à cet espoir ; de sorte que je le vis s'éloigner plus tranquillement que je ne l'espérais.

Cependant les premiers jours de notre séparation furent affreux ; et pourtant, je vous le répète, ce n'était point une douleur d'amour : c'était le pressentiment vague, mais continu, d'un grand malheur. Le surlendemain du départ d'Horace, je reçus de lui une lettre datée de Caen : il s'était arrêté pour dîner dans cette ville et avait voulu m'écrire, se rappelant dans quel état d'inquiétude il m'avait laissée. La lecture de cette lettre m'avait fait quelque bien, lorsque le dernier mot renouvela toutes ces craintes, d'autant plus cruelles qu'elles étaient réelles pour moi seule, et qu'à tout autre elles eussent paru chimériques : au lieu de me dire *au revoir*, le comte me disait *adieu*. L'esprit frappé s'attache aux plus petites choses : je faillis m'évanouir en lisant ce dernier mot.

Je reçus une seconde lettre du comte, datée de Burcy ; il avait trouvé le château, qu'il n'avait pas visité depuis trois ans, dans un délabrement affreux ; à peine s'il y avait une chambre où le vent et la pluie ne pénétrassent point ; il était, en conséquence, inutile que je songeassse, pour cette année, à aller le rejoindre ; je ne sais pourquoi, mais je m'attendais à cette lettre : elle me fit donc moins d'effet que la première.

Quelques jours après, nous lûmes dans notre journal la première nouvelle des assassinats et des vols qui effrayèrent la Normandie ; une troisième lettre d'Horace nous en dit quelques mots à son tour, mais il ne paraissait pas attacher à ces bruits toute l'importance que leur donnaient les feuilles publiques. Je lui répondis pour le prier de revenir le plus tôt possible : ces bruits me paraissaient un commencement de réalisation pour mes pressentiments.

Bientôt les nouvelles devinrent de plus en plus effrayantes ; c'était moi qui, à mon tour, avais des tristesses subites et des rêves affreux ; je n'osais plus écrire à Horace, ma dernière lettre était restée sans réponse. J'allai trouver madame de Lucienne, qui, depuis le soir où je lui avait tout avoué, était devenue ma conseillère : je lui racontai mon effroi et mes pressentiments ; elle me dit alors ce que m'avait dit vingt fois ma mère, que la crainte que je ne fusse mal servie au château avait empêché seule Horace de m'emmener ; elle savait mieux que personne combien il m'aimait, elle à qui il s'était confié tout d'abord, et que, si souvent depuis, il avait remerciée du bonheur qu'il disait lui devoir. Cette certitude qu'Horace m'aimait me décida tout à fait ; je résolus, si le prochain courrier ne m'annonçait pas son arrivée, de partir moi-même et d'aller le rejoindre. Je reçus une lettre : loin de parler de retour, Horace se disait forcé de rester encore six semaines ou deux mois loin de moi ; sa lettre était pleine de protestations d'amour ; il fallait ces vieux engagements pris avec des amis pour l'empêcher de revenir, et la certitude que je serais affreusement dans ces ruines pour qu'il ne me dît pas d'aller le retrouver ; si j'avais pu hésiter encore, cette lettre m'aurait déterminée : je descendis près de ma mère, je lui dis que Horace m'autorisait à aller le rejoindre, et que je partirais le lendemain soir ; elle voulait absolument venir avec moi, et j'eus toutes les peines du monde à lui faire comprendre que, s'il craignait pour moi, à plus forte raison craindrait-il pour elle.

Je partis en poste, emmenant avec moi ma femme de chambre, qui était de la Normandie. En arrivant à Saint-Laurent-du-Mont, elle me demanda la permission d'aller passer trois ou quatre jours chez ses parents, qui demeuraient à Crèvecœur ; je lui accordai sa demande sans songer que c'était surtout au moment où je descendrais dans un château habité par des hommes dont j'aurais besoin de ses services ; puis aussi, je tenais à prouver à Horace qu'il avait eu tort de douter de mon stoïcisme.

J'arrivai à Caen vers les sept heures du soir ; le maître de poste, apprenant qu'une femme qui voyageait seule demandait des chevaux pour se rendre au château de Burcy, vint lui-même à la portière de ma voiture : là il insista tellement pour que je passasse la nuit dans la ville et que je ne continuasse ma route que le lendemain, que je cédai. D'ailleurs, j'arriverais au château à une heure où tout le monde serait endormi, et peut-être, grâce aux événements au centre desquels il se trouvait, les portes en seraient-elles si bien closes, que je ne pourrais me les faire ouvrir : ce motif, bien plus que la crainte, me détermina à rester à l'hôtel.

Les soirées commençaient à être froides ; j'entrai dans le salon du maître de poste, tandis qu'on me préparait une chambre. Alors l'hôtesse, pour ne me laisser aucun regret sur la résolution que j'avais prise et le retard qui en était la suite, me raconta tout ce qui se passait dans le pays depuis quinze jours ou trois semaines ; la terreur était à son comble : on n'osait pas faire un quart de lieue hors de la ville dès que le soleil était couché.

Je passai une nuit affreuse ; à mesure que j'approchais du château, je perdais de mon assurance ; le comte avait peut-être eu d'autres motifs de s'éloigner de moi que ceux qu'il m'avait dits ; comment alors accueillerait-il ma présence ? Mon arrivée subite et inattendue était une désobéissance à ses ordres, une infraction à son autorité ; ce geste d'impatience qu'il n'avait pu retenir, et qui était le premier et le seul qu'il eût jamais laissé échapper, n'indiquait-il pas une détermination irrévocablement prise ? J'eus un instant l'envie de lui écrire que j'étais à Caen, et d'attendre qu'il vînt m'y chercher ; mais toutes ces craintes, inspirées et entretenues par ma veille fiévreuse, se dissipèrent lorsque j'eus dormi quelques heures et que le jour vint éclairer mon appartement. Je repris donc tout mon courage, et je demandai des chevaux. Dix minutes après, je repartis.

Il était neuf heures du matin lorsqu'à deux lieues du Buisson le postillon s'arrêta et me montra le château de Burcy, dont on apercevait le parc, qui s'avance jusqu'à deux cents pas de la grande route. Un chemin de traverse conduisait à une grille. Il me demanda si c'était bien à ce château que j'allais : je répondis affirmativement, et nous nous engageâmes dans les terres.

Nous trouvâmes la porte fermée : nous sonnâmes à plusieurs reprises sans que l'on répondît. Je commençais à me repentir de ne point avoir annoncé mon arrivée. Le comte et ses amis pouvaient être allés à quelque partie de chasse : en ce cas, qu'allais-je devenir dans ce château solitaire, dont je ne pourrais peut-être même pas me faire ouvrir les portes? Me faudrait-il attendre dans une misérable auberge de village qu'ils fussent revenus? C'était impossible.

Enfin, dans mon impatience, je descendis de voiture et sonnai moi-même avec force. Un être vivant apparut alors à travers le feuillage des arbres, au tournant d'une allée; je reconnus le Malais, je lui fis signe de se hâter, il vint m'ouvrir.

Je ne pris pas la peine de remonter en voiture, je suivis en courant l'allée par laquelle je l'avais vu venir; bientôt j'aperçus le château : au premier coup d'œil, il me parut en assez bon état; je m'élançai vers le perron, j'entrai dans l'antichambre, j'entendis parler, je poussai une porte, et je me trouvai dans la salle à manger, en face d'Horace, qui déjeunait avec Henri; chacun d'eux avait à sa droite une paire de pistolets sur la table.

Le comte, en m'apercevant, se leva tout debout et devint pâle à croire qu'il allait se trouver mal. Quant à moi, j'étais si tremblante, que je n'eus que la force de lui tendre les bras; j'allais tomber, lorsqu'il accourut à moi et me retint. — Horace, lui dis-je, pardonnez-moi; je n'ai pas pu rester loin de vous... j'étais trop malheureuse, trop inquiète... je vous ai désobéi. — Et vous avez eu tort, dit le comte d'une voix sourde. — Oh! si vous voulez, m'écriai-je effrayée de son accent, je repartirai à l'instant même... Je vous ai revu... c'est tout ce qu'il me faut... — Non, dit le comte, non; puisque vous voilà, restez... restez, et soyez la bienvenue.

A ces mots, il m'embrassa, et, faisant un effort sur lui-même, il reprit immédiatement cette apparence calme qui parfois m'effrayait davantage que n'eût pu le faire le visage le plus irrité.

XI

ependant peu à peu ce voile de glace que le comte semblait avoir tiré sur son visage se fondit; il m'avait conduite dans l'appartement qu'il me destinait : c'était une chambre entièrement meublée dans le goût Louis XV. — Oui, je la connais, interrompis-je, c'est celle où je suis entré. O mon Dieu, mon Dieu! je commence à tout comprendre!... — Là, reprit Pauline, il me demanda pardon de la manière dont il m'avait reçue; mais la surprise que lui avait causée mon arrivée inattendue, la crainte des privations que j'allais éprouver en passant deux mois dans cette vieille masure, avaient été plus fortes que lui. Cependant, puisque j'avais tout bravé, c'était bien, et il tâcherait de me rendre le séjour du château le moins désagréable qu'il serait possible; malheureusement il avait, pour le jour même ou le lendemain, une partie de chasse arrêtée, et il serait

peut-être obligé de me quitter pour un ou deux jours; mais il ne contracterait plus de nouvelles obligations de ce genre, et je lui serais un prétexte pour les refuser. Je lui répondis qu'il était parfaitement libre et que je n'étais pas venue pour gêner ses plaisirs, mais bien pour rassurer mon cœur effrayé du bruit de tous ces assassinats. Le comte sourit.

J'étais fatiguée du voyage, je me couchai et je m'endormis. A deux heures, le comte entra dans ma chambre et me demanda si je voulais faire une promenade sur mer : la journée était superbe, j'acceptai.

Nous descendîmes dans le parc, l'Orne le traversait. Sur une des rives de ce petit fleuve une charmante barque était amarrée; sa forme était longue et étrange; j'en demandai la cause. Horace me dit qu'elle était taillée sur le modèle des barques javanaises, et que ce genre de construction augmentait de beaucoup sa vitesse. Nous y descendîmes, Horace, Henri et moi; le Malais se mit à la rame, et nous

Puis Max monta à bord de notre canot.

avançâmes rapidement, aidés par le courant. En entrant dans la mer, Horace et Henri déroulèrent la longue voile triangulaire qui était liée autour du mât, et, sans le secours des rames, nous marchâmes avec une rapidité extraordinaire.

C'était la première fois que je voyais l'Océan : ce spectacle magnifique m'absorba tellement, que je ne m'aperçus pas que nous gouvernions vers une petite barque qui nous avait fait des signaux. Je ne fus tirée de ma rêverie que par la voix d'Horace, qui héla un des hommes de la barque. — Holà ! eh ! monsieur le marinier, lui cria-t-il, qu'avons-nous de nouveau au Havre ? — Ma foi, pas grand'chose, répon-

dit une voix qui m'était connue ; et à Burcy ? — Tu le vois, un compagnon inattendu qui nous est arrivé, une ancienne connaissance à toi : madame Horace de Beuzeval, ma femme. — Comment ! madame de Beuzeval ? s'écria Max, que je reconnus alors. — Elle-même ; et, si tu en doutes, cher ami, viens lui présenter tes hommages.

La barque s'approcha ; Max la montait avec deux matelots : il avait un costume élégant de marinier, et sur l'épaule un filet qu'il s'apprêtait à jeter à la mer. Arrivé près de nous, nous échangeâmes quelques paroles de politesse ; puis Max laissa tomber son filet, monta à bord de notre canot, parla un

—Madame, excusez-moi de me présenter ainsi botté et éperonné devant vous. — Page 50.

instant à voix basse avec Henri, me salua et redescendit dans son embarcation. — Bonne pêche! lui cria Horace. — Bon voyage! répondit Max. Et la barque et le canot se séparèrent.

L'heure du dîner s'approchait, nous regagnâmes l'embouchure de la rivière, mais le flux s'était retiré, il n'y avait plus assez d'eau pour nous porter jusqu'au parc : nous fûmes obligés de descendre sur la grève et de remonter par les dunes.

Là, je fis le chemin que vous-même fîtes trois ou quatre nuits après : je me trouvai sur les galets d'abord, puis dans les grandes herbes; enfin je gravis la montagne, j'entrai dans l'abbaye, je vis le cloî-

tre et son petit cimetière, je suivis le corridor, et de l'autre côté d'un massif d'arbres je me retrouvai dans le parc du château.

Le soir se passa sans aucune circonstance remarquable; Horace fut très-gai, il parla pour l'hiver prochain d'embellissements à faire à notre hôtel de Paris, et pour le printemps d'un voyage : il voulait emmener ma mère et moi en Italie, et peut-être acheter à Venise un de ses vieux palais de marbre, afin d'y aller passer les saisons du carnaval. Henri était beaucoup moins libre d'esprit, et paraissait préoccupé et inquiet au moindre bruit. Tous ces petits détails, auxquels je fis à peine attention dans le moment, se représentèrent plus tard à mon esprit avec toutes leurs causes, qui m'étaient cachées alors, et que leur résultat me fit comprendre depuis.

Nous nous retirâmes laissant Henri au salon ; il avait à veiller pour écrire, nous dit-il. On lui apporta des plumes et de l'encre : il s'établit près du feu.

Le lendemain matin, comme nous étions à déjeuner, on entendit sonner d'une manière particulière à la porte du parc : — Max !... dirent ensemble Horace et Henri ; en effet, celui qu'ils avaient nommé entra presque aussitôt dans la cour au grand galop de son cheval. — Ah ! te voilà, dit en riant Horace, je suis enchanté de te revoir ; mais une autre fois ménage un peu plus mes chevaux, vois dans quel état tu as mis ce pauvre Pluton. — J'avais peur de ne pas arriver à temps, répondit Max ; puis, s'interrompant et se retournant de mon côté : — Madame, me dit-il, excusez-moi de me présenter ainsi botté et éperonné devant vous ; mais Horace a oublié, et je conçois cela, que nous avons pour aujourd'hui une chasse à courre, avec des Anglais, continuat-il en appuyant sur ce mot : ils sont arrivés hier soir exprès par le bateau à vapeur ; de sorte qu'il ne faut pas que nous, qui sommes tout portés, nous nous trouvions en retard en leur manquant de parole. — Très-bien, dit Horace, nous y serons. — Cependant, reprit Max en se retournant de mon côté, je ne sais si maintenant nous pouvons tenir notre promesse ; cette chasse est trop fatigante pour que madame nous accompagne. — Oh ! tranquillisez-vous, messieurs, m'empressai-je de répondre, je ne suis pas venue ici pour être une entrave à vos plaisirs : allez, et en votre absence je garderai la forteresse. — Tu vois, dit Horace, Pauline est une véritable châtelaine des temps passés. Il ne lui manque vraiment que des suivantes et des pages, car elle n'a pas même de femme de chambre ; la sienne est restée en route, et ne sera ici que dans huit jours. — Au reste, dit Henri, si tu veux demeurer au château, Horace, nous t'excuserons auprès de nos insulaires : rien de plus facile. — Non pas, reprit vivement le comte ; vous oubliez que c'est moi qui suis le plus engagé dans le pari : il faut donc que je le soutienne en personne. Je vous l'ai dit, Pauline nous excusera. — Parfaitement, repris-je, et, pour vous laisser toute liberté, je remonte dans ma chambre. — Je vous y rejoins dans un instant, me dit Horace ; et, venant à moi avec une galanterie charmante, il me conduisit jusqu'à la porte et me baisa la main.

Je remontai chez moi, au bout de quelques instants, Horace m'y suivit ; il était déjà en costume de chasse, et venait me dire adieu. Je redescendis avec lui jusqu'au perron, et je pris congé de ces messieurs ; ils insistèrent alors de nouveau pour que Horace restât près de moi. Mais j'exigeai impérieusement qu'il les accompagnât : ils partirent enfin en me promettant d'être de retour le lendemain matin.

Je restai seule au château avec le Malais : cette singulière société eût peut-être effrayé une autre femme que moi ; mais je savais que cet homme était tout dévoué à Horace depuis le jour où il l'avait vu avec son poignard aller attaquer la tigresse dans ses roseaux : subjugué par cette admiration puissante que les natures primitives ont pour le courage, il l'avait suivi de Bombay en France, et ne l'avait pas quitté un instant depuis. J'eusse donc été parfaitement tranquille si je n'avais eu pour cause d'inquiétude que son air sauvage et son costume étrange ; mais j'étais au milieu d'un pays qui, depuis quelque temps, était devenu le théâtre des accidents les plus inouïs, et, quoique je n'en eusse entendu parler ni à Horace ni à Henri, qui, en leur qualité d'hommes, méprisaient ou affectaient de mépriser un semblable danger, ces histoires lamentables et sanglantes me revinrent à l'esprit dès que je fus seule ; cependant, comme je n'avais rien à craindre pendant le jour, je descendis dans le parc, et je résolus d'occuper ma matinée à visiter les environs du château que j'allais habiter pendant deux mois.

Mes pas se dirigèrent naturellement vers la partie que je connaissais déjà : je visitai de nouveau les ruines de l'abbaye, mais cette fois en détail. Vous les avez explorées, je n'ai pas besoin de vous les décrire. Je sortis par le porche ruiné, et j'arrivai bientôt sur la colline qui domine la mer.

C'était la seconde fois que je voyais ce spectacle : il n'avait donc encore rien perdu de sa puissance ; aussi restai-je deux heures assise, immobile et les yeux fixes, à le contempler. Au bout de ce temps, je le quittai à regret ; mais je voulais visiter les autres parties du parc. Je redescendis vers la rivière, j'en suivis quelque temps les bords ; je retrouvai amarrée à sa rive la barque sur laquelle nous avions fait la veille notre promenade, et qui était appareillée de manière à ce qu'on pût s'en servir au premier caprice. Elle me rappela, je ne sais pourquoi, ce cheval toujours sellé dans l'écurie. Cette idée en éveilla une autre : c'était celle de cette défiance éternelle qu'avait Horace et que partageaient ses amis, ces pistolets qui ne quittaient jamais le chevet de son lit, ces pistolets sur la table quand j'étais arrivée. Tout en paraissant mépriser le danger, ils prenaient donc des précautions contre lui ? Mais alors, si deux hommes croyaient ne pas pouvoir déjeuner sans armes, comment me laissaient-ils seule, moi qui n'avais aucune défense ? Tout cela était incompréhensible ; mais, par cela même, quelque effort que je fisse pour chasser ces idées sinistres de mon esprit, elles y revenaient sans cesse. Au reste, comme tout en songeant je marchais toujours, je me trouvai bientôt dans le plus touffu du bois. Là, au milieu d'une véritable forêt de chênes, s'élevait un pavillon isolé et parfaitement fermé : j'en fis le tour ; mais portes et volets étaient si habilement joints, que je ne pus, malgré ma curiosité, rien en voir que l'extérieur. Je me promis, la première fois que je sortirais avec Horace, de diriger la promenade de ce côté; car j'avais déjà, si le comte ne s'y opposait pas, jeté mon dévolu sur ce pavillon pour en faire mon cabinet de travail, sa position le rendant parfaitement apte à cette destination.

Je rentrai au château. Après l'exploration extérieure vint la visite intérieure : la chambre que j'occupais donnait d'un côté dans un salon, de l'autre dans la bibliothèque; un corridor régnait d'un bout à l'autre du bâtiment et le partageait en deux. Mon appartement était le plus complet; le reste du château était divisé en une douzaine de petits logements séparés, composés d'une antichambre, d'une chambre et d'un cabinet de toilette, le tout fort habitable, quoi que m'en eût dit et écrit le comte.

Comme la bibliothèque me paraissait le plus sûr contre-poison à la solitude et à l'ennui qui m'attendaient, je résolus de faire aussitôt connaissance avec les ressources qu'elle pouvait m'offrir : elle se composait en grande partie de romans du dix-huitième siècle, qui annonçaient que les prédécesseurs du comte avaient un goût décidé pour la littérature de Voltaire, de Crébillon fils et de Marivaux. Quelques volumes plus nouveaux, et qui paraissaient achetés par le propriétaire actuel, faisaient tache au milieu de cette collection : c'étaient des livres de chimie, d'histoire et de voyages; parmi ces derniers, je remarquai une belle édition anglaise de l'ouvrage de Daniel sur l'Inde; je résolus d'en faire le compagnon de ma nuit, pendant laquelle j'espérais peu dormir. J'en tirai un volume de son rayon, et je le portai dans ma chambre.

Cinq minutes après, le Malais vint m'annoncer par signes que le dîner était servi. Je descendis et trouvai la table dressée dans cette immense salle à manger. Je ne puis vous dire quel sentiment de crainte et de tristesse s'empara de moi quand je me vis forcée de dîner ainsi seule, éclairée par deux bougies dont la lumière n'atteignait pas la profondeur de l'appartement, et permettait à l'ombre d'y donner aux objets sur lesquels elle s'étendait les formes les plus bizarres. Ce sentiment pénible s'augmentait encore de la présence de ce serviteur basané, à qui je ne pouvais communiquer mes volontés que par des signes auxquels, du reste il obéissait avec une promptitude et une intelligence qui donnaient encore quelque chose de plus fantastique à ce repas étrange. Plusieurs fois j'eus envie de lui parler, quoique je susse qu'il ne pourrait pas me comprendre; mais, comme les enfants qui n'osent crier dans les ténèbres, j'avais peur d'entendre le son de ma propre voix. Lorsqu'il eut servi le dessert, je lui fis signe d'aller me faire un grand feu dans ma chambre; la flamme du foyer est la compagnie de ceux qui n'en ont pas; d'ailleurs, je comptais ne me coucher que le plus tard possible,

car je me sentais une terreur à laquelle je n'avais pas songé pendant la journée, et qui était venue avec les ténèbres.

Lorsque je me trouvai seule dans cette grande salle à manger, ma terreur s'augmenta : il me semblait voir s'agiter les rideaux blancs qui pendaient devant les fenêtres, pareils à des linceuls; cependant ce n'était pas la crainte des morts qui m'agitait : les moines et les abbés dont j'avais foulé en passant les tombes dormaient de leur sommeil béni, les uns dans leur cloître, les autres dans leurs caveaux; mais tout ce que j'avais lu à la campagne, tout ce qu'on m'avait raconté à Caen, me revenait à la mémoire, et je tressaillais au moindre bruit. Le seul qu'on entendît cependant était le frémissement des feuilles, le murmure lointain de la mer, et ce bruit monotone et mélancolique du vent qui se brise aux angles des grands édifices et s'abat dans les cheminées, comme une volée d'oiseaux de nuit. Je restai ainsi immobile pendant dix minutes à peu près, n'osant regarder ni à droite ni à gauche, lorsque j'entendis un léger bruit derrière moi; je me retournai : c'était le Malais. Il croisa les mains sur sa poitrine et s'inclina : c'était sa manière d'annoncer que les ordres qu'il avait reçus étaient accomplis. Je me levai; il prit les bougies et marcha devant moi; mon appartement, du reste, avait été parfaitement préparé pour la nuit par ma singulière femme de chambre, qui posa les lumières sur une table et me laissa seule.

Mon désir avait été exécuté à la lettre : un feu immense brûlait dans la grande cheminée de marbre blanc supportée par des amours dorés; sa lueur se répandait dans la chambre et lui donnait un aspect gai, qui contrastait si bien avec ma terreur, qu'elle commença à se passer. Cette chambre était tendue de damas rouge à fleurs, et ornée au plafond et aux portes d'une foule d'arabesques et d'enroulements plus capricieux les uns que les autres, représentant des danses de faunes et de satyres dont les masques grotesques riaient d'un rire d'or au foyer qu'ils reflétaient. Je n'étais cependant pas rassurée au point de me coucher; d'ailleurs, il était à peine huit heures du soir. Je substituai donc simplement un peignoir à ma robe, et, comme j'avais remarqué que le temps était beau, je voulus ouvrir ma fenêtre afin d'achever de me rassurer par la vue calme et sereine de la nature endormie; mais, par une précaution dont je crus pouvoir me rendre compte en l'attribuant à ces bruits d'assassinats répandus dans les environs, les volets en avaient été fermés en dedans. Je revins donc m'asseoir près de la table, au coin de mon feu, m'apprêtant à lire mon *Voyage dans l'Inde*, lorsqu'en jetant les yeux sur le volume, je m'aperçus que j'avais apporté le tome second au lieu du tome premier. Je me levai pour aller le changer, lorsqu'à l'entrée de la bibliothèque ma crainte me reprit. J'hésitai un instant; enfin je me fis honte à moi-même d'une terreur aussi enfantine : j'ouvris nardiment la porte, et je m'avançai vers le panneau où était le reste de l'édition.

En approchant ma bougie des autres tomes pour voir leurs numéros, mes regards plongèrent dans le vide causé par l'absence du volume que, par erreur, j'avais pris d'abord, et derrière la tablette je vis briller un bouton de cuivre pareil à ceux que l'on met aux serrures, et que cachaient aux yeux les livres rangés sur le devant du panneau. J'avais souvent vu des portes secrètes dans les bibliothèques, et dissimulées par de fausses reliures; rien n'était donc plus naturel qu'une porte du même genre s'ouvrît dans celle-ci. Cependant la direction dans laquelle elle était placée rendait la chose presque impossible : les fenêtres de la bibliothèque étaient les dernières du bâtiment; ce bouton était scellé au lambris en retour de la seconde fenêtre : une porte pratiquée à cet endroit se serait donc ouverte sur le mur extérieur.

Je me reculai pour examiner, à l'aide de ma bougie, si je n'apercevais pas quelque signe qui indiquât une ouverture; mais, j'eus beau regarder, je ne vis rien. Je portai alors la main sur le bouton, et j'essayai de le faire tourner, mais il résista; je le poussai et je le sentis fléchir; je le poussai plus fortement, alors une porte s'échappa avec bruit, renvoyée vers moi par un ressort. Cette porte donnait sur un petit escalier tournant, pratiqué dans l'épaisseur de la muraille.

Vous comprenez qu'une pareille découverte n'était point de nature à calmer mon effroi. J'avançai ma bougie au-dessus de l'escalier, et je le vis s'enfoncer perpendiculairement. Un instant j'eus l'intention de m'y engager, je descendis même les deux premières marches; mais le cœur me manqua. Je rentrai à reculons dans la bibliothèque, et je repoussai la porte, qui se referma si hermétiquement, que, même avec la certitude qu'elle existait, je ne pus découvrir ses jointures. Je replaçai aussitôt le volume, de peur qu'on ne s'aperçût que j'y avais touché, car je ne savais qui intéressait ce secret. Je pris au hasard un autre ouvrage, je rentrai dans ma chambre, je fermai au verrou la porte qui donnait sur la bibliothèque, et je revins m'asseoir près du feu.

Les évènements inattendus acquièrent ou perdent de leur gravité selon les dispositions d'esprit tristes ou gaies, ou selon les circonstances plus ou moins critiques dans lesquelles on se trouve. Certes, rien de plus naturel qu'une porte cachée dans une bibliothèque et qu'un escalier tournant pratiqué dans l'épaisseur d'un mur; mais, si l'on découvre cette porte et cet escalier la nuit, dans un château isolé, qu'on habite seule et sans défense; si ce château s'élève au milieu d'une contrée qui retentit chaque jour du bruit d'un vol ou d'un assassinat nouveau, si toute une mystérieuse destinée vous enveloppe depuis quelque temps, si des pressentiments sinistres vous

ont, vingt fois, fait passer, au milieu d'un bal, un frisson mortel dans le cœur, tout alors devient, sinon réalité, du moins spectre et fantôme, et personne n'ignore par expérience que le danger inconnu est mille fois plus saisissant et plus terrible que le péril visible et matérialisé.

C'est alors que je regrettai bien vivement ce congé imprudent que j'avais donné à ma femme de chambre. La terreur est une chose si peu raisonnée, qu'elle s'excite ou se calme sans motifs plausibles. L'être le plus faible, un chien qui nous caresse, un enfant qui nous sourit, quoique ni l'un ni l'autre ne puissent nous défendre, sont, en ce cas, des appuis pour le cœur, sinon des armes pour le bras. Si j'avais eu près de moi cette fille, qui ne m'avait pas quittée depuis cinq ans, dont je connaissais le dévouement et l'amitié, sans doute que toute crainte eût disparu, tandis que, seule comme j'étais, il me semblait que j'étais dévouée à l'avance, et que rien ne pouvait me sauver.

Je restai ainsi deux heures immobile, la sueur de l'effroi sur le front. J'écoutai sonner à ma pendule dix heures, puis onze heures; et, à ce bruit si naturel cependant, je me cramponnais chaque fois au bras de mon fauteuil. Entre onze heures et onze heures et demie, il me sembla entendre la détonation lointaine d'un coup de pistolet, je me soulevai à demi, appuyée sur le chambranle de la cheminée; puis, tout étant rentré dans le silence, je retombai assise à la tête renversée sur le dossier de ma bergère. Je restai encore ainsi quelque temps les yeux fixes et n'osant les détourner du point que je regardais, de peur qu'ils ne rencontrassent, en se retournant, quelque cause de crainte réelle. Tout à coup il me sembla, au milieu de ce silence absolu, que la grille qui était en face du perron et qui séparait le jardin du parc grinçait sur ses gonds. L'idée que Horace rentrait chassa à l'instant toute ma terreur; je m'élançai à la fenêtre, oubliant que mes volets étaient clos; je voulus ouvrir la porte du corridor; soit maladresse, soit précaution, le Malais l'avait fermée en se retirant : j'étais prisonnière : je me rappelai alors que les fenêtres de la bibliothèque donnaient comme les miennes sur le préau, je tirai le verrou, et, par un de ces mouvements bizarres qui font succéder le plus grand courage à la plus grande faiblesse, j'y entrai sans lumière, car ceux qui venaient à cette heure pouvaient n'être pas Horace et ses amis, et ma lumière dénonçait que ma chambre était habitée. Les volets étaient poussés seulement, j'en écartai un, et au clair de la lune j'aperçus distinctement un homme qui venait d'ouvrir l'un des battants de la grille et le tenait entre-bâillé, tandis que deux autres, portant un objet que je ne pouvais distinguer, franchissaient la porte que leur compagnon referma derrière eux. Ces trois hommes ne s'avançaient pas vers le perron, mais tournaient autour du château; ce-

L'objet reprit l'apparence informe d'un fardeau quelconque.

pendant, comme le chemin qu'ils suivaient les rapprochait de moi, je commençai à reconnaître la forme du fardeau qu'ils portaient; c'était un corps enveloppé dans un manteau. Sans doute, la vue d'une maison qui pouvait être habitée donna quelque espoir à celui ou à celle qu'on enlevait. Une espèce de lutte s'engagea sous ma fenêtre; dans cette lutte un bras se dégagea, ce bras était couvert d'une manche de robe; il n'y avait plus de doute, la victime était une femme... Mais tout ceci fut rapide comme l'éclair; le bras, saisi vigoureusement par un des trois hommes, rentra sous le manteau; l'objet reprit l'apparence informe d'un fardeau quelconque; puis tout disparut à l'angle du bâtiment et dans l'ombre d'une allée de marronniers, qui conduisait au petit pavillon fermé que j'avais découvert la veille au milieu du massif de chênes.

Je n'avais pas pu reconnaître ces hommes; tout ce que j'en avais distingué c'est qu'ils étaient vêtus en paysans: mais, s'ils étaient véritablement ce qu'ils paraissaient être, comment venaient-ils au château? comment s'étaient-ils procuré une clef de la grille? Était-ce un rapt? était-ce un assassinat? Je n'en savais rien. Mais certainement c'était l'un ou l'autre: tout cela, d'ailleurs, était si incompréhensible et si étrange, que parfois je me demandais si je n'étais pas sous l'empire d'un rêve ; au reste, on n'entendait aucun bruit, la nuit poursuivait son cours calme et tranquille, et moi j'étais restée debout à la fenêtre, immobile de terreur, n'osant quitter ma place, de peur que le bruit de mes pas n'éveillât le danger, s'il en était qui me menaçât. Tout à coup je me rappelai cette porte dérobée, cet escalier mystérieux ; il me sembla entendre un bruit sourd de ce côté ; je m'élançai dans ma chambre, refermai et verrouillai la porte ; puis j'allai retomber dans mon fauteuil sans remarquer que, pendant mon absence, une des deux bougies s'était éteinte.

Cette fois ce n'était plus une crainte vague et sans cause qui m'agitait, c'était quelque crime bien réel qui rôdait autour de moi et dont j'avais de mes yeux distingué les agents. Il me semblait à tout moment que j'allais voir s'ouvrir une porte cachée, ou entendre glisser quelque panneau inaperçu ; tous ces petits bruits si distincts pendant la nuit et que cause un meuble qui craque ou un parquet qui se disjoint, me faisaient bondir d'effroi, et j'entendais, dans le silence, mon cœur battre à l'unisson du balancier de la pendule. A ce moment, la flamme de ma bougie consumée atteignit le papier qui l'entourait, une lueur momentanée se répandit par toute la chambre, puis s'en alla décroissante ; un pétillement se fit entendre pendant quelques secondes ; puis la mèche, s'enfonçant dans la cavité du flambeau, s'éteignit tout à coup et me laissa sans autre lumière que celle du foyer.

Je cherchai des yeux autour de moi si j'avais du bois pour l'alimenter : je n'en aperçus point. Je rapprochai les tisons les uns des autres, et, pour un moment, le feu reprit une nouvelle ardeur ; mais sa flamme tremblante n'était point une lumière propre à me rassurer : chaque objet était devenu mobile comme la lueur nouvelle qui l'éclairait, les portes se balançaient, les rideaux semblaient s'agiter, de longues ombres mouvantes passaient sur le plafond et sur les tapisseries. Je sentais que j'étais près de me trouver mal, et je n'étais préservée de l'évanouissement que par la terreur même ; en ce moment, ce petit bruit qui précède le tintement de la pendule se fit entendre, et minuit sonna.

Cependant je ne pouvais passer la nuit entière dans ce fauteuil ; je sentais le froid me gagner lentement. Je pris la résolution de me coucher tout habillée, je gagnai le lit sans regarder autour de moi, je me glissai sous la couverture, et je tirai le drap par-dessus ma tête. Je restai une heure à peu près ainsi sans songer même à la possibilité du sommeil. Je me rappellerai cette heure toute ma vie : une araignée faisait sa toile dans la boiserie de l'alcôve, et j'écoutais le travail incessant de l'ouvrière nocturne : tout à coup il cessa, interrompu par un autre bruit : il me sembla entendre le petit cri qu'avait fait, lorsque j'avais poussé le bouton de cuivre, la porte de la bibliothèque ; je sortis vivement ma tête de la couverture, et, le cou roidi, retenant mon haleine, la main sur mon cœur pour l'empêcher de battre, j'aspirai le silence, doutant encore ; bientôt je ne doutai plus.

Je ne m'étais pas trompée, le parquet craqua sous le poids d'un corps ; des pas s'approchèrent et heurtèrent une chaise ; mais sans doute celui qui venait craignit d'être entendu, car tout bruit cessa aussitôt, et le silence le plus absolu lui succéda. L'araignée reprit sa toile... Oh ! tous ces détails, voyez-vous !... tous ces détails, ils sont présents à ma mémoire comme si j'étais là encore, couchée sur ce lit et dans l'agonie de la terreur.

J'entendis de nouveau un mouvement dans la bibliothèque, on se remit en marche en s'approchant de la boiserie à laquelle était adossé mon lit ; une main s'appuya contre la cloison : je n'étais plus séparée de celui qui venait ainsi que par l'épaisseur d'une planche. Je crus entendre glisser un panneau... Je me tins immobile et comme si je dormais : le sommeil était ma seule arme ; le voleur, si c'en était un, comptant que je ne pourrais ni le voir ni l'entendre, m'épargnerait peut-être, jugeant ma mort inutile ; mon visage, tourné vers la tapisserie, était dans l'ombre, ce qui me permit de garder les yeux ouverts. Alors je vis remuer mes rideaux, une main les écarta lentement ; puis, encadrée dans leur draperie rouge, une tête pâle s'avança ; en ce moment la dernière lueur du foyer, tremblante au fond de l'alcôve, éclaira cette apparition. Je reconnus le comte Horace, et je fermai les yeux !...

Lorsque je les rouvris, la vision avait disparu, quoique mes rideaux fussent encore agités, j'entendis le frôlement du panneau qui se refermait, puis le bruit décroissant des pas, puis le cri de la porte ; enfin tout redevint tranquille et silencieux. Je ne sais combien de temps je restai ainsi sans haleine et sans mouvement ; mais vers le commencement du jour à peu près, brisée par cette veille douloureuse, je tombai dans un engourdissement qui ressemblait au sommeil.

XII

e fus réveillée par le Malais, qui frappait à la porte que j'avais fermée en dedans; je m'étais couchée tout habillée, comme je vous l'ai dit; j'allai donc irer les verrous, le domestique ouvrit mes volets, et je vis rentrer dans ma chambre le jour et le soleil. Je m'élançai vers la fenêtre

C'était une de ces belles matinées d'automne où le ciel, avant de se couvrir de son voile de nuages, jette un dernier sourire à la terre; tout était si calme et si tranquille dans ce parc, que je commençai à douter presque de moi-même. Cependant les événements de la nuit étaient demeurés bien vivants dans mon cœur; puis les lieux mêmes qu'embrassait ma vue me rappelaient leurs moindres détails. Je revoyais la grille qui s'était ouverte pour donner passage à ces trois hommes et à cette femme, l'allée qu'ils avaient suivie, les pas dont l'empreinte était restée sur le sable, plus visibles à l'endroit où la victime s'était débattue, car ceux qui l'emportaient s'étaient cramponnés avec force pour maîtriser ses mouvements; ces pas suivaient la direction que j'ai déjà indiquée, et disparaissaient sous l'allée de tilleuls. Je voulus voir alors, pour renforcer encore, s'il était possible, le témoignage de mes sens, si quelques nouvelles preuves se joindraient à celle-ci; j'entrai dans la bibliothèque, le volet était à demi ouvert comme je l'avais laissé, une chaise renversée au milieu de la chambre était celle que j'avais entendue tomber; je m'approchai du panneau, et, regardant avec une attention profonde, je vis la rainure imperceptible sur laquelle il glissait; j'appuyai ma main sur la moulure, il céda; en ce moment on ouvrit la porte de ma chambre; je n'eus que le temps de repousser le panneau et de saisir un livre dans la bibliothèque.

C'était le Malais: il venait me chercher pour déjeuner, je le suivis.

En entrant dans la salle à manger, je tressaillis de surprise; je comptais y trouver Horace, et non-seulement il n'y était pas, mais encore je ne vis qu'un couvert. — Le comte n'est-il point rentré? m'écriai-je.

Le Malais me fit signe que non. — Non! murmurai-je stupéfaite.—Non, répéta-t-il encore du geste.

Je tombai sur ma chaise : le comte n'était pas rentré!... et cependant je l'avais vu, moi, il était venu à mon lit, il avait soulevé mes rideaux une heure après que ces trois hommes... mais ces trois hommes, n'étaient-ce pas le comte et ses deux amis : Horace, Max et Henri, qui enlevaient une femme?... Eux seuls, en effet, pouvaient avoir la clef du parc, entrer ainsi librement sans être vus ni inquiétés; plus de doute, c'était cela. Voilà pourquoi le comte n'avait pas voulu me laisser venir au château; voilà pourquoi il m'avait reçue si froidement; voilà pourquoi il avait prétexté une partie de chasse. L'enlèvement de cette femme était arrêté avant mon arrivée; l'enlèvement était accompli. Le comte ne m'aimait plus, il aimait une autre femme, et cette femme était dans le château : dans le pavillon, sans doute !

Oui, et le comte, pour s'assurer que je n'avais rien vu, rien entendu, que j'étais enfin sans soupçons, était remonté par l'escalier de la bibliothèque, avait poussé la boiserie, écarté mes rideaux, et, certain que je dormais, était retourné à ses amours. Tout m'était expliqué, clair et précis comme si je l'eusse vu. En un instant, ma jalousie avait percé l'obscurité, abattu les murailles; rien ne me restait plus à apprendre : je sortis, j'étouffais!

On avait déjà effacé la trace des pas; le râteau avait nivelé le sable. Je suivis l'allée de tilleuls, je gagnai le massif de chênes, je vis le pavillon, je tournai autour : il était clos et semblait inhabité, comme la veille. Je rentrai au château, je montai dans ma chambre, je me jetai dans cette bergère où la nuit précédente j'avais passé de si cruelles heures, et je m'étonnai de mon effroi!... C'était l'ombre, c'étaient les ténèbres, ou plutôt c'était l'absence d'une passion violente, qui avait ainsi affaibli mon cœur!...

Je passai une partie de la journée à me promener dans ma chambre, à ouvrir et fermer la fenêtre, attendant le soir avec autant d'impatience que j'avais, la veille, de crainte de le voir venir. On vint m'annoncer que le dîner était servi. Je descendis; je vis, comme le matin, un seul couvert, et près du couvert une lettre. Je reconnus l'écriture d'Horace, et je brisai vivement le cachet.

Il s'excusait auprès de moi de me laisser deux jours ainsi seule; mais il n'avait pu revenir, sa parole était engagée avant mon arrivée, et il avait dû la tenir, quoi qu'il lui en coûtât. Je froissai la lettre entre mes mains sans l'achever, et je la jetai dans ma cheminée; puis je m'efforçai de manger pour dé-

Max

tourner les soupçons du Malais, et je remontai dans ma chambre

Ma recommandation de la veille n'avait pas été oubliée : je trouvai grand feu; mais, ce soir, ce n'était plus cela qui me préoccupait. J'avais tout un plan à arrêter; je m'assis pour réfléchir. Quant à la peur de la veille, elle était complétement oubliée !

Le comte Horace et ses amis étaient rentrés par la grille; car ces hommes, c'étaient bien eux et lui. Ils avaient conduit cette femme au pavillon; puis le comte était remonté par l'escalier dérobé pour s'assurer si j'étais bien endormie, et si je n'avais rien vu ni entendu. Je n'avais donc qu'à suivre l'escalier;

à mon tour, je faisais le même chemin que lui, j'allais là d'où il était venu : j'étais décidée à suivre l'escalier.

Je regardai la pendule, elle marquait huit heures un quart; j'allai à mes volets, ils n'étaient pas fermés. Sans doute il n'y avait rien à voir cette nuit, puisque la précaution de la veille n'avait pas été prise : j'ouvris la fenêtre.

La nuit était orageuse, j'entendais le tonnerre au loin, et le bruit de la mer qui se brisait sur la plage venait jusqu'à moi. Il y avait dans mon cœur une tempête plus terrible que celle de la nature, et mes pensées se heurtaient dans ma tête plus sombres et

Ils tirèrent leurs couteaux de chasse, et revinrent l'un contre l'autre. — Page 59.

plus pressées que les vagues de l'Océan. Deux heures s'écoulèrent ainsi sans que je fisse un mouvement, sans que mes yeux quittassent une petite statue perdue dans un massif d'arbres : il est vrai que je ne la voyais pas.

Enfin, je pensai que le moment était venu : je n'entendais plus aucun bruit dans le château ; cette même pluie qui, pendant cette même soirée du 27 au 28 septembre, vous fit chercher un abri dans les ruines, commençait à tomber par torrents : je laissai un instant ma tête exposée à l'eau du ciel, puis je rentrai, refermant ma fenêtre et repoussant mes volets. Je sortis de ma chambre et fis quelques pas dans le corridor. Aucun bruit ne veillait dans le château ; le Malais était couché sans doute, ou il servait son maître dans une autre partie de l'habitation. Je rentrai chez moi et je mis les verrous ; il était dix heures et demie : on n'entendait que les plaintes de l'ouragan, dont le bruit me servait en couvrant celui que je pourrais faire. Je pris une bougie, et je m'avançai vers la porte de la bibliothèque : elle était fermée à clef !...

On m'y avait vue le matin, on craignait que je ne découvrisse l'escalier : on m'en avait clos l'issue. Heureusement que le comte avait pris la peine de m'en indiquer une autre.

Je passai derrière mon lit, je pressai la moulure mobile, la boiserie glissa, et je me trouvai dans la bibliothèque.

J'allai droit, d'un pas ferme et sans hésiter, à la porte dérobée; j'enlevai le volume qui cachait le bouton, je poussai le ressort, le panneau s'ouvrit.

Je m'engageai dans l'escalier; il offrait juste passage à une personne; je descendis trois étages. A chaque étage, j'écoutai, je n'entendis rien.

Je me trouvai sous une voûte qui s'enfonçait hardiment et en droite ligne. Je la suivis pendant cinq minutes à peu près; puis je trouvai une troisième porte; comme la seconde, elle n'opposa aucune résistance; elle donnait sur un autre escalier pareil à celui de la bibliothèque, mais qui n'avait que deux étages. De celui-là, on sortait par un panneau de fer carré: en l'entr'ouvrant, j'entendis des voix. J'éteignis ma bougie, je la posai sur la dernière marche; puis je me glissai par l'ouverture: elle était produite par le déplacement d'une plaque de cheminée. Je la repoussai doucement, et je me trouvai dans une espèce de laboratoire de chimiste, très-faiblement éclairé, la lumière de la chambre voisine ne pénétrant dans ce cabinet qu'au moyen d'une ouverture ronde, placée au haut d'une porte et voilée par un petit rideau vert. Quant aux fenêtres, elles étaient si soigneusement fermées, que, même pendant le jour, toute clarté extérieure devait être interceptée.

Je ne m'étais pas trompée lorsque j'avais cru entendre parler. La conversation était bruyante dans la chambre attenante: je reconnus la voix du comte et de ses amis. J'approchai une chaise de la porte, et je montai sur la chaise; de cette manière j'atteignis jusqu'au carreau, et ma vue plongea dans l'appartement.

Le comte Horace, Max et Henri étaient à table; pourtant l'orgie tirait à sa fin. Le Malais les servait, debout derrière le comte. Chacun des convives était vêtu d'une blouse bleue, portait un couteau de chasse à la ceinture, et avait une paire de pistolets à portée de sa main. Horace se leva comme pour s'en aller. — Déjà! lui dit Max. — Que voulez-vous que je fasse ici? répondit le comte. — Bois, dit Henri en levant son verre. — Le beau plaisir de boire avec vous, reprit le comte; à la troisième bouteille vous voilà ivres comme des portefaix. — Jouons!... — Je ne suis pas un filou pour vous gagner votre argent quand vous n'êtes pas en état de le défendre, dit le comte en haussant les épaules et en se tournant à demi. — Eh bien! alors, fais la cour à notre belle Anglaise; ton domestique a pris ses précautions pour qu'elle ne soit pas cruelle. Sur ma parole, voilà un gaillard qui s'y entend. Tiens, mon brave.

Max donna au Malais une poignée d'or. — Généreux comme un voleur! dit le comte. — Voyons, voyons, ce n'est pas répondre, repartit Max en se levant à son tour. Veux-tu de la femme ou n'en

veux-tu pas? — Je n'en veux pas. — Alors, je la prends. — Un instant! s'écria Henri en étendant la main; il me semble que je suis bien quelqu'un ou quelque chose ici, et que j'ai des droits comme un autre. Qu'est-ce qui a tué le mari? — Au fait, c'est un antécédent, dit en riant le comte.

Un gémissement se fit entendre à ce mot. Je tournai les yeux du côté où il venait: une femme était étendue sur un lit à colonnes, les bras et les jambes liés aux quatre supports du baldaquin. Mon attention avait été tellement absorbée sur un seul point, que je ne l'avais pas aperçue d'abord.

— Oui, continua Max; mais qui les a attendus au Havre? qui est accouru ici à franc étrier pour vous avertir? — Diable! fit le comte, voilà qui devient embarrassant; et il faudrait être le roi Salomon en personne pour décider qui a le plus de droits, de l'espion ou de l'assassin. — Il faut pourtant que cela se décide, dit Max. Tu m'y as fait penser, à cette femme, et voilà que j'en suis amoureux maintenant.

— Et moi de même, dit Henri. Ainsi, puisque tu ne t'en soucies pas, toi, donne-la à celui de nous deux que tu voudras. — Pour que l'autre m'aille dénoncer à la suite de quelque orgie, où, comme aujourd'hui, il ne saura plus ce qu'il fait, n'est-ce pas? Oh! que non, messieurs. Vous êtes beaux, vous êtes jeunes, vous êtes riches, vous avez dix minutes pour lui faire la cour. Allez, mes don Juan. — A la cour près, ce que tu viens de dire est une idée, répondit Henri. Qu'elle choisisse elle-même celui qui lui conviendra le mieux. — Allons, soit! répondit Max; mais qu'elle se dépêche. Explique-lui cela, toi qui parles toutes les langues. — Volontiers, dit Horace. Puis, se tournant vers la malheureuse femme:

— Milady, lui dit-il dans l'anglais le plus pur, voici deux brigands de mes amis, tous deux de bonne famille, au reste, ce dont on peut vous donner la preuve sur parchemin, si vous le désirez, qui, élevés dans les principes de la secte platonique, c'est-à-dire du partage des biens, ont commencé par manger les leurs; puis, trouvant alors que tout était mal arrangé dans la société, ont eu la vertueuse idée de s'embusquer sur les grandes routes où elle passe, pour corriger ses injustices, rectifier ses erreurs et équilibrer ses inégalités. Depuis cinq ans, à la plus grande gloire de la philosophie et de la police, ils s'occupent religieusement de cette mission, qui leur donne de quoi figurer de la manière la plus honorable dans les salons de Paris, et qui les conduira, comme cela est arrivé pour moi, à quelque bon mariage, qui les dispensera de continuer de faire les Karl Moor et les Jean Sbogar. En attendant, comme il n'y a dans ce château que ma femme, et que je ne veux pas la leur donner, ils vous supplient bien humblement de choisir, entre eux deux, celui qui vous conviendra le plus; faute de quoi, ils vous prendront tous les deux. Ai-je parlé en bon anglais, madame, et m'avez-vous compris?..—Oh! si vous avez quelque pitié dans le cœur, s'écria la pauvre femme, tuez-moi! tuez-moi!—Que répond-elle? murmura Max.—Elle répond que c'est infâme, voilà tout, dit Horace; et j'avoue que je suis un peu de son avis. — Alors. . dirent ensemble Max et Henri en se levant. — Alors, faites comme vous voudrez, répondit Horace; et il se rassit, se versa un verre de vin de Champagne et but. — Oh! tuez-moi donc! tuez-moi donc! s'écria de nouveau la femme en voyant les deux jeunes gens prêts à s'avancer vers elle.

En ce moment, ce qu'il était facile de prévoir arriva : Max et Henri, échauffés par le vin, se trouvèrent face à face, et, poussés par le même désir, se regardèrent avec colère.

— Tu ne veux donc pas me la céder? dit Max. — Non! répondit Henri. — Eh bien! alors, je la prendrai. — C'est ce qu'il faudra voir. — Henri! Henri! dit Max en grinçant des dents, je te jure, sur mon honneur, que cette femme m'appartiendra! — Et moi, je te promets sur ma vie qu'elle sera à moi; et je tiens plus à ma vie, je crois, que tu ne tiens à ton honneur.

Alors ils firent chacun un pas en arrière, tirèrent leurs couteaux de chasse et revinrent l'un contre l'autre.

— Mais, par grâce, par pitié, au nom du ciel, tuez-moi donc! cria pour la troisième fois la femme couchée. — Qu'est-ce que vous venez de dire? s'écria Horace toujours assis, s'adressant aux deux jeunes gens d'un ton de maître. — J'ai dit, répondit Max en portant un coup à Henri, que ce serait moi qui aurais cette femme. — Et moi, reprit Henri, pressant à son tour son adversaire, j'ai dit que ce serait non pas lui, mais moi; et je maintiens ce que j'ai dit. — Eh bien! murmura Horace, vous en avez menti tous les deux; vous ne l'aurez ni l'un ni l'autre.

A ces mots, il prit sur la table un pistolet, le leva lentement dans la direction du lit et fit feu : la balle passa entre les combattants et alla frapper la femme au cœur.

A cette vue, je jetai un cri affreux et je tombai évanouie, et aussi morte en apparence que celle qui venait d'être frappée.

⋘•❁•⋙

XIII

 uand je revins à moi, j'étais dans le caveau : le comte, guidé par le cri que j'avais poussé et par le bruit de ma chute, m'avait sans doute trouvée dans le laboratoire, et, profitant de mon évanouissement, qui avait duré plusieurs heures, m'avait transportée dans cette tombe : il y avait près de moi, sur une pierre, une lampe, un verre, une lettre : le verre contenait du poison; quant à la lettre, je vais vous la dire :

— Hésitez-vous à me la montrer, m'écriai-je, et n'êtes-vous confiante qu'à demi? — Je l'ai brûlée, me répondit Pauline; mais, soyez tranquille, je n'en ai pas oublié une parole.

« Vous avez voulu que la carrière du crime fût complète pour moi, Pauline : vous avez tout vu, tout entendu : je n'ai donc plus rien à vous apprendre : vous savez qui je suis, ou plutôt ce que je suis. Si le secret que vous avez surpris était à moi seul, si nulle autre vie que la mienne n'était en jeu, je la risquerais plutôt que de faire tomber un seul cheveu de votre tête. Je vous le jure, Pauline. Mais une indiscrétion involontaire, un signe d'effroi arraché à votre souvenir. un mot échappé dans vos rêves, peut conduire à l'échafaud, non-seulement moi, mais encore deux autres hommes. Votre mort assure trois existences : il faut donc que vous mouriez. J'ai eu un instant l'idée de vous tuer pendant que vous étiez évanouie; mais je n'en ai pas eu le courage, car vous êtes la seule femme que j'aie aimée, Pauline : si vous aviez suivi mon conseil, ou plutôt obéi à mes ordres, vous seriez à cette heure près de votre mère. Vous êtes venue près de moi : ne vous en prenez donc qu'à vous de votre destinée. Vous vous réveillerez dans un caveau où nul n'est descendu depuis vingt ans, et dans lequel, d'ici à vingt ans peut-être, nul ne descendra encore. N'ayez donc aucun espoir de secours, car il serait inutile. Vous trouverez du poison près de cette lettre : tout ce que je puis faire pour vous est de vous offrir une mort prompte et douce au lieu d'une agonie lente et douloureuse. Dans l'un ou l'autre cas, et quelque parti que vous preniez, à compter de cette heure, vous êtes morte. Personne ne vous a vue, personne ne vous connaît; cette femme que j'ai tuée pour mettre Max et Henri d'accord sera ensevelie à votre place, ramenée à Paris dans les caveaux de votre famille, et votre mère pleurera sur elle, croyant pleurer sur son enfant.

« Adieu, Pauline. Je ne vous demande ni oubli ni miséricorde : il y a longtemps que je suis maudit, et votre pardon ne me sauverait pas. »

— C'est atroce, m'écriai-je, ô mon Dieu, mon Dieu! que vous avez dû souffrir! — Oui. Aussi tout ce qui me resterait à vous raconter ne serait que mon agonie : ainsi donc... — N'importe, m'écriai-je en l'interrompant, n'importe, dites la. — Je lus cette lettre deux ou trois fois : je ne pouvais pas me convaincre moi-même de sa réalité. Il y a des choses contre lesquelles la raison se révolte : on les a devant soi, sous la main, sous les yeux; on les regarde, on les touche, et l'on n'y croit pas. J'allai en silence à la grille; elle était fermée; je fis deux ou trois fois en silence le tour de mon caveau, frappant ses murs humides de mon poing incrédule; puis je revins m'asseoir en silence dans un angle de mon tombeau. J'étais bien enfermée; à la lueur de la lampe je voyais bien la lettre et le poison; cependant, je doutais encore; je disais, comme on se le dit quelquefois en songe : Je dors, je vais m'éveiller.

Je restai ainsi assise et immobile jusqu'au moment où ma lampe se mit à petiller. Alors une idée affreuse, qui ne m'était pas venue jusque-là, me vint tout à coup : c'est qu'elle allait s'éteindre. Je jetai un cri de terreur et m'élançai vers elle : l'huile était presque épuisée. J'allais faire dans l'obscurité mon apprentissage de la mort.

Oh! que n'aurais-je pas donné pour avoir de l'huile à verser dans cette lampe. Si j'avais pu l'alimenter de mon sang, je me serais ouvert les veines avec mes dents. Elle petillait toujours; à chaque petillement, sa lumière était moins vive, et le cercle de ténèbres qui l'avait éloigné lorsqu'elle brillait dans toute sa force se rapprochait graduellement de moi. J'étais près d'elle, à genoux, les mains jointes; je ne pensais pas à prier Dieu, je la priais, elle...

Enfin elle commença de lutter contre l'obscurité, comme j'allais bientôt moi-même commencer de lutter contre la mort. Peut-être l'animais-je de mes propres sentiments, mais il me semblait qu'elle se cramponnait à la vie, et qu'elle tremblait de laisser éteindre ce feu qui était son âme. Bientôt l'agonie arriva pour elle avec toutes ses phases : elle eut des lueurs brillantes, comme un moribond a des retours de force; elle jeta des clartés plus lointaines qu'elle n'avait jamais fait, comme au milieu de son délire l'esprit fiévreux voit quelquefois au delà des limites assignées à la vue humaine; puis la langueur de l'épuisement leur succéda; la flamme vacilla, pareille à ce dernier souffle qui tremble aux lèvres d'un mourant; enfin elle s'éteignit, emportant avec elle la clarté, qui est la moitié de la vie.

Je retombai dans l'angle de mon cachot. A compter de ce moment, je ne doutai plus; car, chose étrange, c'était depuis que j'avais cessé de voir la lettre et le poison, que j'étais bien certaine qu'ils étaient là.

Tant que j'avais vu clair, je n'avais point fait attention au silence : dès que la lumière fut éteinte, il pesa sur mon cœur de tout le poids de l'obscurité. Au reste, il y avait quelque chose de si funèbre et de si profond, qu'eussé-je eu la chance d'être entendue, j'eusse hésité peut-être à crier. Oh! c'était bien un de ces silences mortuaires qui viennent s'asseoir pendant l'éternité sur la pierre des tombes.

Une chose bizarre, c'est que l'approche de la mort m'avait presque fait oublier celui qui la causait : je pensais à ma situation, j'étais absorbée dans ma terreur; mais je puis le dire, et Dieu le sait, si je ne pensai pas à lui pardonner, je ne songeai pas non plus à le maudire. Bientôt je commençai à souffrir de la faim.

Un temps que je ne pus calculer s'écoula, pendant lequel probablement le jour s'était éteint et la nuit était venue; car, lorsque le soleil reparut, un rayon, qui pénétrait par quelque gerçure du sol, vint éclairer la base d'un pilier. Je jetai un cri de joie, comme si ce rayon m'apportait un espoir.

Mes yeux se fixèrent sur ce rayon avec tant de persévérance, que je finis par distinguer parfaitement tous les objets répandus sur la surface qu'il éclairait; il y avait quelques pierres, un éclat de bois et une touffe de mousse; en revenant toujours à la même place, il avait fini par tirer de terre cette pauvre et débile végétation. Oh! que n'aurais-je pas donné pour être à la place de cette pierre, de cet éclat de bois et de cette mousse, afin de revoir le ciel encore une fois à travers cette ride de la terre.

Je commençai à éprouver une soif ardente et à sentir mes idées se confondre; de temps en temps des nuages sanglants passaient devant mes yeux, et mes dents se serraient comme dans une crise nerveuse; cependant j'avais toujours les yeux fixés sur la lumière. Sans doute elle entrait par une ouverture bien étroite, car, lorsque le soleil cessa de l'éclairer en face, le rayon se ternit et devint à peine visible. Cette disparition m'enleva ce qui me restait de courage; je me tordis de rage et je sanglotai convulsivement.

Ma faim s'était changée en une douleur aiguë à l'estomac. La bouche me brûlait; j'éprouvais le désir de mordre; je mis une tresse de mes cheveux entre mes dents, et je la broyai. Bientôt je me sentis prise d'une fièvre sourde, quoique mon pouls battît à peine. Je commençai à penser au poison;

Henri.

alors je me mis à genoux et je joignis les mains pour prier ; mais j'avais oublié mes prières : impossible de me rappeler autre chose que quelques phrases entrecoupées et sans suite. Les idées les plus opposées se heurtaient à la fois dans mon cerveau ; un motif de musique de la *Gazza* bourdonnait incessamment à mes oreilles ; je sentais moi-même que j'étais en proie à un commencement de délire. Je me laissai tomber tout de mon long et la face contre terre.

Un engourdissement, produit par les émotions et la fatigue que j'avais éprouvées, s'empara de moi ; je m'assoupis, sans que le sentiment de ma position cessât de veiller en moi. Alors commença une série de rêves plus incohérents les uns que les autres. Ce sommeil douloureux, loin de me rendre quelque repos, me brisa. Je me réveillai avec une faim et une soif dévorantes ; alors je pensai une seconde fois au poison qui était là près de moi, et qui pouvait me donner une fin douce et rapide. Malgré ma faiblesse, malgré mes hallucinations, malgré cette fièvre sourde qui frémissait dans mes artères, je sentais que la mort était encore loin, qu'il me faudrait l'attendre bien des heures, et que ces heures les plus cruelles n'étaient point passées ; alors je pris la résolution de revoir une fois encore ce rayon de jour qui, la veille, était venu me visiter, comme un consolateur qui se glisse dans le cachot du prisonnier. Je restai les yeux fixés vers l'endroit où il devait paraître : cette attente et cette préoccupation calmèrent un peu les souffrances atroces que j'éprouvais.

Le rayon désiré parut enfin. Je le vis descendre pâle et blafard : ce jour-là le soleil était voilé sans doute. Alors tout ce qu'il éclairait sur la terre se représentait à moi : ces arbres, ces prairies, cette eau si belle; Paris, que je ne reverrais plus; ma mère, que j'avais quittée pour toujours, ma mère, qui déjà peut-être avait reçu la nouvelle de ma mort et qui pleurait sa fille vivante. A tous ces aspects et à tous ces souvenirs mon cœur se gonfla, j'éclatai en sanglots et je fondis en pleurs : c'était la première fois depuis que j'étais dans ce caveau. Peu à peu le paroxysme se calma, mes sanglots s'éteignirent, mes larmes coulèrent silencieuses. Ma résolution était toujours prise de m'empoisonner; cependant je souffrais moins.

Je restai, comme la veille, les yeux sur ce rayon tant qu'il brilla; puis, comme la veille, je le vis pâlir et disparaître... Je le saluai de la main... et je lui dis adieu de la voix, car j'étais décidée à ne pas le revoir. Alors je me repliai sur moi-même et me concentrai en quelque sorte dans mes dernières et suprêmes pensées. Je n'avais pas fait dans toute ma vie, comme jeune fille ou comme femme, une action mauvaise; je mourrais sans aucun sentiment de haine ni sans aucun désir de vengeance : Dieu devait donc m'accueillir comme sa fille, la terre ne pouvait me manquer que pour le ciel. C'était la seule idée consolante qui me restât; je m'y attachai.

Bientôt il me sembla que cette idée se répandait non-seulement en moi, mais autour de moi; je commençai d'éprouver cet enthousiasme saint qui fait le courage des martyrs. Je me levai tout debout et la tête vers le ciel, et il me sembla que mes yeux perçaient la voûte, perçaient la terre et arrivaient jusqu'au trône de Dieu En ce moment mes douleurs mêmes étaient comprimées par l'exaltation religieuse; je marchai vers la pierre où était posé le poison, comme si je voyais au milieu des ténèbres; je pris le verre, j'écoutai si je n'entendais aucun bruit, je regardai si je ne voyais aucune lumière; je relus en souvenir cette lettre qui me disait que depuis vingt ans personne n'était descendu dans ce souterrain, et qu'avant vingt ans peut-être personne n'y descendrait encore; je me convainquis bien dans mon âme de l'impossibilité où j'étais d'échapper aux souffrances qui me restaient à endurer, je pris le verre de poison, je le portai à mes lèvres et je le bus, en mêlant ensemble, dans un dernier murmure de regret et d'espérance, le nom de ma mère, que j'allais quitter, et celui de Dieu que j'allais voir.

Puis je retombai dans l'angle de mon caveau; ma vision céleste s'était éteinte, le voile de la mort s'étendait entre elle et moi. Les douleurs de la faim et de la soif avaient reparu; à ces douleurs allaient se joindre celles du poison. J'attendais avec anxiété cette sueur de glace qui devait m'annoncer ma dernière agonie... Tout à coup j'entendis mon nom; je rouvris les yeux et je vis de la lumière : vous étiez là, debout à la grille de ma tombe!... vous, c'est-à-dire le jour, la vie, la liberté... Je jetai un cri et je m'élançai vers vous. Vous savez le reste.

Et maintenant, continua Pauline, je vous rappelle sur votre honneur le serment que vous m'avez fait de ne rien révéler de ce terrible drame tant que vivra encore un des trois principaux acteurs qui y ont joué un rôle.

Je le lui renouvelai.

• • •

XIV

 a confidence que m'avait faite Pauline me rendait sa position plus sacrée encore. Je sentis dès lors toute l'étendue que devait acquérir ce dévouement dont mon amour pour elle me faisait un bonheur; mais en même temps je compris quelle indélicatesse il y aurait de ma part à lui parler de cet amour autrement que par des soins plus empressés et des attentions plus respectueuses. Le plan convenu entre nous fut adopté; elle passa pour ma sœur et m'appela son frère : cependant j'obtins d'elle, en lui faisant comprendre la possibilité d'être reconnue par quelque personne qui l'aurait rencontrée dans les salons de Paris, qu'elle renonçât à l'idée de donner des leçons de langue et de musique. Quant à

moi, j'écrivis à ma mère et à ma sœur que je comptais rester pendant un an ou deux en Angleterre. Pauline éleva encore quelques difficultés lorsque je lui fis part de cette décision; mais elle vit qu'il y avait pour moi un tel bonheur à l'accomplir, qu'elle n'eut plus le courage de m'en parler, et que cette résolution prit entre nous force de chose convenue.

Pauline avait hésité longtemps pour décider si elle révélerait ou ne révélerait pas son secret à sa mère, et si, morte pour tout le monde, elle serait vivante pour celle à qui elle devait la vie: moi-même je l'avais pressée de prendre ce parti, faiblement il est vrai; car il m'enlevait, à moi, cette position de protecteur qui me rendait si heureux à défaut d'un autre titre; mais Pauline, après y avoir réfléchi, avait repoussé, à mon grand étonnement, cette consolation, et quelques instances que je lui eusse faites pour connaître le motif de son refus, elle avait refusé de me le révéler, prétendant qu'il m'affligerait.

Cependant nos journées passaient ainsi, pour elle dans une mélancolie qui semblait parfois n'être point sans charmes, pour moi dans l'espérance, sinon dans le bonheur; car je la voyais de jour en jour se rapprocher de moi par tous les petits contacts du cœur, et, sans s'en apercevoir elle-même, elle me donnait des preuves lentes, mais visibles, du changement qui s'opérait en elle: si nous travaillions l'un et l'autre, elle à quelque ouvrage de broderie, moi à un dessin ou à une aquarelle, il m'arrivait souvent, en levant les yeux vers elle, de trouver les siens fixés sur moi: si nous sortions ensemble, l'appui qu'elle me demandait d'abord était celui d'une étrangère à un étranger; puis, au bout de quelque temps, soit faiblesse, soit abandon, je la sentais peser mollement à mon bras; si je sortais seul, presque toujours, en tournant le coin de la rue Saint-James, je l'apercevais de loin à la fenêtre, regardant du côté où elle savait que je devais venir: tous ces signes, qui pouvaient simplement être ceux d'une familiarité plus grande et d'une reconnaissance plus continuelle, m'apparaissaient à moi comme des révélations d'une félicité à venir; je lui savais gré de chacun d'eux, et je l'en remerciais intérieurement, car je craignais, si je le faisais tout haut, de lui faire apercevoir à elle-même que son cœur prenait peu à peu l'habitude d'une amitié plus que fraternelle.

J'avais fait usage de mes lettres de recommandation, et, tout isolés que nous vivions, nous recevions parfois quelque visite: car nous devions fuir à la fois et le tumulte du monde et l'affectation de la solitude. Parmi nos connaissances les plus habituelles était un jeune médecin qui avait acquis, depuis trois ou quatre ans, à Londres, une grande réputation pour ses études profondes de certaines maladies organiques: chaque fois qu'il venait nous voir, il regardait Pauline avec une attention sé-

rieuse, qui, après son départ, me laissait toujours quelques inquiétudes; en effet, ces belles et fraîches couleurs de la jeunesse dont j'avais vu son teint autrefois si riche, et dont j'avais d'abord attribué l'absence à la douleur et à la fatigue, n'avaient point reparu depuis la nuit où je l'avais trouvée mourante dans ce caveau, ou, si quelque teinte revenait colorer momentanément ses joues, c'était pour leur donner, tant qu'elle y demeurait, un aspect fébrile plus inquiétant que la pâleur elle-même. Il arrivait aussi parfois que, tout à coup, sans cause comme sans régularité, elle éprouvait des spasmes qui la conduisaient à des évanouissements, et que, pendant les jours qui suivaient ces accidents, une mélancolie plus profonde s'emparait d'elle. Enfin ils se renouvelèrent avec une telle fréquence et une gravité si visiblement croissante, qu'un jour que le docteur Sercey était venu nous faire une de ses visites habituelles, je l'arrachai aux préoccupations qu'éveillait toujours en lui la vue de Pauline, et, lui prenant le bras, je descendis avec lui dans le jardin.

Nous fîmes plusieurs fois sans parler le tour de la petite pelouse; puis enfin nous vînmes nous asseoir sur le banc où Pauline m'avait raconté cette terrible histoire. Là, nous restâmes un moment pensifs; enfin j'allais rompre le silence, lorsque le docteur me prévint: — Vous êtes inquiet sur la santé de votre sœur? me dit-il. — Je l'avoue, répondis-je, et vous-même m'avez laissé apercevoir des craintes qui augmentent les miennes. — Et vous avez raison, continua le docteur, elle est menacée d'une maladie chronique de l'estomac. A-t-elle éprouvé quelque accident qui ait pu altérer cet organe? — Elle a été empoisonnée...

Le docteur réfléchit un instant. — Oui, c'est bien cela, me dit-il, je ne m'étais point trompé: je vous prescrirai un régime qu'elle suivra avec une grande exactitude. Quant au côté moral du traitement, il dépend de vous; procurez à votre sœur le plus de distraction possible. Peut-être est-elle prise de la maladie du pays, et un voyage en France lui ferait-il du bien. — Elle ne veut pas y retourner. — Eh bien! une course en Écosse, en Irlande, en Italie, partout où elle voudra; mais je crois la chose nécessaire.

Je serrai la main du docteur, et nous rentrâmes. Quant à l'ordonnance, il devait me l'envoyer à moi-même. Je comptais, pour ne pas inquiéter Pauline, substituer sans rien dire le régime qui lui serait prescrit à notre manière de vivre ordinaire; mais cette précaution fut inutile; à peine le docteur nous eût-il quittés, que Pauline me prit la main.

— Il vous a tout avoué, n'est-ce pas? me dit-elle. Je fis semblant de ne pas comprendre, elle sourit tristement. — Eh bien! continua t-elle, voilà pourquoi je n'ai pas voulu écrire à ma mère: à quoi bon lui rendre son enfant, pour qu'un an ou deux après la mort vienne la lui reprendre? C'est bien assez

Je serrai la main du docteur, et nous rentrâmes. — Page 63.

de pleurer une fois ceux qu'on aime. — Mais, lui dis-je, vous vous abusez étrangement sur votre état : c'est une indisposition, et voilà tout. — Oh! c'est plus sérieux que cela, répondit Pauline avec son même sourire doux et triste, et je sens que le poison a laissé des traces de son passage et que je suis atteinte gravement; mais écoutez-moi, je ne me refuse pas à espérer. Je ne demande pas mieux que de vivre : sauvez-moi une seconde fois, Alfred. Que voulez-vous que je fasse? — Que vous suiviez les prescriptions du docteur : elles sont faciles; un régime simple, mais continu, de la distraction, des voyages. — Où voulez-vous que nous allions? je suis prête à partir. — Choisissez vous-même le pays qui vous est le plus sympathique. — L'Écosse, si vous voulez, puisque la moitié de la route est faite. — L'Écosse, soit.

Je fis aussitôt mes préparatifs de départ, et trois jours après nous quittâmes Londres. Nous nous arrêtâmes un instant sur les bords de la Twed pour la saluer de cette belle imprécation que Schiller met dans la bouche de Marie Stuart :

« La nature jeta les Anglais et les Écossais sur une planche étendue au milieu de l'Océan : elle la sépara en deux parties inégales, et voua ses habitants au combat éternel de sa possession. Le lit

Gabrielle de Nerval.

étroit de la Twed sépare seul les esprits irrités, et bien souvent le sang des deux peuples se mêla à ses eaux : la main sur la garde de leur épée, depuis mille ans ils se regardent et se menacent debout sur chaque rive : jamais ennemi n'opprima l'Angleterre, que l'Écossais n'ait marché avec lui ; jamais guerre civile n'embrasa les villes de l'Écosse, sans qu'un Anglais n'ait approché une torche de ses murailles, et cela durera ainsi, et la haine sera implacable et éternelle jusqu'au jour où un même parlement unira les deux ennemies comme deux sœurs, et où un seul sceptre s'étendra sur l'île tout entière. »

Nous entrâmes en Écosse.

Nous visitâmes, Walter Scott à la main, toute cette terre poétique que, pareil à un magicien qui évoque des fantômes, il a repeuplée de ses antiques habitants auxquels il a mêlé les originales et gracieuses créations de sa fantaisie : nous retrouvâmes les sentiers escarpés que suivait, sur son bon cheval Gustave, le prudent Dalgetty. Nous côtoyâmes le lac sur lequel glissait, la nuit, comme une vapeur, la Dame blanche d'Avenel. Nous allâmes nous asseoir sur les ruines du château de Lochleven, à l'heure même où la reine d'Écosse s'en était échappée, et nous cherchâmes sur les bords de la Tay le champ clos où Torquil du Chêne vit tomber ses sept fils sous l'épée de l'armurier Smith, sans proférer d'autre plainte que ces mots, qu'il répéta sept fois : *Encore un pour Eachar !...*

Cette excursion sera éternellement pour moi un rêve de bonheur dont jamais n'approcheront les réalités de l'avenir : Pauline avait une de ces organisations impressionnables comme il en faut aux artistes, et sans laquelle un voyage n'est qu'un simple changement de localités, une accélération dans le mouvement habituel de la vie, un moyen de distraire son esprit par la vue même des objets qui devraient l'occuper : pas un souvenir historique ne lui échappait; pas une poésie de la nature, soit qu'elle se manifestât à nous dans la vapeur du matin ou le crépuscule du soir, n'était perdue pour elle. Quant à moi, j'étais sous l'empire d'un charme; jamais un seul mot des événements accomplis n'avait été prononcé entre nous depuis l'heure où elle me les avait racontés; pour moi, le passé disparaissait parfois comme s'il n'avait jamais existé. Le présent seul qui nous réunissait était tout à mes yeux : jeté sur une terre étrangère, où je n'avais que Pauline, où Pauline n'avait que moi, les liens qui nous unissaient se resserraient chaque jour davantage par l'isolement; chaque jour je sentais que je faisais un pas dans son cœur, chaque jour un serrement de main, chaque jour un sourire, son bras appuyé sur mon bras, sa tête posée sur mon épaule, était un nouveau droit qu'elle me donnait sans s'en douter pour le lendemain; et plus elle s'abandonnait ainsi, plus, tout en aspirant chaque émanation naïve de son âme, plus je me gardais de lui parler d'amour, de peur qu'elle ne s'aperçût que depuis longtemps nous avions dépassé les limites de l'amitié.

Quant à la santé de Pauline, les prévisions du docteur s'étaient réalisées en partie; cette activité que le changement des lieux et les souvenirs qu'ils rappelaient entretenaient dans son esprit, détournaient sa pensée des souvenirs tristes qui l'oppressaient aussitôt qu'aucun objet important ne venait l'en distraire. Elle-même commençait presque à oublier, et, à mesure que les abîmes du passé se perdaient dans l'ombre, les sommets de l'avenir se coloraient d'un jour nouveau. Sa vie, qu'elle avait crue bornée aux limites d'un tombeau, commençait à reculer ses horizons moins sombres, et un air de plus en plus respirable venait se mêler à l'atmosphère étouffante au milieu de laquelle elle s'était sentie précipitée.

Nous passâmes l'été tout entier en Écosse; puis nous revînmes à Londres : nous y retrouvâmes notre petite maison de Piccadilly, et ce charme que l'esprit le plus enclin aux voyages éprouve dans les premiers moments d'un retour. Je ne sais ce qui se passait dans le cœur de Pauline, mais je sais que, quant à moi, je n'avais jamais été si heureux.

Quant au sentiment qui nous unissait, il était pur comme la fraternité : je n'avais pas, depuis un an, redit à Pauline que je l'aimais, depuis un an Pauline

ne m'avait point fait le moindre aveu, et cependant nous lisions dans le cœur l'un de l'autre comme dans un livre ouvert, et nous n'avions plus rien à nous apprendre. Désirais-je plus que je n'avais obtenu?... Je ne sais; il y avait tant de charme dans ma position, que j'aurais peut-être craint qu'un bonheur plus grand ne la précipitât vers quelque dénoûment fatal et inconnu. Si je n'étais pas amant, j'étais plus qu'un ami, plus qu'un frère; j'étais l'arbre auquel, pauvre lierre, elle s'abritait; j'étais le fleuve qui emportait sa barque à mon courant, j'étais le soleil d'où lui venait la lumière; tout ce qui existait d'elle existait par moi, et probablement le jour n'était pas loin où ce qui existait par moi existerait aussi pour moi.

Nous en étions là de notre vie nouvelle, lorsqu'un jour je reçus une lettre de ma mère. Elle m'annonçait qu'il se présentait pour ma sœur un parti non-seulement convenable, mais avantageux : le comte Horace de Beuzeval, qui joignait à sa propre fortune vingt-cinq mille livres de rente qu'il avait héritées de sa première femme, mademoiselle Pauline de Meulien, demandait Gabrielle en mariage !...

Heureusement j'étais seul lorsque j'ouvris cette lettre, car ma stupéfaction m'eût trahi : cette nouvelle que je recevais n'était-elle pas bien étrange en effet, et quelque nouveau mystère de la Providence ne se cachait-il pas dans cette bizarre prédestination qui conduisait le comte Horace en face du seul homme dont il fût connu? Quelque empire que je fusse parvenu à prendre sur moi-même, Pauline ne s'en aperçut pas moins, en rentrant, qu'il m'était arrivé, pendant son absence, quelque chose d'extraordinaire; au reste, je n'eus pas de peine à lui donner le change, et, dès que je lui eus dit que des affaires de famille me forçaient de faire un voyage en France, elle attribua tout naturellement au chagrin de nous séparer l'abattement dans lequel elle me retrouvait. Elle-même pâlit et fut forcée de s'asseoir : c'était la première fois que nous nous éloignions l'un de l'autre depuis près d'un an que je l'avais sauvée; puis il y a, entre cœurs qui s'aiment, au moment d'une séparation, quoique en apparence courte et sans danger, de ces pressentiments intimes qui nous la font inquiétante et douloureuse, quelque chose que la raison dise pour nous rassurer.

Je n'avais pas une minute à perdre; j'avais donc décidé que je partirais le lendemain. Je montai chez moi pour faire quelques préparatifs indispensables. Pauline descendit au jardin, où j'allai la rejoindre aussitôt que ces apprêts furent terminés.

Je la vis assise sur le banc où elle m'avait raconté sa vie. Depuis ce temps, je l'ai dit, comme si elle eût été réellement endormie dans les bras de la mort, ainsi qu'on le croyait, aucun écho de la France n'était venu la réveiller, mais peut-être approchait-elle du terme de cette tranquillité, et l'avenir pour elle allait-il douloureusement se rattacher à ce passé que tous mes efforts avaient eu pour but de lui faire oublier. Je la trouvai triste et rêveuse ; je vins m'asseoir à son côté ; ses premiers mots m'apprirent la cause de sa préoccupation. — Ainsi vous partez? me dit-elle. — Il le faut, Pauline, répondis-je d'une voix que je cherchais à rendre calme, vous savez mieux que personne qu'il y a des événements qui disposent de nous, et qui nous enlèvent aux lieux que nous voudrions ne pas quitter d'une heure, comme le vent fait d'une feuille. Le bonheur de ma mère, de ma sœur, le mien même, dont je ne vous parlerais pas s'il était le seul compromis, dépendent de ma promptitude à faire ce voyage. — Allez donc, reprit Pauline tristement ; allez, puisqu'il le faut ; mais n'oubliez pas que vous avez en Angleterre aussi une sœur qui n'a pas de mère, dont le seul bonheur dépend désormais de vous, et qui voudrait pouvoir quelque chose pour le vôtre !... — Oh! Pauline! m'écriai-je en la pressant dans mes bras, dites-moi, doutez-vous un instant de mon amour? croyez-vous que je ne m'éloigne pas le cœur brisé? croyez vous que le moment le plus heureux de ma vie ne sera pas celui où je rentrerai dans cette petite maison qui nous dérobe au monde tout entier?... Vivre avec vous de cette vie de frère et de sœur, avec l'espoir seulement de jours plus heureux encore, croyez-vous que ce n'était pas pour moi un bonheur plus grand que je n'avais jamais osé l'espérer?... oh! dites-moi, le croyez-vous?... — Oui, je le crois, me répondit Pauline ; car il y aurait de l'ingratitude à en douter. Votre amour a été pour moi si délicat et si élevé, que je puis en parler sans rougir, comme je parlerais d'une de vos vertus... Quant à ce bonheur plus grand que vous espérez, Alfred, je ne le comprends pas !... Notre bonheur, j'en suis certaine, tient à la pureté même de nos relations ; et, plus ma position est étrange et sans pareille peut-être, plus je suis déliée de mes devoirs envers la société, plus, pour moi-même, je dois être sévère à les accomplir... — Oh! oui... oui, lui dis-je, je vous comprends, et Dieu me punisse si j'essayais jamais de détacher une fleur de votre couronne de martyre pour y mettre en place un remords! mais enfin il peut arriver tels événements qui vous fassent libre... La vie même adoptée par le comte, pardon si je reviens sur ce sujet, l'expose plus que tout autre... — Oh! oui... oui, je le sais... Aussi, croyez-le bien, je n'ouvre jamais un journal sans frémir... L'idée que je puis voir le nom que j'ai porté figurer dans quelque procès sanglant, l'homme que j'ai appelé mon mari menacé d'une mort infâme... eh bien!... que parlez-vous de bonheur dans ce cas-là, en supposant que je lui survécusse?... — Oh! d'abord... et avant tout, Pauline, vous n'en seriez pas moins la plus pure, comme la plus adorée des femmes... N'a-t-il pas pris soin de vous mettre à l'abri de lui-même, si bien qu'aucune tache de sa boue ni de son

sang ne peut vous atteindre?... Mais je ne voulais point parler de cela, Pauline! Dans une attaque nocturne, dans un duel même, le comte peut trouver la mort... Oh! c'est affreux, je le sais, de n'avoir d'autre espérance de bonheur que celle qui doit couler de la blessure ou sortir de la bouche d'un homme avec son sang et son dernier soupir!... Mais enfin, pour vous-même... une telle fin ne serait-elle pas un bienfait du hasard... un oubli de la Providence? — Eh bien?... dit en m'interrogeant Pauline. — Eh bien! alors, Pauline, l'homme, qui, sans conditions, s'est fait votre ami, votre protecteur, votre frère, n'aurait-il pas droit à un autre titre? — Mais cet homme a-t-il bien réfléchi à l'engagement qu'il prendrait en le sollicitant? — Sans doute, et il y voit bien des promesses de bonheur sans y découvrir une cause d'effroi... — A-t-il pensé que je suis exilée de France, que la mort du comte ne viendra pas rompre mon ban, et que les devoirs que je me suis imposés envers sa vie, je me les imposerai envers sa mémoire?... — Pauline, lui dis-je, j'ai songé à tout... L'année que nous venons de passer ensemble a été l'année la plus heureuse de ma vie. Je vous l'ai dit, je n'ai aucun lien réel qui m'attache sur un point du monde plutôt que sur un autre... Le pays où vous serez sera ma patrie ! — Eh bien! me dit Pauline avec un si doux accent que mieux qu'une promesse il renfermait toutes les espérances, revenez avec ces sentiments, laissons faire à l'avenir, et confions-nous en Dieu.

Je tombai à ses pieds et je baisai ses genoux.

La même nuit je quittai Londres ; vers midi, j'arrivai au Havre ; je pris aussitôt une voiture de poste et je partis ; à une heure du matin j'étais chez ma mère.

Elle était en soirée avec Gabrielle. Je m'informai dans quelle maison : c'était chez lord G..., ambassadeur d'Angleterre. Je demandai si ces dames étaient seules ; on me répondit que le comte Horace était venu les prendre ; je fis une toilette rapide, je me jetai dans un cabriolet de place, et je me fis conduire à l'ambassade.

Lorsque j'arrivai, beaucoup de personnes s'étaient déjà retirées ; les salons commençaient à s'éclaircir ; mais cependant il y restait encore assez de monde pour que j'y pénétrasse sans être remarqué. Bientôt j'aperçus ma mère assise et ma sœur dansant, l'une avec toute sa sérénité d'âme habituelle, l'autre avec une joie d'enfant. Je restai à la porte, je n'étais pas venu pour faire une reconnaissance au milieu d'un bal ; d'ailleurs je cherchais encore une troisième personne, je présumais qu'elle ne devait pas être éloignée. En effet, mon investigation ne fut pas longue : le comte Horace était appuyé au lambris de la porte en face de laquelle je me trouvais moi-même.

Je le reconnus au premier abord : c'était bien l'homme que m'avait dépeint Pauline, c'était bien l'inconnu que j'avais entrevu aux rayons de la lune dans l'abbaye de Grand-Pré; je retrouvai tout ce que je cherchais en lui, sa figure pâle et calme, ses cheveux blonds qui lui donnaient cet air de première jeunesse, ses yeux noirs qui imprimaient à sa physionomie un caractère si étrange, enfin ce pli du front que depuis un an, à défaut de remords, les soucis avaient dû faire plus large et plus profond.

La contredanse finie, Gabrielle alla se rasseoir près de sa mère. Aussitôt je priai un domestique de dire à madame de Nerval et à sa fille que quelqu'un les attendait dans la salle des pelisses et des manteaux. Ma mère et ma sœur jetèrent un cri de surprise et de joie en m'apercevant. Nous étions seuls, je pus les embrasser. Ma mère n'osait en croire ses yeux qui me voyaient et ses mains qui me serraient contre son cœur. J'avais fait une telle diligence, qu'à peine pensait-elle que sa lettre m'était arrivée. En effet, la veille, à pareille heure, j'étais encore à Londres.

Ni ma mère ni ma sœur ne pensaient à rentrer dans les salons de danse; elles demandèrent leurs manteaux, s'enveloppèrent dans leurs pelisses et donnèrent l'ordre au domestique de faire avancer la voiture. Gabrielle dit alors quelques mots à l'oreille de ma mère : — C'est juste! s'écria celle-ci; et le comte Horace... — Demain je lui ferai une visite et vous excuserai près de lui, répondis-je. — Le voilà, dit Gabrielle.

En effet, le comte avait remarqué que ces dames quittaient le salon; au bout de quelques minutes, ne les voyant pas reparaître, il s'était mis à leur recherche, et il venait de les retrouver prêtes à partir.

J'avoue qu'il me passa un frissonnement par tout le corps en voyant cet homme s'avancer vers nous. Ma mère sentit mon bras se crisper sous le sien, elle vit mes regards se croiser avec ceux du comte, et, avec cet instinct maternel qui devine tous les dangers, avant que ni l'un ni l'autre de nous deux eût ouvert la bouche : — Pardon, dit-elle au comte, c'est mon fils que nous n'avions pas vu depuis près d'un an, et qui arrive de Londres. Le comte s'inclina. — Serais-je le seul, dit-il d'une voix douce, à m'affliger de ce retour, madame, et me privera-t-il du bonheur de vous reconduire? — C'est probable, monsieur, répondis-je me contenant à peine ; car, là où je suis, ma mère et ma sœur n'ont pas besoin d'autre cavalier. — Mais c'est le comte Horace! me dit ma mère en se retournant vivement vers moi. — Je connais monsieur, répondis-je avec un accent dans lequel j'avais essayé de mettre toutes les insultes.

Je sentis ma mère et ma sœur trembler à leur tour : le comte Horace devint affreusement pâle; cependant aucun autre signe que cette pâleur ne trahit son émotion. Il vit les craintes de ma mère, et, avec un goût et une convenance qui me donnaient la mesure de ce que j'aurais peut-être dû faire moi-même, il s'inclina et sortit. Ma mère le suivit des yeux avec anxiété ; puis, lorsqu'il eut disparu : — Partons! partons ! dit elle en m'entraînant vers le perron.

Nous descendîmes l'escalier, nous montâmes en voiture, et nous rentrâmes à la maison sans avoir échangé une parole

---

XV

Cependant, on peut le comprendre facilement, nos cœurs étaient pleins de pensées différentes; aussi ma mère, à peine rentrée, fit-elle signe à Gabrielle de se retirer dans sa chambre. La pauvre enfant vint me présenter son front, comme elle avait l'habitude de le faire autrefois; mais, à peine eut-elle senti mes lèvres la toucher et mes bras la serrer sur ma poitrine, qu'elle fondit en larmes. Alors ma vue, en s'abaissant sur elle, pénétra jusqu'à son cœur, et j'en eus pitié.

— Chère petite sœur, lui dis-je, il ne faut pas m'en vouloir des choses qui sont plus fortes que moi. C'est Dieu qui fait les événements, et les événements commandent aux hommes. Depuis que mon père est mort, je réponds de toi à toi-même; c'est à moi de veiller sur ta vie et de la faire heureuse. — Oh! oui, oui, tu es le maître, me dit Gabrielle; ce que tu ordonneras, je le ferai, sois tranquille. Mais je ne puis m'empêcher de craindre sans savoir ce que je crains, et de pleurer sans savoir pourquoi

— Je connais monsieur, répondis-je. — PAGE 68.

je pleure. — Rassure-toi, lui dis-je, le plus grand de tes dangers est passé maintenant, grâce au ciel, qui veillait sur toi. Remonte dans ta chambre, prie comme une jeune âme doit prier : la prière dissipe les craintes et sèche les pleurs. Va.

Gabrielle m'embrassa et sortit. Ma mère la suivit des yeux avec anxiété ; puis, lorsque la porte fut refermée : — Que signifie tout cela ? me dit-elle. — Cela signifie, ma mère, lui répondis-je d'un ton respectueux, mais ferme, que ce mariage dont vous m'avez parlé est impossible, et que Gabrielle ne peut épouser le comte Horace. — C'est que je suis presque engagée, dit ma mère. — Je vous dégage-

rai, je m'en charge. — Mais, enfin, me diras-tu pourquoi, sans raison aucune?... — Me croyez-vous donc assez insensé, interrompis-je, pour briser des choses aussi sacrées que la parole, si je n'avais pas de motifs de le faire? — Mais tu me les diras, je pense? — Impossible, impossible, ma mère ; je suis lié par un serment. — Je sais qu'on dit bien des choses contre Horace ; mais on n'a rien pu prouver encore. Croirais-tu à toutes ces calomnies? — Je crois mes yeux, ma mère, j'ai vu!... — Oh! .. — Écoutez. Vous savez si je vous aime et si j'aime ma sœur ; vous savez si, lorsqu'il s'agit de votre bonheur à toutes deux, je suis capable de prendre légèrement une résolution immuable; vous savez, enfin, si, dans une circonstance aussi suprême, je suis homme à vous effrayer par un mensonge; eh bien! ma mère, je vous le dis, je vous le jure, si ce mariage s'était fait, si je n'étais pas venu à temps, si mon père, en mon absence, n'était pas sorti de la tombe pour se placer entre sa fille et cet homme, si Gabrielle s'appelait à cette heure madame Horace de Beuzeval, il ne me resterait qu'une chose à faire, et je la ferais, croyez-moi : ce serait de vous enlever, vous et votre fille, de fuir la France avec vous pour n'y rentrer jamais, et d'aller demander à quelque terre étrangère l'oubli et l'obscurité, au lieu de l'infamie qui nous attendrait dans notre patrie. — Mais ne peux-tu pas me dire?... — Je ne puis rien dire... j'ai fait serment... Si je pouvais parler, je n'aurais qu'à prononcer une parole, et ma sœur serait sauvée. — Quelque danger la menace-t-il donc? — Non, pas tant que je serai vivant du moins. — Mon Dieu! mon Dieu! dit ma mère, tu m'épouvantes!

Je vis que je m'étais laissé emporter malgré moi.

— Écoutez, continuai-je : peut-être tout cela est-il moins grave que je ne le crains. Rien n'était arrêté positivement entre vous et le comte, rien n'était encore connu dans le monde; quelque bruit vague, quelques suppositions, n'est-ce pas, et rien de plus? — C'était ce soir seulement la seconde fois que le comte nous accompagnait. — Eh bien! ma mère, prenez le premier prétexte venu pour ne pas recevoir; fermez votre porte à tout le monde, au comte comme aux autres. Je me charge de lui faire comprendre que ses visites seraient inutiles. — Alfred, dit ma mère effrayée, de la prudence surtout, des ménagements, des procédés. Le comte n'est pas un homme que l'on congédie ainsi sans lui donner une raison plausible. — Soyez tranquille, ma mère, j'y mettrai toutes les convenances nécessaires. Quant à une raison plausible, je lui en donnerai une. — Agis comme tu voudras : tu es le chef de la famille, Alfred, et je ne ferai rien contre ta volonté; mais, au nom du ciel, mesure chacune des paroles que tu diras au comte, et, si tu refuses, adoucis le refus autant que tu pourras. Ma mère me vit prendre une bougie pour me retirer. — Oui, tu as raison, continua-t-elle; je ne pense pas à ta fatigue. Rentre chez toi, il sera temps de penser demain à tout cela. J'allai à elle et l'embrassai; elle me retint la main. — Tu me promets, n'est-ce pas, de ménager la fierté du comte? — Je vous le promets, ma mère. Et je l'embrassai une seconde fois et me retirai.

Ma mère avait raison, je tombais de fatigue. Je me couchai et dormis tout d'une traite jusqu'au lendemain dix heures du matin.

Je trouvai en me réveillant une lettre du comte; je m'y attendais. Cependant je n'aurais pas cru qu'il eût gardé tant de calme et de mesure; c'était un modèle de courtoisie et de convenances.

La voici :

« Monsieur,

« Quelque désir que j'eusse de vous faire promptement parvenir cette lettre, je n'ai voulu vous l'adresser ni par un domestique ni par un ami. Ce mode d'envoi, qui est cependant généralement adopté en pareille circonstance, eût pu éveiller des inquiétudes parmi les personnes qui vous sont chères, et que vous me permettez, je l'espère, de regarder encore, malgré ce qui s'est passé hier chez lord G..., comme ne m'étant ni étrangères ni indifférentes.

« Cependant, monsieur, vous comprendrez facilement que les quelques mots échangés entre nous demandent une explication. Serez-vous assez bon pour m'indiquer l'heure et le lieu où vous pourrez me la donner? La nature de l'affaire exige, je crois, qu'elle soit secrète et qu'elle n'ait d'autres témoins que les personnes intéressées; cependant, si vous le désirez, je conduirai deux amis.

« Je crois vous avoir donné la preuve hier que je vous regardais déjà comme un frère, croyez qu'il m'en coûterait beaucoup pour renoncer à ce titre, et qu'il me faudrait faire violence à toutes mes espérances et à tous mes sentiments pour vous traiter jamais en adversaire et en ennemi.

« Comte HORACE »

Je répondis aussitôt :

« Monsieur le comte,

« Vous ne vous étiez pas trompé, j'attendais votre lettre, et je vous remercie bien sincèrement des précautions que vous avez prises pour me la faire parvenir. Cependant, comme ces précautions seraient inutiles vis-à-vis de vous, et qu'il est important que vous receviez promptement ma réponse, permettez que je vous l'envoie par mon domestique.

« Ainsi que vous l'avez pensé, une explication est nécessaire entre nous; elle aura lieu, si vous le voulez bien, aujourd'hui même. Je sortirai à cheval et me promènerai de midi à une heure au bois de Boulogne, allée de la Muette. Je n'ai pas besoin de vous dire, monsieur le comte, que je serai enchanté de vous y rencontrer. Quant aux témoins, mon avis, parfaitement d'accord avec le vôtre, est qu'ils sont inutiles à cette première entrevue.

« Il ne me reste plus, monsieur, pour avoir répondu en tout à votre lettre, qu'à vous parler de mes sentiments pour vous. Je désirerais bien sincèrement que ceux que je vous ai voués pussent m'être inspirés par mon cœur; malheureusement, ils me sont dictés par ma conscience.

« Alfred DE NERVAL. »

Cette lettre écrite et envoyée, je descendis près de ma mère : elle s'était effectivement informée si personne n'était venu de la part du comte Horace, et, sur la réponse que lui avaient faite les domestiques, je la trouvai plus tranquille. Quant à Gabrielle, elle avait demandé et obtenu la permission de rester dans sa chambre. A la fin du déjeuner, on m'amena le cheval que j'avais demandé. Mes instructions avaient été suivies, la selle était garnie de fontes : j'y plaçai d'excellents pistolets de duel tout chargés; je n'avais pas oublié qu'on m'avait prévenu que le comte Horace ne sortait jamais sans armes.

J'étais au rendez-vous à onze heures un quart, tant mon impatience était grande. Je parcourus l'allée dans toute sa longueur; en me retournant, j'aperçus un cavalier à l'autre extrémité : c'était le comte Horace. A peine chacun de nous eut-il reconnu l'autre, qu'il mit son cheval au galop; nous nous rencontrâmes au milieu de l'allée. Je remarquai que, comme moi, il avait des fontes à la selle de son cheval.

— Vous voyez, me dit le comte Horace en me saluant avec courtoisie et le sourire sur les lèvres, que mon désir de vous rencontrer était égal au vôtre, car tous deux nous avons devancé l'heure. — J'ai fait cent lieues en un jour et une nuit pour avoir cet honneur, monsieur le comte, lui répondis-je en m'inclinant à mon tour; vous voyez que je ne suis point en reste. — Je présume que les motifs qui vous ont ramené avec tant d'empressement ne sont point des secrets que je ne puisse entendre; et, quoique mon désir de vous connaître et de vous serrer la main m'eût facilement déterminé à faire une pareille course en moins de temps encore, s'il eût été possible, je n'ai pas la fatuité de croire que ce soit une pareille raison qui vous ait fait quitter l'Angleterre. — Et vous croyez juste, monsieur le comte. Des intérêts plus puissants, des intérêts de famille, dans lesquels notre honneur était sur le point d'être compromis, ont été la cause de mon départ de Londres et de mon arrivée à Paris. — Les termes dont vous vous servez, reprit le comte en s'inclinant de nouveau, et avec un sourire dont l'expression devenait de plus en plus amère, me font espérer que ce retour n'a point eu pour cause la lettre que vous a adressée madame de Nerval, et dans laquelle elle vous faisait part d'un projet d'union entre mademoiselle Gabrielle et moi. — Vous vous trompez, monsieur, répondis-je en m'inclinant à mon tour; car je suis venu uniquement pour m'opposer à ce mariage, qui ne peut se faire.

Le comte pâlit et ses lèvres se serrèrent; mais presque aussitôt il reprit son calme habituel.

— J'espère, me dit-il, que vous apprécierez le sentiment qui m'ordonne d'écouter avec sang-froid les réponses étranges que vous me faites. Ce sang-froid, monsieur, est une preuve du désir que j'attache à votre alliance; et ce désir est tel, que j'aurai l'indiscrétion de pousser l'investigation jusqu'au bout. Me ferez-vous l'honneur de me dire, monsieur, quelles sont les causes qui peuvent me valoir de votre part cette aveugle antipathie, que vous exprimez si franchement? Marchons, si vous voulez, l'un à côté de l'autre, et nous continuerons de causer.

Je mis mon cheval au pas du sien, et nous suivîmes l'allée avec l'apparence de deux amis qui se promènent.

— Je vous écoute, monsieur, reprit le comte. — D'abord, permettez-moi, répondis-je, monsieur le comte, de rectifier votre jugement sur l'opinion que j'ai de vous : ce n'est point une antipathie aveugle, c'est un mépris raisonné.

Le comte se dressa sur ses étriers comme un homme arrivé au bout de sa patience; puis il passa la main sur son front, et, d'une voix où il était difficile de distinguer la moindre altération : — De pareils sentiments sont assez dangereux, monsieur, pour qu'on ne les adopte et surtout qu'on ne les manifeste qu'après une connaissance parfaite de l'homme qui les a inspirés. — Et qui vous dit que je ne vous connais pas parfaitement, monsieur? répondis-je en le regardant en face. — Cependant, si ma mémoire ne m'abuse, reprit le comte, je vous ai rencontré hier pour la première fois. — Et cependant le hasard, ou plutôt la Providence, nous avait déjà rapprochés; il est vrai que c'était la nuit, et que vous ne m'avez pas vu. — Aidez mes souvenirs, dit le comte; je suis fort gauche aux énigmes. — J'étais dans les ruines de l'abbaye de Grand-Pré pendant la nuit du 27 au 28 septembre.

Le comte tressaillit et porta la main à ses fontes : je fis le même mouvement; il s'en aperçut.

— Eh bien? reprit-il en se remettant aussitôt. — Eh bien! je vous ai vu sortir du souterrain, je vous ai vu enfouir une clef. — Et quelle détermination avez-vous prise à la suite de toutes ces découvertes? — Celle de ne pas vous laisser assassiner mademoiselle Gabrielle de Nerval comme vous avez tenté d'assassiner mademoiselle Pauline de Meulien. — Pauline n'est point morte! s'écria le comte arrêtant son cheval et oubliant, pour cette fois seulement, ce sang-froid infernal qui ne l'avait pas quitté d'une minute.

— Non, monsieur, Pauline n'est point morte, répondis-je en m'arrêtant à mon tour; Pauline vit, malgré la lettre que vous lui avez écrite, malgré le poison que vous lui avez versé, malgré les trois portes que vous avez fermées sur elle, et que j'ai rouvertes, moi, avec cette clef que je vous avais vu enfouir. Comprenez-vous maintenant? — Parfaitement, monsieur, reprit le comte la main cachée dans une de ses fontes; mais ce que je ne comprends pas, c'est que, possédant ces secrets et ces preuves, vous ne m'ayez pas tout bonnement dénoncé. — C'est que j'ai fait un serment sacré, monsieur, et que je suis obligé de vous tuer en duel comme si vous étiez un honnête homme. Ainsi laissez là vos pistolets, car, en m'assassinant, vous pourriez gâter votre affaire. — Vous avez raison, répondit le comte en boutonnant ses fontes et en

— Je veux bien me battre avec un assassin, **mais je ne veux pas qu'il prenne pour seconds ses deux complices.**

remettant son cheval au pas. Quand nous battons-nous ? — Demain matin, si vous le voulez, repris-je en lâchant la bride du mien. — Parfaitement. Où cela ? — A Versailles, si le lieu vous plaît. — Très-bien ; à neuf heures je vous attendrai à la pièce d'eau des Suisses avec mes témoins. — MM. Max et Henri, n'est-ce pas?... — Avez-vous quelque chose contre eux ? — J'ai que je veux bien me battre avec un assassin, mais que je ne veux pas qu'il prenne pour seconds ses deux complices. Cela se passera autrement, si vous le permettez. — Faites vos conditions, monsieur, dit le comte en se mordant les lèvres jusqu'au sang. — Comme il faut que notre rencontre reste un secret pour tout le monde, quelque résultat qu'elle puisse avoir, nous choisirons chacun nos témoins parmi les officiers de la garnison de Versailles, pour qui nous resterons inconnus ; ils ignoreront la cause du duel, et ils y assisteront seulement pour prévenir l'accusation de meurtre. Cela vous convient-il? — A merveille, monsieur. Maintenant, vos armes? — Maintenant, monsieur, comme nous pourrions nous faire avec l'épée quelque pauvre et mesquine égratignure, qui nous empêcherait peut-être de continuer le combat, le pistolet me paraît préférable. Apportez votre boîte, j'apporterai la mienne. — Mais, répondit le comte,

Le plus vieux donna le signal en disant : « Allez, messieurs. » — PAGE 74.

nous avons tous deux nos armes, toutes nos conditions sont arrêtées : pourquoi remettre à demain une affaire que nous pourrions terminer aujourd'hui même? — Parce que j'ai quelques dispositions à prendre pour lesquelles ce délai m'est nécessaire. Il me semble que je me conduis à votre égard de manière à obtenir cette concession. Quant à la crainte qui vous préoccupe, soyez parfaitement tranquille, monsieur, je vous répète que j'ai fait un serment. — Cela suffit, monsieur, répondit le comte en s'inclinant : à demain, neuf heures. — A demain, neuf heures.

Nous nous saluâmes une dernière fois, et nous nous éloignâmes au galop, gagnant chacun une extrémité de la route.

En effet, le délai que j'avais demandé au comte n'était point plus long qu'il ne me le fallait pour mettre ordre à mes affaires; aussi, à peine rentré chez moi, je m'enfermai dans ma chambre.

Je ne me dissimulais pas que les chances du combat où j'étais engagé étaient hasardeuses; je connaissais le sang-froid et l'adresse du comte, je pouvais donc être tué; en ce cas-là j'avais à assurer la position de Pauline.

Quoique dans tout ce que je viens de te raconter je n'aie pas une fois prononcé son nom, continua

Alfred, je n'ai pas besoin de te dire que son souvenir ne s'était pas éloigné un instant de ma pensée. Les sentiments qui s'étaient réveillés en moi lorsque j'avais revu ma sœur et ma mère s'étaient placés près du sien, mais sans lui porter atteinte; et je sentis combien je l'aimais au sentiment douloureux qui me saisit lorsque, prenant la plume, je pensai que je lui écrivais pour la dernière fois peut-être. La lettre achevée, j'y joignis un contrat de rentes de 10,000 francs, et je mis le tout sous enveloppe, à l'adresse du docteur Sercey, Grosvenor-Square, à Londres.

Le reste de la journée et une partie de la nuit se passèrent en préparatifs de ce genre; je me couchai à deux heures du matin, en recommandant à mon domestique de me réveiller à six.

Il fut exact à la consigne donnée : c'était un homme sur lequel je savais pouvoir compter, un de ces vieux serviteurs comme on en trouve dans les drames allemands, que les pères lèguent à leurs fils et que j'avais hérité de mon père. Je le chargeai de la lettre adressée au docteur, avec ordre de la porter lui-même à Londres si j'étais tué. Deux cents louis que je lui laissai étaient destinés, en ce cas, à le défrayer de son voyage; dans le cas contraire, il les garderait à titre de gratification. Je lui montrai, en outre, le tiroir où étaient renfermés, pour lui être remis si la chance m'était fatale, les derniers adieux que j'adressais à ma mère; il devait, de plus, me tenir une voiture de poste prête jusqu'à cinq heures du soir, et, si à cinq heures je n'étais pas revenu, partir pour Versailles et s'informer de moi. Ces précautions prises, je montai à cheval; à neuf heures moins un quart j'étais au rendez-vous avec mes deux témoins : c'étaient, comme la chose avait été arrêtée, deux officiers de hussards qui m'étaient totalement inconnus, et qui cependant n'avaient point hésité à me rendre le service que je demandais d'eux. Il leur avait suffi de savoir que c'était une affaire dans laquelle l'honneur d'une famille recommandable était compromis, pour qu'ils acceptassent sans faire une seule question. Il n'y a que les Français pour être tout à la fois, et, selon les circonstances, les plus bavards ou les plus discrets de tous les hommes.

Nous attendions depuis cinq minutes à peine lorsque le comte arriva avec ses seconds; nous nous mîmes en quête d'un endroit convenable, et nous ne tardâmes pas à le trouver, grâce à nos témoins, habitués à découvrir ce genre de localité. Arrivés sur le terrain, nous fîmes part à ces messieurs de nos conditions, et nous les priâmes d'examiner les armes; c'étaient, de la part du comte, des pistolets de Lepage, et de ma part, à moi, des pistolets de Devisme, les uns et les autres à double détente et du même calibre, comme sont, au reste, presque tous les pistolets de duel.

Le comte alors ne démentit point sa réputation de bravoure et de courtoisie; il voulut me céder tous les avantages, mais je refusai. Il fut donc décidé que le sort réglerait les places et l'ordre dans lequel nous ferions feu; quant à la distance, elle fut fixée à vingt pas; les limites étaient marquées pour chacun de nous par un second pistolet tout chargé, afin que nous pussions continuer le combat dans les mêmes conditions, si ni l'une ni l'autre des deux premières balles n'était mortelle.

Le sort favorisa le comte deux fois de suite : il eut d'abord le choix des places, puis la priorité : il alla aussitôt se placer en face du soleil, adoptant de son plein gré la position la plus désavantageuse : je lui en fis la remarque, mais il s'inclina, en répondant que, puisque le hasard l'avait fait maître d'opter, il désirait garder le côté qu'il avait choisi : j'allai prendre la mienne à la distance convenue.

Les témoins chargeaient nos armes, j'eus donc le temps d'examiner le comte, et, je dois le dire, il garda constamment l'attitude froide et calme d'un homme parfaitement brave : pas un geste, pas un mot ne lui échappa qui ne fût dans les convenances. Bientôt les témoins se rapprochèrent de nous, nous présentèrent à chacun un pistolet, placèrent l'autre à nos pieds, et s'éloignèrent. Alors le comte me renouvela une seconde fois l'invitation de tirer le premier : une seconde fois je refusai. Nous nous inclinâmes chacun vers nos témoins pour les saluer; puis je m'apprêtai à essuyer le feu, m'effaçant autant que possible, et me couvrant le bas de la figure avec la crosse de mon pistolet, dont le canon retombait sur ma poitrine dans le vide formé entre l'avant-bras et l'épaule. J'avais à peine pris cette précaution, que les témoins nous saluèrent à leur tour, et que le plus vieux donna le signal en disant : « Allez, messieurs. » Au même instant je vis briller la flamme, j'entendis le coup du pistolet du comte, et je sentis une double commotion à la poitrine et au bras : la balle avait rencontré le canon du pistolet, et, en déviant, m'avait traversé les chairs de l'épaule. Le comte parut étonné de ne pas me voir tomber. — Vous êtes blessé? me dit-il en faisant un pas en avant. — Ce n'est rien, répondis-je en prenant mon pistolet de la main gauche. A mon tour, monsieur. Le comte jeta le pistolet déchargé, reprit l'autre et se remit en place.

Je visai lentement et froidement, puis je fis feu. Je crus d'abord que je ne l'avais pas touché, car il resta immobile, et je lui vis lever le second pistolet; mais, avant que le canon n'arrivât à ma hauteur, un tremblement convulsif s'empara de lui; il laissa échapper l'arme, voulut parler, rendit une gorgée de sang et tomba roide mort : la balle lui avait traversé la poitrine.

Les témoins s'approchèrent d'abord du comte, puis revinrent à moi. Il y avait parmi eux un chirurgien-major : je le priai de donner ses soins à mon adversaire, que je croyais plus blessé que moi. —

C'est inutile, me répondit-il en secouant la tête, il n'a plus besoin des soins de personne. — Ai-je fait en homme d'honneur, messieurs? leur demandai-je.

Ils s'inclinèrent en signe d'adhésion.

— Alors, docteur, ayez la bonté, dis-je en défaisant mon habit, de me mettre la moindre chose sur cette égratignure, afin d'arrêter le sang, car il faut que je parte à l'instant même. — A propos, me dit le plus vieux des officiers, comme le chirurgien achevait de me panser, où faudra-t-il faire porter le corps de *votre ami*? — Rue de Bourbon, n° 16, répondis-je en souriant malgré moi de la naïveté de ce brave homme, à l'hôtel de M. de Beuzeval.

A ces mots, je sautai sur mon cheval, qu'un hussard tenait en main avec celui du comte, et, remerciant une dernière fois ces messieurs de leur bonne et loyale assistance, je les saluai de la main et je repris au galop la route de Paris.

Il était temps que j'arrivasse; ma mère était au désespoir : ne me voyant pas descendre à l'heure du déjeuner, elle était montée dans ma chambre, et dans un des tiroirs de mon secrétaire elle avait trouvé la lettre qui lui était adressée.

Je la lui arrachai des mains et la jetai au feu avec celle qui était destinée à Pauline, puis je l'embrassai comme on embrasse une mère qu'on a manqué de ne plus revoir et que l'on va quitter sans savoir quand on la reverra.

XVI

ix jours après la scène que je viens de te raconter, continua Alfred, nous étions dans notre petite maison de Piccadilly, assis et déjeunant de chaque côté d'une table à thé, lorsque Pauline, qui lisait une gazette anglaise, pâlit tout à coup affreusement, laissa tomber le journal, poussa un cri et s'évanouit Je sonnai violemment, les femmes de chambre accoururent; nous la transportâmes chez elle, et, tandis qu'on la déshabillait, je descendis pour envoyer chercher le docteur et voir sur le journal la cause de son évanouissement. A peine l'eus-je ouvert, que mes yeux tombèrent sur ces lignes, traduites du *Courrier français*.

« Nous recevons à l'instant les détails les plus singuliers et les plus mystérieux sur un duel qui vient d'avoir lieu à Versailles, et qui paraissait emprunter ses causes aux motifs inconnus d'une haine violente.

« Avant hier matin, 5 août 1833, deux jeunes gens qui paraissaient appartenir à l'aristocratie parisienne arrivèrent dans notre ville, chacun de son côté, à cheval et sans domestique. L'un se rendit à la caserne de la rue Royale, l'autre au café de la Régence; là, prière fut faite par eux à deux officiers de les accompagner sur le terrain. Chacun des combattants avait apporté ses armes; les conditions de la rencontre furent réglées, et les adversaires, placés à vingt pas de distance, firent feu l'un sur l'autre; l'un des deux est mort sur le coup, l'autre, dont on ignore le nom, est reparti à l'instant même pour Paris, malgré une blessure grave, la balle de son ennemi lui ayant traversé les chairs de l'épaule.

« Celui des deux qui a succombé se nomme le comte Horace de Beuzeval; on ignore le nom de son adversaire. »

Pauline avait lu cet article, et l'effet qu'il avait produit sur elle avait été d'autant plus grand, qu'aucune précaution ne l'y avait préparée. Depuis mon retour, je n'avais point prononcé le nom de son mari devant elle; et, il y a plus, quoique je sentisse la nécessité de lui faire connaître, un jour ou l'autre, l'accident qui la rendait libre, tout en lui laissant ignorer la cause de sa liberté, je ne m'étais encore arrêté à aucun mode de révélation, bien éloigné que j'étais de penser que les journaux prendraient les devants sur ma prudence et lui annonceraient brutalement et violemment ainsi une nouvelle qui demandait, pour être dite, à elle surtout dont la santé était toujours chancelante, plus de ménagements encore qu'à toute autre femme.

En ce moment le docteur entra; je lui dis qu'une émotion violente venait d'amener chez Pauline une nouvelle crise. Nous remontâmes ensemble chez elle; la malade était toujours évanouie, malgré l'eau qu'on lui avait jetée au visage et les sels qu'on lui avait fait respirer. Le docteur parla de la saigner, et commença les préparatifs de cette opération; alors le courage me manqua, et, tremblant comme une femme, je me sauvai dans le jardin.

Là, je restai une demi-heure à peu près, la tête appuyée dans mes mains et le front brisé par mille pensées qui se heurtaient dans mon esprit. Dans tout ce qui venait de se passer, j'avais suivi passivement le double intérêt de ma haine pour le comte et de mon amitié pour ma sœur; je détestais cet homme du jour où il m'avait enlevé tout mon bonheur en épousant Pauline, et le besoin d'une vengeance personnelle, le désir de rendre le mal physique en échange de la douleur morale m'avait emporté comme malgré moi; j'avais voulu tuer ou être tué, voilà tout. Maintenant que la chose était accomplie, j'en voyais se dérouler toutes les conséquences.

On me frappa sur l'épaule, c'était le docteur. — Et Pauline? m'écriai-je en joignant les mains. — Elle a repris connaissance.

Je me levai pour courir à elle, le docteur m'arrêta. — Écoutez, continua-t-il : l'accident qui vient de lui arriver est grave; elle a besoin avant tout de repos... N'entrez pas dans sa chambre en ce moment. — Et pourquoi cela? lui dis-je. — Parce qu'il est important qu'elle n'éprouve aucune émotion violente. Je ne vous ai jamais fait de question sur votre position vis-à-vis d'elle, je ne vous demande pas de confidence; vous l'appelez votre sœur; êtes-vous ou n'êtes-vous pas son frère, cela ne me regarde point comme homme, mais cela m'importe beaucoup comme médecin. Votre présence, votre voix même, ont sur Pauline une influence visible... Je l'ai toujours remarqué, et tout à l'heure encore, comme je tenais sa main, votre nom seul prononcé accéléra d'une manière sensible le mouvement de son pouls. J'ai défendu que personne entrât dans son appartement aujourd'hui, que moi et ses femmes de chambre; n'allez pas contre mon ordonnance. — Est-ce donc dangereux? m'écriai-je. — Tout est dangereux pour une organisation ébranlée comme l'est la sienne : il aurait fallu que je pusse donner à cette femme un breuvage qui lui fît oublier le passé; il y a en elle quelque souvenir, quelque chagrin, quelque regret qui la dévore. — Oui, oui, répondis-je, rien ne vous est caché, et vous avez tout vu avec les yeux de la science... Non, ce n'est pas ma sœur, non, ce n'est pas ma femme, non, ce n'est pas ma maîtresse; c'est un être angélique que j'aime au-dessus de tout, à qui cependant je ne puis rendre le bonheur, et qui mourra dans mes bras avec sa couronne de vierge et de martyre!... Je ferai ce que vous voudrez, docteur, je n'entrerai que lorsque vous me le permettrez, je vous obéirai comme un enfant; mais quand vous reverrai-je? — Je reviendrai dans la journée... — Et moi, que vais-je faire, mon Dieu?... — Allons, du courage!... Soyez homme... — Si vous saviez comme je l'aime!...

Le docteur me serra la main, je le reconduisis jusqu'à la porte, puis je restai immobile à l'endroit où il m'avait quitté. Enfin je sortis de cette apathie; je montai machinalement les escaliers; je m'approchai de sa porte, et, n'osant pas entrer, j'écoutai. Je crus d'abord que Pauline dormait; mais bientôt quelques sanglots étouffés parvinrent jusqu'à mon oreille, je mis la main sur la clef. Alors je me rappelai ma promesse, et, pour ne pas y manquer, je m'élançai hors de la maison, je sautai dans la première voiture venue, et je me fis conduire à Regent's-Park.

J'errai deux heures à peu près, comme un fou, au milieu des promeneurs, des arbres et des statues; puis je revins. Je rencontrai sur la porte un domestique qui sortait en courant; il allait chercher le docteur; Pauline avait éprouvé une nouvelle crise nerveuse, à la suite de laquelle le délire s'était emparé d'elle. Cette fois je n'y pus pas tenir, je me précipitai dans sa chambre, je me jetai à genoux et je pris sa main qui pendait hors du lit; elle ne parut pas s'apercevoir de ma présence; sa respiration était entrecoupée et haletante, elle avait les yeux fermés, et quelques mots sans suite et sans raison s'échappaient fiévreusement de sa bouche. Le docteur arriva. — Vous ne m'avez pas tenu parole, me dit-il. — Hélas! elle ne m'a pas reconnu! lui répondis-je.

Néanmoins, au son de ma voix, je sentis sa main tressaillir. Je cédai ma place au docteur, il s'approcha du lit, tâta le pouls de la malade et déclara qu'une seconde saignée était nécessaire. Cependant, malgré le sang tiré, l'agitation alla toujours croissant; le soir une fièvre cérébrale s'était déclarée.

Pendant huit jours et huit nuits, Pauline resta en proie à ce délire affreux, ne reconnaissant personne, se croyant toujours menacée et appelant sans cesse à son aide; puis le mal commença à perdre de son intensité, une faiblesse extrême, une prostration complète de forces, succéda à cette exaltation insensée. Enfin, le matin du neuvième jour, en rouvrant les yeux après un sommeil un peu plus tranquille, elle me reconnut et prononça mon nom. Ce qui se passa en moi alors est impossible à décrire; je me jetai à genoux, la tête appuyée contre son lit, et je me mis à pleurer comme un enfant. En ce moment le docteur entra, et, craignant pour elle les émotions, il exigea que je me retirasse; je voulus résister; mais Pauline me serra la main en me disant d'une voix douce : — Allez!...

J'obéis. Il y avait huit jours et huit nuits que je ne m'étais couché, je me mis au lit, et, un peu rassuré sur son état, je m'endormis d'un sommeil dont j'avais presque autant besoin qu'elle.

En effet, la maladie inflammatoire disparut peu à peu, et au bout de trois semaines il ne restait plus à Pauline qu'une grande faiblesse; mais pendant ce temps la maladie chronique dont elle avait déjà été

Néanmoins, au son de ma voix, je sentis sa main tressaillir. — Page 76.

menacée un an auparavant avait fait des progrès. Le docteur nous conseilla le remède qui l'avait déjà guérie, et je résolus de profiter des derniers beaux jours de l'année pour parcourir avec elle la Suisse et de là gagner Naples, où je comptais passer l'hiver. Je fis part de ce projet à Pauline : elle sourit tristement de l'espoir que je fondais sur cette distraction ; puis, avec une soumission d'enfant, elle consentit à tout. En conséquence, vers les premiers jours de septembre, nous partîmes pour Ostende : nous traversâmes la Flandre, remontâmes le Rhin jusqu'à Bâle ; nous visitâmes les lacs de Bienne et de Neuchâtel, nous nous arrêtâmes quelques jours à Genève ; enfin nous parcourûmes l'Oberland, nous franchîmes le Brunig, et nous venions de visiter Altorf, lorsque tu nous rencontras, sans pouvoir nous joindre, à Fluelen, sur les bords du lac des Quatre-Cantons.

Tu comprends maintenant pourquoi nous ne pûmes t'attendre : Pauline, en voyant ton intention de profiter de notre barque, m'avait demandé ton nom, et s'était rappelé t'avoir rencontré plusieurs fois, soit chez madame la comtesse M..., soit chez la princesse Bel... A la seule idée de se retrouver en face de toi, son visage prit une telle expression d'effroi, que j'en fus effrayé, et que j'ordonnai à mes bateliers de s'éloigner à force de rames, quelque chose que tu dusses penser de mon impolitesse.

Pauline se coucha au fond de la barque, je m'assis près d'elle, et elle appuya sa tête sur mes genoux. Il y avait juste deux ans qu'elle avait quitté la France ainsi souffrante et appuyée sur moi. Depuis ce temps, j'avais tenu fidèlement l'engagement que j'avais pris : j'avais veillé sur elle comme un frère, je l'avais respectée comme une sœur, toutes les préoccupations de mon esprit avaient eu pour but de lui épargner une douleur ou de lui ménager un plaisir ; tous les désirs de mon âme avaient tourné autour de l'espérance d'être aimé un jour par elle. Quand on a vécu longtemps près d'une personne, il y a de ces idées qui vous viennent à tous deux en même temps. Je vis ses yeux se mouiller de larmes, elle poussa un soupir, et me serrant la main qu'elle tenait entre les siennes : — Que vous êtes bon ! me dit-elle

Je tressaillis de la sentir répondre aussi complétement à ma pensée. — Trouvez-vous que j'aie fait ce que je devais faire ? lui dis-je. — Oh ! vous avez été pour moi l'ange gardien de mon enfance, qui s'était envolé un instant, et que Dieu m'a rendu sous le nom d'un frère ! — Eh bien ! en échange de ce dévouement, ne ferez-vous rien pour moi ? — Hélas ! que puis-je maintenant pour votre bonheur ? dit Pauline ; vous aimer ?... Alfred, en face de ce lac, de ces montagnes, de ce ciel, de toute cette nature sublime, en face de Dieu qui les a faits, oui, Alfred, je vous aime ! Je ne vous apprends rien de nouveau en vous disant cela. — Oh ! oui, oui, je le sais, lui répondis-je ; mais ce n'est point assez de m'aimer, il faut que votre vie soit attachée à la mienne par des liens indissolubles ; il faut que cette protection, que j'ai obtenue comme une faveur, devienne pour moi un droit.

Elle sourit tristement. — Pourquoi souriez-vous ainsi ? lui dis-je. — C'est que vous voyez toujours l'avenir de la terre, et moi l'avenir du ciel. — Encore !... lui dis-je. — Pas d'illusions, Alfred : ce sont les illusions qui rendent les douleurs amères et inguérissables. Si j'avais conservé quelque illusion, moi, croyez-vous que je n'eusse point fait connaître à ma mère que j'existais encore ? Mais alors il m'aurait fallu quitter encore une seconde fois ma mère et vous, et c'eût été trop. Aussi ai-je eu d'avance pitié de moi-même et me suis-je privée d'une grande joie pour m'épargner une suprême douleur.

Je fis un mouvement de prière. — Je vous aime ! Alfred, me répéta-t-elle : je vous redirai ce mot tant que ma bouche pourra prononcer deux paroles ; ne me demandez rien de plus, et veillez vous-même à ce que je ne meure pas avec un remords...

Que pouvais-je dire, que pouvais-je faire en face d'une telle conviction ? prendre Pauline dans mes bras et pleurer avec elle sur la félicité que Dieu aurait pu nous accorder et sur le malheur que la fatalité nous avait fait.

Nous demeurâmes quelques jours à Lucerne, puis nous partîmes pour Zurich ; nous descendîmes le lac et nous arrivâmes à Pfeffers. Là nous comptions nous arrêter une semaine ou deux ; j'espérais que les eaux thermales feraient quelque bien à Pauline. Nous allâmes visiter la source féconde sur laquelle je basais cette espérance. En revenant, nous te rencontrâmes sur ce pont étroit, dans ce souterrain sombre : Pauline te toucha presque, et cette nouvelle rencontre lui donna une telle émotion, qu'elle voulut partir à l'instant même. Je n'osai insister, et nous prîmes sur-le-champ la route de Constance.

Il n'y avait plus à en douter pour moi-même, Pauline s'affaiblissait d'une manière visible. Tu n'as jamais éprouvé, tu n'éprouveras jamais, je l'espère, ce supplice atroce de sentir un cœur qu'on aime cesser lentement de vivre sous votre main, de compter chaque jour, le doigt sur l'artère, quelques battements fiévreux de plus, et de se dire, chaque fois que, dans un sentiment réuni d'amour et de douleur, on presse sur sa poitrine ce corps adoré, qu'une semaine, quinze jours, un mois encore, peut-être, cette création de Dieu, qui vit, qui pense, qui aime, ne sera plus qu'un froid cadavre sans parole et sans amour !

Quant à Pauline, plus le temps de notre séparation semblait s'approcher, plus on eût dit qu'elle avait amassé pour ces derniers moments les trésors de son esprit et de son âme. Sans doute mon amour poétise ce crépuscule de sa vie ; mais, vois-tu, ce dernier mois qui s'écoula entre le moment où nous te rencontrâmes à Pfeffers et celui où, du haut de la terrasse d'une auberge, tu laissas tomber au bord du lac Majeur ce bouquet d'oranger dans notre calèche, ce dernier mois sera toujours présent à ma pensée, comme a dû l'être à l'esprit des prophètes l'apparition des anges qui leur apportaient la parole du Seigneur.

Nous arrivâmes ainsi à Arona. Là, quoique fatiguée, Pauline semblait si bien renaître aux premières bouffées de ce vent d'Italie, que nous ne nous arrêtâmes qu'une nuit ; car tout mon espoir était maintenant de gagner Naples. Cependant le lendemain elle était tellement souffrante, qu'elle ne put se lever que fort tard, et qu'au lieu de continuer notre route en voiture je pris un bateau pour atteindre Sesto-Calende. Nous nous embarquâmes vers les cinq heures du soir. A mesure que nous nous approchions, nous voyions aux derniers rayons tièdes et dorés du soleil la petite ville, couchée au pied des collines, et sur ces collines ses délicieux jardins d'orangers, de myrtes et de lauriers-roses. Pauline les regardait avec un ravissement qui me rendit quelque espoir que ses idées étaient moins tristes. — Vous pensez qu'il serait bien doux de

vivre dans ce délicieux pays? lui demandai-je. —
Non, répondit-elle : je pense qu'il serait moins douloureux d'y mourir. J'ai toujours rêvé les tombes
ainsi, continua Pauline, placées au milieu d'un
beau jardin embaumé, entourées d'arbustes et de
fleurs. On ne s'occupe pas assez, chez nous, de la
dernière demeure de ceux qu'on aime : on pare
leur lit d'un jour, et on oublie leur couche de l'é-
ternité!... Si je mourais avant vous, Alfred, reprit-
elle en souriant, après un moment de silence, et
que vous fussiez assez généreux pour continuer à
la mort les soins de la vie, je voudrais que vous
vous souvinssiez de ce que je viens de vous dire. —
Oh! Pauline! Pauline! m'écriai-je en la prenant
dans mes bras et en la serrant convulsivement contre mon cœur, ne me parlez pas ainsi, vous me tuez.
— Eh bien! non, me répondit-elle; mais je voulais vous dire cela, mon ami, une fois pour toutes;
car je sais qu'une fois que je vous l'aurai dit vous
ne l'oublierez jamais. Non, vous avez raison, ne parlons plus de cela... D'ailleurs, je me sens mieux;
Naples me fera du bien. Il y a longtemps que j'ai
envie de voir Naples... — Oui, continuai-je en l'interrompant, oui, nous y serons bientôt. Nous pren-
drons pour cet hiver une petite maison à Sorrente
ou à Résina; vous y passerez l'hiver, réchauffée au
soleil, qui ne s'éteint pas; puis, au printemps,
vous reviendrez à la vie avec toute la nature...
Qu'avez-vous? mon Dieu!... — Oh! que je souffre!
dit Pauline en se roidissant et en portant sa main
à sa poitrine. Vous le voyez, Alfred, la mort est
jalouse même de nos rêves, et elle m'envoie la douleur pour sous réveiller!...

Nous demeurâmes en silence jusqu'au moment où
nous abordâmes. Pauline voulut marcher; mais elle
était si faible, que ses genoux plièrent. Il commençait à faire nuit; je la pris dans mes bras et je la
portai jusqu'à l'hôtel

Je me fis donner une chambre près de la sienne.
Depuis longtemps il y avait entre nous quelque
chose de saint, de fraternel et de sacré qui faisait
qu'elle s'endormait sous mes yeux comme sous ceux
d'une mère. Puis, voyant qu'elle était plus souffrante que je ne l'avais vue encore, et désespérant
de pouvoir continuer notre route le lendemain, j'en-
voyai un exprès en poste dans ma voiture pour aller chercher à Milan et ramener à Sesto le docteur
Scarpa.

Je remontai près de Pauline : elle était couchée;
je m'assis au chevet de son lit. On eût dit qu'elle
avait quelque chose à me demander et qu'elle
n'osait le faire. Pour la vingtième fois, je surpris
son regard fixé sur moi avec une expression inouïe
de doute. — Que voulez-vous? lui dis-je; vous désirez m'interroger, et vous n'osez pas le faire. Voilà
déjà plusieurs fois que je vous vois me regarder
ainsi : ne suis-je pas votre ami, votre frère? — Oh!
vous êtes bien plus que tout cela, me répondit-elle,

et il n'y a pas de nom pour dire ce que vous êtes.
Oui, oui, un doute me tourmente, un doute horrible!
Je l'éclaircirai plus tard... dans un moment où vous
n'oserez pas me mentir; mais l'heure n'est pas
encore venue. Je vous regarde pour vous voir le
plus possible... je vous regarde, parce que je vous
aime!

Je pris sa tête et je la posai sur mon épaule.
Nous restâmes ainsi une heure à peu près, pendant
laquelle je sentis son souffle haletant mouiller ma
joue, et son cœur bondir contre ma poitrine. Enfin
elle m'assura qu'elle se sentait mieux et me pria de
me retirer. Je me levai pour lui obéir, et, comme
d'habitude, j'approchais ma bouche de son front
lorsqu'elle me jeta les bras autour du cou, et appuyant ses lèvres sur les miennes : — Je t'aime!
murmura-t-elle dans un baiser; et elle retomba la tête
sur son lit. Je voulus la prendre dans mes bras;
mais elle me repoussa doucement, et sans rouvrir les
yeux : — Laisse-moi, mon Alfred, me dit-elle; je
t'aime!... je suis bien... je suis heureuse!...

Je sortis de la chambre; je n'aurais pas pu y rester dans l'état d'exaltation où ce baiser fiévreux
m'avait mis. Je rentrai chez moi; je laissai la porte
de communication entr'ouverte, afin de courir près
de Pauline au moindre bruit; puis, au lieu de me
coucher, je me contentai de mettre bas mon habit,
et j'ouvris la fenêtre pour chercher un peu de fraî-
cheur.

Le balcon de ma chambre donnait sur ces jardins
enchantés que nous avions vus du lac en nous approchant de Sesto. Au milieu des touffes de citron-
niers et des massifs de lauriers-roses, quelques statues debout sur leurs piédestaux se détachaient aux
rayons de la lune, blanches comme des ombres. A
force de fixer les yeux sur une d'elles, ma vue se
troubla, il me sembla la voir s'animer et qu'elle me
faisait signe de la main en me montrant la terre.
Bientôt cette illusion fut si grande, que je crus
m'entendre appeler, je portai mes deux mains à
mon front, car il me semblait que je devenais fou.
Mon nom, prononcé une seconde fois d'une voix
plus plaintive, me fit tressaillir; je rentrai dans ma
chambre et j'écoutai; une troisième fois mon nom
arriva jusqu'à moi, mais plus faible. La voix venait
de l'appartement à côté, c'était Pauline qui m'appelait, je m'élançai dans sa chambre.

C'était bien elle... elle, expirante, et qui n'avait
pas voulu mourir seule, et qui, voyant que je ne lui
répondais pas, était descendue de son lit pour me
chercher dans son agonie, elle était à genoux sur
le parquet... Je me précipitai vers elle, voulant la
prendre dans mes bras, mais elle me fit signe
qu'elle avait quelque chose à me demander... Puis,
ne pouvant parler et sentant qu'elle allait mourir,
elle saisit la manche de ma chemise, l'arracha avec
ses mains, mit à découvert la blessure à peine refermée que trois mois auparavant m'avait faite la balle

du comte Horace, et, me montrant du doigt la cicatrice, elle poussa un cri, se renversa en arrière et ferma les yeux.

Je la portai sur son lit, et je n'eus que le temps d'approcher mes lèvres des siennes pour recueillir son dernier souffle et ne pas perdre son dernier soupir.

La volonté de Pauline fut accomplie; elle dort dans un de ces jardins qui dominent le lac, au milieu du parfum des orangers et sous l'ombrage des myrtes et des lauriers-roses. — Je le sais, répondis-je à Alfred, car je suis arrivé à Sesto quatre jours après que tu l'avais quitté; et, sans savoir qui elle renfermait, j'ai été prier sur sa tombe.

FIN.

J.A. BÉAUCÉ   PISAN.

AVENTURES DE LYDERIC

PAR

ALEXANDRE DUMAS

I

'origine des comtes de Flandre remonterait, s'il faut en
croire la chronique, à l'an
640 : comme toute grande
puissance, son berceau est
entouré de ces traditions
mystérieuses familières à
tous les peuples et qui se
sont perpétuées depuis Sémiramis, la fille des co-
lombes, jusqu'à Rémus et Romulus, les nourrissons
de la louve. Voici, au reste, cette tradition dans
toute sa simplicité :

Vers la fin de l'an 628, Boniface V étant pape à
Rome et Clotaire régnant sur l'empire des Francs,
Salwart, prince de Dijon, revenant, avec sa femme
Ermengarde, de faire baptiser dans une église très-
vénérée, Lyderic, leur fils premier-né, traversait la
forêt de Sans-Merci, que l'on appelait ainsi à cause

des brigandages qu'y exerçait Phinard, prince de Buck. Malgré la mauvaise réputation du lieu, Salwart, comptant sur son courage, n'avait autour de lui, pour toute suite, que quatre serviteurs, lorsque, arrivés vers la fin du jour à un endroit très-épais et très-sombre de la forêt, il fut attaqué par une troupe d'une vingtaine d'hommes, commandée par un chef qu'à sa taille gigantesque il lui fut facile de reconnaître pour le prince de Buck. Malgré la disproportion du nombre, il ne résolut pas moins de combattre, non point qu'il eût l'espérance de sauver sa vie, mais parce que pendant le combat il espérait que sa femme et son enfant auraient le temps de fuir. En effet, comme la nuit, ainsi que nous l'avons dit, commençait à se faire sombre, Ermengarde se laissa glisser au bas de son cheval et s'enfonça dans la forêt. Confiante alors dans la providence de Dieu, et voulant accomplir autant qu'il était en elle ses devoirs de mère et d'épouse, elle cacha son enfant au milieu d'un buisson, qui poussait proche d'une fontaine appelée encore aujourd'hui le Saulx, à cause des grands saules qui l'ombrageaient; puis, après l'avoir recommandé à Dieu dans une ardente prière, elle revint vers l'endroit de la forêt où elle avait quitté son mari, afin, vivant ou mort, libre ou prisonnier, de partager le sort qu'il avait plu au Seigneur de lui faire.

En arrivant au lieu du combat, elle trouva huit corps morts étendus par terre. Comme la lune venait de se lever, elle put en examiner les visages, reconnaître que c'étaient ceux de ses quatre serviteurs et probablement ceux de quatre assaillants ; mais en aucun des trépassés elle ne reconnut son mari : il était donc à coup sûr prisonnier, car elle connaissait trop le noble comte de Salwart pour penser un seul instant qu'il avait fui. Au même instant, elle aperçut, à la lueur des torches qui l'escortaient, un convoi qui s'avançait dans la direction d'un château fort, qui avait été autrefois une citadelle romaine ; et, comme elle reconnut dans la haute stature de l'homme qui le précédait à cheval le chef de la troupe qui les avait attaqués, elle ne fit plus de doute que ce convoi n'emmenât son mari. Or, comme elle avait décidé que sa place à elle était près du comte, elle hâta le pas et rejoignit le cortége. Elle ne s'était point trompée : le comte, mortellement blessé, était couché sur un brancard. Les soldats s'écartèrent pour faire place à cette femme déjà à demi veuve, et de Buck, enchanté d'avoir deux prisonniers au lieu d'un, continua sa route vers son château, où l'on arriva après une demi-heure de marche à peu près.

Dans la nuit, le comte mourut en priant pour son fils. La comtesse resta prisonnière.

Dès le lendemain, le prince de Buck offrit à la comtesse de Salwart de racheter sa liberté au prix de ses États, ou du moins d'une partie. Mais la comtesse pensa que tels elle les avait reçus de ses pè-

res, tels elle devait les conserver à son enfant, et refusa toute négociation, disant au prince de Buck que, comme son mari et elle étaient comtes souverains, ayant reçu leurs biens de Dieu, c'était à Dieu seul à disposer de leurs biens. Le prince de Buck ordonna alors de resserrer encore la captivité de la comtesse, espérant qu'elle se lasserait de sa prison, et qu'il obtiendrait du temps ce qu'il voyait bien qu'il ne pourrait obtenir de la menace et de la violence. Il reprit donc ses brigandages dans la forêt Sans-Merci, et Ermengarde continua de prier près de la tombe du comte.

Il y avait dans la forêt, et non loin de l'endroit où avait eu lieu le combat, un ermitage très-vénéré habité par un vieil anachorète, qui avait fait force miracles dans son temps, mais qui commençait à se reposer, voyant l'espèce humaine devenir de jour en jour plus mauvaise et ne la jugeant plus digne des célestes spectacles qu'il aurait pu lui donner; aussi demeurait-il pour la plupart du temps retiré dans le fond de sa grotte, où il ne vivait que du lait d'une biche qui, trois fois par jour, venait lui présenter sa mamelle. L'ermite buvait une partie de ce lait et faisait cailler l'autre; de sorte que, avec quelques racines qu'il arrachait de terre aux environs de sa grotte, il se trouvait avoir des provisions suffisantes : grâce à cette frugalité, il y avait plus de cinq ans qu'il n'avait mis le pied dans aucune ville ni dans aucun village.

Or, il arriva qu'un jour le bon vieillard s'aperçut que sa biche ne revenait à lui que la mamelle à moitié pleine, si bien que ce jour-là il eut encore du lait pour boire, mais n'en eut point à faire cailler : il attribua cette cause à quelque accident naturel qui disparaîtrait sans doute comme il était venu, et attendit au lendemain.

Le lendemain, il trouva sa mesure encore diminuée, et non-seulement il n'en eut pas pour faire cailler, mais encore à peine en eut-il pour boire. Le bon ermite prit patience, espérant toujours que les choses changeraient, et cela était d'autant plus probable, que sa biche paraissait mieux portante que jamais, et avait un air joyeux qui faisait plaisir à voir.

Mais, le surlendemain, la chose continuait d'aller de mal en pis : la pauvre biche ce jour-là avait la mamelle si sèche, que l'ermite, qui n'avait plus même de lait pour boire, fut obligé de sortir de sa grotte pour aller chercher de l'eau. Il profita en même temps de la circonstance pour faire provision de racines, car depuis deux jours il était à la diète, et son ordinaire était déjà si peu de chose, que, quelque peu qu'on en retranchât, le jeûne devenait par trop rigoureux pour être supporté.

Le jour d'après, la biche revint la mamelle parfaitement vide.

Pour cette fois, il n'y avait pas à s'y tromper : quelque voleur se trouvait sur la route de la bonne pourvoyeuse et interceptait les vivres du pauvre anachorète. Cependant, avant de concevoir un si terrible soupçon contre son prochain, le vieillard résolut de s'en assurer, et, le matin du cinquième jour, comme la biche venait ainsi que d'habitude lui faire sa visite, il ferma la porte sur elle.

Toute la journée, la biche parut fort inquiète, allant de l'ermite à la porte de l'ermitage, et de la porte de l'ermitage à l'ermite; le tout en bramant d'une façon si lamentable, que le vieillard vit bien qu'il se passait quelque chose d'étrange. Pendant ce temps, au reste, sa mamelle se remplissait comme aux jours de sa plus grande abondance, et l'ermite fut obligé de la traire trois fois. Il était donc bien évident que le défaut de lait qu'il avait trouvé chez elle depuis quelques jours ne devait pas être attribué à la stérilité.

Le soir, l'ermite entr'ouvrit la porte pour se chauffer, comme c'était son habitude, aux derniers rayons du soleil couchant; mais, quelque précaution qu'il eût prise en ouvrant la porte pour retenir la biche prisonnière, celle-ci, dès qu'elle vit une ouverture, s'élança si violemment, qu'elle renversa le vieillard, et, se trouvant libre, s'élança joyeuse et bondissante dans la forêt.

L'ermite se releva en secouant la tête; il connaissait sa biche et la savait incapable de se porter à un pareil acte de violence, même pour recouvrer sa liberté, car quelquefois, étant tombé malade, il l'avait vue des jours entiers rester couchée près de lui, ne sortant que pour brouter l'herbe et revenant aussitôt. Il comprit donc qu'il y avait là-dessous quelque mystère, et que ce mystère était tout autre chose que ce qu'il avait soupçonné d'abord.

Le jour suivant, sa conviction redoubla quand il ne vit point revenir la biche : c'était la première fois depuis cinq ans que le fidèle animal manquait à ses habitudes. Le bon ermite attendit; mais toute la journée se passa sans que la biche reparût.

Le lendemain, le vieillard commença de craindre qu'il ne fût arrivé malheur à sa compagne. Aussi, dès le point du jour, alla-t-il ouvrir sa porte; mais alors il la vit qui broutait à quelques pas de l'ermitage; en l'apercevant, la biche manifesta par quelques bonds joyeux le plaisir qu'elle avait à le revoir; mais ce fut tout, car elle ne fit pas un pas vers l'ermitage. L'anachorète l'appela; à sa voix, fût-elle à cinq cents pas de distance, elle avait l'habitude d'accourir; mais, cette fois, elle se contenta de tourner la tête de son côté en dressant les oreilles. L'ermite fit alors quelques pas vers elle; mais elle s'éloigna à mesure qu'elle le vit s'avancer. Il était

évident qu'elle lui gardait rancune de sa captivité de la veille, et qu'elle ne voulait pas s'y exposer une seconde fois.

Ce langage mimique était trop clair pour que le vieillard ne le comprît pas : il résolut donc de pénétrer les causes du changement de la biche à son égard; et comme, vers le midi, elle cessa de paître et parut manifester l'intention de s'enfoncer dans la forêt, l'ermite, de son côté, prit la résolution de la suivre. Ce qu'il fit en effet, secondé par la complaisance de l'animal, qui, comme s'il eût compris l'intention du vieillard, continua de marcher joyeusement par sauts et par bonds, mais sans jamais s'éloigner assez de lui pour qu'il la perdît de vue.

La biche conduisit ainsi le vieillard dans une charmante vallée toute plantée de saules qui trempaient l'extrémité de leurs longues branches pleurantes dans un petit ruisseau dont l'ermite connaissait la source pour s'y être souvent désaltéré. Arrivé à quelques pas de cette source, la biche fit trois ou quatre bonds et disparut. Le vieillard hâta le pas et arriva à l'endroit où il l'avait perdue de vue : là, il s'arrêta, regardant autour de lui sans rien voir autre chose qu'un gros buisson, sur lequel chantait un rossignol. Bientôt, au milieu de ce buisson, il entendit bramer doucement; il s'approcha alors avec précaution et aperçut la biche couchée et allaitant un petit garçon de trois ou quatre mois, qui pressait ses mamelles avec ses petites mains. Le voleur était trouvé.

Le vieillard tomba à genoux et loua Dieu. Puis, ne voulant pas laisser la faible créature exposée aux animaux féroces auxquels elle avait échappé jusqu'alors comme par miracle, il la prit entre ses bras, et, l'enveloppant dans un pan de sa robe, il l'emporta dans son ermitage.

La biche les accompagna, regardant l'enfant et léchant les mains du vieillard.

Le vieillard appela l'enfant Lyderic en mémoire du rossignol qui chantait sur le buisson où il l'avait trouvé : *lieder* voulant dire en vieil allemand : joyeux chansonnier.

On devine qu'à compter de ce jour le bon anachorète vécut d'eau et de racines, laissant à son nourrisson tout le lait de la biche : aussi le nourrisson venait-il gros et fort que c'était merveille; à huit mois se tenait debout sur ses pieds, et, à dix, il commençait à parler.

L'ermite lui apprit à lire dans la Bible. Mais de toutes les histoires que contenait le livre saint, celles qui lui plaisaient davantage étaient l'histoire de Nemrod, de Samsom et de Judas Machabée.

Il aperçut la biche couchée et allaitant un petit garçon de trois ou quatre mois. — PAGE 3.

II

Aussi, dès qu'il put courir, l'enfant se fit-il une fronde et un arc; et bientôt son adresse fut telle, que, si éloigné et si petit que fût le but, il était sûr de l'atteindre avec sa flèche et avec sa pierre.

Ses forces croissaient en proportion de son adresse. A huit ans il était fort comme un homme ordinaire, et à dix, comme il se promenait un jour, ainsi que c'était son habitude, avec sa bonne nourrice, qui commençait à se faire vieille, un loup affamé se jeta sur elle; mais lui se jeta sur le loup et il l'étouffa entre ses bras. Puis de sa peau il se fit un vêtement, comme il avait vu, dans les gravures bysantines de la Bible du vieil ermite, que Samson s'en était fait un de la dépouille du lion.

Il s'assit en pleurant près de la tombe.

Comme il ne se servait de sa fronde et de son arc que contre les oiseaux de proie ou les animaux de carnage, tout ce qui était faible l'aimait et lui faisait fête : les lapins couraient devant lui, les chevreuils le suivaient comme s'il eût été le berger de leur troupeau sauvage, et les oiseaux volaient au-dessus de sa tête en lui chantant leurs plus mélodieuses chansons; et, parmi les oiseaux, les rossignols surtout, dont il y avait tous les ans un nid sur le buisson où il avait été trouvé, si bien que leur langage, inintelligible pour les autres, était compréhensible pour lui, et qu'il entendait tout ce qu'ils disaient.

Le vieil ermite voyait cela en pleurant de joie et en disant que le jeune homme était béni de Dieu.

Le premier chagrin qu'eut Lyderic fut causé par la mort de sa bonne biche : l'enfant ne savait point ce que c'était que la mort. Le vieillard le lui expliqua; mais l'explication, au lieu de le consoler, le rendit plus triste encore. Il creusa une fosse pour elle, la recouvrit de terre et de gazon, puis il s'assit en pleurant près de la tombe.

Alors un rossignol se mit à chanter au-dessus de sa tête :

« Tout vient de Dieu, tout retourne à Dieu, l'éphémère en une seconde, l'insecte en une heure, la rose en un jour, le papillon en six mois, le rossignol en un lustre, la biche en quinze ans et l'homme en un siècle, — et depuis l'éphémère qui a vécu une seconde jusqu'à l'homme qui a vécu un siècle, une fois mort, il semblera à l'éphémère, à l'insecte, au rossignol, à la biche et à l'homme, qu'ils auront vécu le même temps, car ils n'auront plus d'autre horloge que celle de l'éternité, dont un battement dit : — jamais, — et l'autre battement : toujours.

« Dieu est immortel, — louons Dieu. »

Et le rossignol se mit alors à chanter, toujours dans son langage, un cantique si plein de foi, que Lyderic leva son regard au ciel, et qu'un rayon de soleil sécha les larmes qui coulaient de ses yeux : l'enfant était consolé.

Cependant la consolation n'est pas l'oubli : l'une est la fille de la foi, l'autre est le fils de l'égoïsme. Tous les jours Lyderic venait rendre visite à la tombe de la biche, sur laquelle poussaient des fleurs, et autour de laquelle chantaient les oiseaux. Peu à peu le gazon qui la couvrait se confondit avec le gazon voisin : à la fin de l'année, à peine s'il pouvait reconnaître la place. L'hiver vint, la terre se couvrit de neige; puis le printemps reparut à son tour, étendant sur la terre son tapis d'herbe tout brodé de fleurs; la nature était plus belle que jamais; mais tout vestige du tombeau de la pauvre biche avait disparu, et il fut impossible à Lyderic de retrouver même sa place.

Tandis qu'il la cherchait, courbé vers la terre, le rossignol chanta :

« Cherche, Lyderic, cherche; mais tu chercheras vainement. Le monde n'est formé que de débris humains; chaque atome de poussière a appartenu à un être animé : si toute fosse ne s'affaissait d'elle-même, la terre aurait plus de vagues que l'Océan, et l'homme ne trouverait pas de place pour sa tombe entre la tombe de ses pères et celle de ses fils. »

Lorsque Lyderic eut atteint l'âge de quinze ans, le vieil anachorète commença de lui apprendre l'histoire : c'était un ancien clerc fort savant, tout à fait versé dans les langues anciennes, de sorte que les temps païens lui étaient familiers. Il résulta de ces connaissances qu'à ses trois héros bibliques Lyderic ne tarda point d'ajouter Alexandre, Annibal et César. Il lui apprit ensuite comment ce monde romain, si vaste qu'au delà de ses frontières on ne connaissait que déserts inhabités ou mers innavigables, s'était un jour lézardé par le milieu, si bien que de chacun de ses deux morceaux on en avait fait un empire. Il lui raconta comment les nations asiatiques, poussées par la voix de Dieu, s'étaient tout à coup répandues sur l'Europe pour rajeunir, de leur sang barbare, le corps corrompu de la vieille civilisation, et comment à cette heure même ils accomplissaient leur œuvre régénératrice, les Visigoths en Espagne, les Lombards en Italie et les Francs dans les Gaules. Ces récits mêlés de combats et de guerre avaient pour Lyderic un tel charme, qu'il était rare que le vieillard eût besoin de répéter deux fois la même histoire pour que cette histoire se fixât dans son esprit. Il en résulta qu'à l'âge de dix-huit ans Lyderic, dont la double éducation physique et morale était accomplie, était, quoiqu'il n'eût point quitté sa forêt nourricière, un des hommes les plus forts et les plus savants, non-seulement du royaume des Francs, mais encore du monde tout entier.

Alors, comme s'il n'eût attendu que ce moment pour terminer sa longue et sainte carrière, le digne anachorète, qui venait d'atteindre sa centième année, tomba malade; et, sentant que sa fin approchait, après avoir raconté à Lyderic tout ce qu'il savait sur son compte, lui remit un chapelet auquel pendait une médaille de la Vierge, et qui, étant roulé autour de son cou le jour où il l'avait trouvé, était le seul signe à l'aide duquel il pût reconnaître ses parents; puis il le laissa libre de vivre dans la retraite comme il avait vécu jusqu'alors, ou d'entrer dans le monde, certain que, quelque voie que le pieux jeune homme suivît, cette voie lui serait tracée par le doigt du Seigneur.

Puis, ce dernier soin accompli, il alla rendre compte à Dieu d'un siècle tout entier consacré à son service.

Ce fut la seconde grande douleur de Lyderic : si certain qu'il fût que le digne vieillard était à cette heure au rang des élus, tout en glorifiant sa mémoire, il n'en pleurait pas moins sa perte. Pendant toute la journée et toute la nuit il pria près de lui, afin qu'il veillât sur lui du haut du ciel, comme il avait l'habitude de faire sur la terre; et, le jour venu, il le coucha dans la fosse que le vieil ermite s'était creusée lui-même, et sur la fosse il planta un jeune marronnier, afin que la tombe de son père ne fût point perdue comme celle de sa nourrice.

Puis, ces derniers devoirs accomplis, se croyant seul sur la terre, Lyderic s'assit au pied de l'arbre qu'il venait de planter, incertain s'il devait, comme l'ermite, passer sa vie dans ce petit coin du monde, inconnu et priant, ou s'il devait, comme les autres hommes, se mettre à la poursuite de ces deux fantômes aux pieds légers, qu'on appelle la gloire et la fortune.

Comme son esprit flottait irrésolu d'un désir à l'autre, le rossignol vint se reposer sur l'arbre qu'avait planté Lyderic et se mit à chanter :

« Il y a deux choses sacrées dans le monde entre les choses sacrées, c'est la tombe d'un père et la vieillesse d'une mère. Il est un devoir à accomplir entre tous les devoirs, c'est celui qui prescrit à l'enfant de fermer les yeux qui ont vu s'ouvrir les siens. »

Lyderic comprit le conseil que lui donnait le rossignol, et, ayant coupé un jeune chêne pour s'en faire un bâton de voyage, il se mit en route sans inquiétude, certain qu'il trouverait partout des racines pour apaiser sa faim et une source pour étancher sa soif.

Lyderic marcha trois jours sans trouver la fin de la forêt, puis, vers le matin du quatrième jour, ayant entendu des coups de marteau, il se dirigea vers le bruit. Bientôt un nouveau guide vint à son secours, c'était la fumée qui s'élevait au-dessus des arbres. Lyderic doubla le pas, et, au bout d'un instant, il se trouva près d'une forge immense dans laquelle s'agitaient, comme dans un enfer, une douzaine de forgerons qui obéissaient aux ordres d'un homme qui paraissait leur chef. Au-dessus de la porte de la forge était une enseigne avec ces mots: Maître Mimer, armurier.

Lyderic s'arrêta un instant derrière un arbre: c'était la première fois qu'il allait se trouver en contact avec les hommes, et il était défiant comme un jeune daim. Pendant qu'il était là, il vit un beau chevalier qui arrivait à cheval, vêtu d'une armure complète, moins une épée. Parvenu devant la porte de maître Mimer, il descendit de son cheval, en jeta la bride aux mains de son écuyer et entra dans la forge. Maître Mimer ouvrit alors une armoire et présenta au chevalier une magnifique épée : celui-ci la lui paya en pièces d'or, puis, s'étant remis en selle, il continua son chemin et disparut.

A la vue de cette épée, l'envie prit à Lyderic d'en avoir une pareille.

III

omme Lyderic n'avait pas d'or pour acheter l'épée qu'il convoitait, il résolut de s'en forger une lui-même. Alors, s'approchant de la forge :

— Maître, dit-il en s'adressant à Mimer, je voudrais bien une épée comme celle que tu viens de vendre à ce chevalier; mais, comme je n'ai ni or ni argent pour l'acheter, il faut que tu me permettes de la faire moi-même à ta forge et avec tes marteaux; j'y travaillerai deux heures par jour; le reste de mon temps sera à toi, et, en échange de ce temps, tu me donneras une barre de fer : le reste me regarde.

A cette demande étrange et à la vue de cet enfant sans barbe, les compagnons se mirent à rire,

Il frappa un si rude coup sur l'enclume, qu'elle s'enfonça d'un demi-pied dans la terre.

et maître Mimer, le regardant par-dessus son épaule :

— J'accepte ta proposition, lui dit-il; mais encore faut-il que je sache si tu as la force de lever un marteau.

Lyderic sourit, entra dans la forge, prit la masse la plus pesante, et, la faisant voltiger d'une seule main autour de sa tête, comme un enfant aurait fait d'un maillet en bois, il en frappa un si rude coup sur l'enclume, que l'enclume s'enfonça d'un demi-pied dans la terre; et, avant que maître Mimer et ses compagnons fussent revenus de leur surprise, il

avait frappé trois autres coups avec la même force et le même résultat, si bien que l'enclume était prête à disparaître.

— Et maintenant, dit Lyderic en reposant sa masse, croyez-vous, maître Mimer, que je suis digne d'être votre apprenti?

Maître Mimer était stupéfait : il s'approcha de l'enclume, pouvant à peine croire ce qu'il avait vu, et essaya de l'arracher de terre; mais, voyant qu'il ne pouvait y parvenir, il ordonna à ses compagnons de l'aider : les compagnons aussitôt se mirent à l'œuvre, mais tous leurs efforts furent inutiles;

Aussitôt commença un combat terrible. — Page 11.

alors on alla chercher des leviers, des cordes et un cabestan; mais ni cabestan, ni cordes, ni leviers, ne la purent faire bouger d'une ligne. Ce que voyant Lyderic, il prit pitié du mal que se donnaient ces pauvres gens; et, leur ayant fait signe de s'écarter, il s'approcha de l'enclume à son tour et l'arracha avec la même facilité qu'un jardinier eût fait d'une rave.

Maitre Mimer n'avait garde de refuser un tel compagnon, car il avait mesuré du premier coup de quel secours il lui pouvait être; en conséquence, il se hâta de dire à Lyderic qu'il acceptait les conditions qu'il lui avait proposées, tant il craignait que celui-ci ne se repentit d'avoir été si facile et ne lui en demandât d'autres. Mais, comme on le pense bien, Lyderic n'avait qu'une parole, et, à l'instant même, il fut installé chez maitre Mimer, avec le titre de treizième compagnon.

Tout alla à merveille : Lyderic choisit la barre de fer qui lui convenait, et, tout en s'acquittant fidèlement des obligations contractées avec maitre Mimer, grâce aux deux heures qu'il s'était réservées chaque jour, sans leçons, sans enseignement, rien qu'en imitant ce qu'il voyait faire, il parvint en six semaines à se forger la plus belle et la plus puissante épée qui fût jamais sortie des ateliers de maître Mimer. Elle avait près de six pieds de long, la poignée et la lame étaient faites d'un même morceau; la lame était si fortement trempée, qu'elle tranchait le fer comme une autre eût tranché le bois, et la poignée, si délicatement finie, qu'on eût dit, non pas l'ouvrage d'un homme, mais l'œuvre des génies.

Lyderic l'appela Balmung.

Quand maître Mimer vit cette belle épée, il en fut jaloux; car il pensa qu'adroit et fort comme était Lyderic, il pourrait lui faire un grand tort s'il lui prenait envie de s'établir dans le canton: ce fut bien pis quand Lyderic lui demanda à rester chez lui encore trois autres mois pour se forger le reste de l'armure, convaincu qu'il était que les chevaliers qui verraient ce qui sortait de la main du compagnon ne voudraient plus de ce que faisait le maître. Aussi, tout en faisant semblant d'accepter aux mêmes conditions ce prolongement d'apprentissage, chercha-t-il les moyens de se débarrasser de Lyderic. En ce moment, son premier compagnon, nommé Hagen, qui craignait que le nouveau venu ne prît sa place, s'approcha de Mimer:

— Maître, lui dit-il, je sais à quoi vous pensez: envoyez Lyderic faire du charbon dans la Forêt-Noire, et il sera immanquablement dévoré par le dragon.

En effet, il y avait alors dans la Forêt-Noire un dragon monstrueux qui avait déjà dévoré mainte et mainte personne; si bien que nul n'osait plus passer dans la forêt. Mais Lyderic ignorait cela, n'ayant jamais quitté la grotte du bon anachorète.

Mimer trouva le conseil bon, et dit à Lyderic ·

— Lyderic, le charbon commence à nous manquer: il serait bon que tu allasses dans la Forêt-Noire et que tu renouvelasses notre provision.

— C'est bien, maître, dit Lyderic, j'irai demain.

Le soir, Hagen s'approcha de Lyderic et lui donna le conseil d'aller faire son charbon à un endroit appelé le Rocher qui pleure, lui disant que c'était là où il trouverait les chênes les plus beaux et les hêtres les plus forts: Hagen lui indiquait cet endroit, parce que c'était celui où se tenait habituellement le dragon. Lyderic, sans défiance, se fit bien expliquer le chemin par Hagen, et résolut d'aller le lendemain faire son charbon à la place qu'on lui avait désignée.

Le lendemain, comme il allait partir, le plus jeune des compagnons monta à sa chambre: c'était un bel enfant à la figure ronde et enjouée, aux longs cheveux blonds et aux beaux yeux bleus, nommé Peters, qui était aussi bon que les autres compagnons étaient méchants. Aussi, comme il était le dernier, avait-il eu beaucoup à souffrir de ses camarades jusqu'au moment où Lyderic était entré dans la forge; car, de ce moment, Lyderic s'était constitué son défenseur, et personne, dès lors, n'avait plus osé lui rien dire, ni lui faire aucun mal.

Peters venait dire à Lyderic de ne point aller à la forêt parce qu'il y avait un dragon; mais Lyderic se mit à rire, et, tout en remerciant Peters de sa bonne intention, il ne s'apprêta pas moins à partir pour la forêt, mais toutefois après avoir pris Balmung, qu'il eût laissée sans doute s'il n'eût été averti. Maître Mimer lui demanda alors pourquoi il prenait son épée: Lyderic lui répondit que c'était pour couper les chênes et les hêtres dont il comptait faire son charbon. Puis, s'étant informé une seconde fois à Hagen du chemin qui conduisait au Rocher qui pleure, il se mit en route joyeusement.

En arrivant au bord de la Forêt-Noire, Lyderic, qui craignait de se tromper, demanda à un paysan le chemin du Rocher qui pleure. Le paysan, croyant que Lyderic ignorait le danger qu'il y avait à s'approcher de cet endroit, lui dit qu'il se trompait sans doute; que le rocher servait de caverne à un dragon qui avait dévoré déjà plus de mille personnes. Mais Lyderic répondit qu'il avait du charbon à faire en cet endroit, parce qu'on lui avait dit que c'était celui où il trouverait les chênes les plus beaux et les plus forts; que, quant au dragon, s'il osait se montrer, il lui couperait la tête avec Balmung.

Le paysan, convaincu que Lyderic était fou, lui indiqua la route qu'il demandait, puis se sauva à toutes jambes en faisant le signe de la croix.

Lyderic entra dans le bois, et, lorsqu'il eut marché une heure à peu près dans la direction que lui avait indiquée le paysan, il reconnut à la beauté des chênes et à la force des hêtres qu'il devait approcher de la retraite du dragon. En outre, la terre était tellement semée d'ossements humains, qu'on ne savait où poser le pied pour ne point marcher dessus. En effet, ayant fait quelques pas encore, il aperçut une énorme pierre, au bas de laquelle était l'ouverture d'une caverne. Comme cette pierre était toute mouillée par une source qui suintait le long de sa paroi, Lyderic reconnut la Roche qui pleure.

Lyderic pensa que le plus pressé était d'exécuter d'abord les ordres de maître Mimer. En conséquence, il se mit à faire choix d'un emplacement pour établir son fourneau; puis, ce choix fait, il frappa si rudement avec Balmung sur les arbres qui l'entouraient, qu'en moins d'un quart d'heure il eut construit un énorme bûcher. Le bûcher construit, Lyderic y mit le feu.

Cependant, aux premiers coups qui avaient retenti dans la forêt, le dragon s'était éveillé et avait allongé la tête jusqu'à l'entrée de sa caverne. Lyderic avait vu cette tête qui le regardait avec des yeux flamboyants; mais il avait pensé qu'il serait temps de s'interrompre de son ouvrage quand le dragon viendrait à lui. Cependant, soit que le monstre fût repu, soit qu'il vît à qui il avait affaire, il se tint tranquille tout le temps que Lyderic fut occupé à bâtir son fourneau; mais, lorsqu'il vit briller la flamme, il se mit à siffler avec tant de violence, que tout autre que le jeune homme en eût été épouvanté. C'était déjà quelque chose, mais ce n'était point assez pour Lyderic, qui, afin de l'exciter davantage, prit des tisons ardents au bûcher et commença de les jeter à la tête du dragon.

Le monstre, provoqué d'une façon aussi directe, sortit de la caverne, déroula ses longs anneaux et s'avança en battant des ailes vers Lyderic, qui, après avoir fait une courte prière, lui épargna la moitié du chemin. Aussitôt commença un combat terrible, pendant lequel le dragon poussait de si horribles hurlements, que les animaux qui étaient à deux lieues à la ronde sortirent de leurs tanières et s'enfuirent : il n'y eut qu'un rossignol qui resta tout le temps de la lutte perché sur une petite branche au-dessus de la tête de Lyderic, ne cessant d'encourager le jeune homme par son chant. Enfin, le dragon, percé déjà par plusieurs coups de la terrible Balmung, commença de battre en retraite vers son repaire, laissant le champ de bataille tout couvert d'une mare de sang. Mais Lyderic prit un tison allumé à son fourneau, le poursuivit dans sa caverne, où il s'enfonça après lui, et, au bout de dix minutes, reparut à l'entrée, tenant, comme le chevalier Persée, la tête du monstre à la main.

Alors, en le voyant venir ainsi victorieux, le rossignol se mit à chanter :

« Gloire à Lyderic, au pieux jeune homme qui a mis sa confiance en Dieu au lieu de la mettre en sa force. Qu'il dépouille ses vêtements, qu'il se baigne dans le sang du monstre, et il deviendra invulnérable. »

Lyderic n'eut garde de négliger l'avis que lui donnait le rossignol; il jeta aussitôt le peu de vêtements qu'il avait, s'approcha de la mare de sang qu'avait répandue le dragon ; mais, dans le trajet, une feuille de tilleul étant tombée sur son dos, elle s'y attacha, car, après un si rude combat, la peau du jeune homme était tout humide de sueur.

Lyderic se roula dans le sang du monstre, et, à l'instant même, tout son corps se couvrit d'écailles, à l'exception de l'endroit où était tombée la feuille de tilleul.

Le soir même, comme son charbon était fait, Lyderic en chargea un grand sac sur son dos, et, prenant à la main la tête du dragon, il s'achemina vers la forge de maître Mimer, où il arriva le lendemain matin.

L'étonnement fut grand à la forge : personne ne comptait plus voir Lyderic. Néanmoins, avec quelque sentiment qu'on le vît revenir, chacun lui fit bonne mine, et surtout Hagen, qui, pour rien au monde, n'aurait voulu que le jeune homme se doutât du mauvais tour qu'il avait voulu lui jouer. Mais le maître et lui, de plus en plus envieux contre Lyderic, rêvèrent aussitôt à quels nouveaux dangers ils pourraient l'exposer.

IV

yderic ne leur en donna pas le loisir, car le même jour il signifia à maître Mimer que, lui ayant, moins deux heures par jour, donné les semaines de son temps en échange de sa barre de fer, ils étaient quittes; en conséquence, il emportait Balmung et allait courir le monde pour y chercher des aventures, comme faisaient les chevaliers qui venaient tous les jours acheter des armes à la forge. Mimer fit alors observer au jeune homme que ce n'était point assez d'une épée pour se mettre en route dans une telle intention, et qu'il lui fallait encore une cuirasse; mais Lyderic lui répondit qu'une cuirasse lui était parfaitement inutile, attendu qu'après avoir tué le dragon il s'était baigné dans son sang, ce qui le rendait invulnérable, à l'exception d'une seule place, où était tombée une feuille de tilleul.

Maître Mimer et Hagen auraient bien voulu savoir quelle était cette place, mais ils n'osèrent pas le demander à Lyderic, de peur de lui inspirer des soupçons; ils prirent donc congé de lui avec les expressions de la plus cordiale amitié, et ayant, comme des Judas, le baiser sur les lèvres, mais la trahison dans le cœur.

Lyderic chercha partout Peters pour lui dire adieu, mais il ne put pas le trouver.

A cent pas de la forge, il rencontra l'enfant, qui l'attendait derrière un arbre.

— Frère, lui dit l'enfant qui croyait Lyderic son égal, mes compagnons de la forge me haïssent, parce que je t'aimais; je n'ose plus retourner auprès d'eux. Tu es fort et je suis faible, veux-tu que je t'accompagne? tu me défendras et je te servirai.

— Viens, dit Lyderic.

Et l'enfant et le jeune homme se mirent gaiement en voyage.

Ils marchèrent ainsi quinze jours, droit devant eux, sans savoir où ils étaient, mangeant des racines, buvant de l'eau, dormant au pied des arbres des forêts ou des bornes de la route, et confiants en Dieu, aux mains duquel ils avaient remis leur destinée.

Vers le soir du quinzième jour, ils arrivèrent dans un bois très-épais et très-magnifique, où ils entendirent les aboiements d'une meute et les cors des chasseurs. Lyderic se dirigea vers le bruit, car il était amoureux de tout amusement qui lui rappelait la guerre, et il arriva ainsi à un carrefour où il vit un sanglier monstrueux qui était acculé dans un bouge et qui tenait tête aux chiens. En même temps, un cavalier richement vêtu, et qui était si bien monté qu'il précédait tous les autres chasseurs de plus de deux traits de flèche, accourut par une des allées, un épieu à la main, et, sans attendre sa suite, s'élança vers le sanglier, qu'il frappa courageusement de son arme; mais aussitôt le sanglier, furieux de sa blessure, abandonna les chiens auxquels il faisait tête, et, piquant droit à son antagoniste, il passa entre les jambes du cheval, dont il ouvrit le ventre d'un coup de boutoir, et cela de telle façon, que ses entrailles en sortirent et tombèrent jusqu'à terre. Le cheval, se sentant si cruellement blessé, se cabra de douleur et se renversa sur son maître.

Aussitôt le sanglier, la soie hérissée et faisant claquer ses boutoirs, revint sur celui qui l'avait blessé; mais Lyderic, d'un seul bond, s'élança entre l'animal et le cavalier renversé, et, d'un seul coup de Balmung, perça le sanglier de part en part. Puis aussitôt, courant à celui auquel il venait de sauver la vie, il le tira de dessous son cheval. Pendant ce temps, Peters coupait la hure du sanglier et la présentait à Lyderic, qui la déposa aux pieds du chasseur, comme étant celui à qui elle devait appartenir de droit.

En ce moment, tout le reste de la chasse arriva, et chacun, sautant à bas de cheval, s'empressa de demander au noble chasseur s'il n'était point blessé; mais celui-ci, pour toute réponse, présenta Lyderic aux seigneurs qui l'entouraient en leur disant :

— Que ceux qui sont aises de me voir sain et sauf remercient ce jeune homme, car c'est à lui que je dois la vie. Aussitôt tous les chasseurs entourèrent Lyderic, en lui faisant force compliments, que Lyderic leur laissa faire en les regardant, tout étonné d'être ainsi félicité pour une action qui lui avait paru à lui si simple et si naturelle. Enfin les félicitations allèrent si loin, que Lyderic, croyant ces gens fous, demanda dans quel pays il était et quel était l'homme auquel il venait de sauver la vie.

Les courtisans lui répondirent qu'il était dans la

Le roi Dagobert.

forêt de Braine, et que celui auquel il venait de sauver la vie était le roi Dagobert.

Lyderic, qui connaissait par renommée la sagesse et le courage de ce prince, dont le nom, en langue teutonique, voulait dire *brillante épée*, s'avança alors modestement vers lui, et, mettant un genou en terre, il lui fit un compliment si bien tourné, que Dagobert, voyant qu'il avait affaire à un jeune homme d'une condition plus distinguée que ne l'indiquaient ses vêtements, le releva aussitôt en lui demandant à son tour d'où il venait et qui il était.

— Hélas! sire, dit Lyderic, je ne puis répondre qu'à la première de ces deux questions. Je viens du bois Sans-Merci, qui est situé dans les environs du château du prince de Buck, sans m'être arrêté autrement que six semaines à la forge de maître Mimer pour me forger cette épée. Quant à ce qui est de ce que je suis, je ne me connais pas moi-même, ayant été trouvé sous un buisson, près de la fontaine de Saulx, par un digne et bon ermite qui m'a élevé, et dont, vivant, je n'eusse jamais quitté la personne, ni mort, la tombe, si un rossignol ne m'avait dit que le premier devoir d'un enfant était de chercher à connaître sa mère. Alors je me suis mis en route, m'en rapportant à Dieu du choix du chemin. Dieu a choisi le bon, puisqu'il m'a conduit ici assez à temps pour sauver la vie au plus grand roi de la chrétienté.

— Oui, tu as raison, mon enfant, et c'est Dieu lui-même qui t'a conduit ici, reprit le roi Dagobert; car peut-être pourrai-je t'apprendre ce que tu ignores. Éloi, continua le roi en se tournant vers le digne évêque de Noyon, qui était tout à la fois son orfèvre, son trésorier et son ministre, qu'avez-vous fait de la lettre que nous avons reçue ce matin même de notre vassale la noble princesse de Dijon, dame Ermengarde de Salwart, dont nous avions mis la principauté en tutelle, la croyant morte, et qui n'était que prisonnière du prince de Buck.

— La voici, sire, dit Éloi.

C'était une lettre que la princesse de Dijon avait enfin réussi à faire parvenir au roi par un des hommes d'armes du prince de Buck, qu'elle avait séduit en lui donnant une bague qui valait bien six mille livres tournois.

Le roi prit la lettre et la lut.

C'était mot pour mot le récit de la manière dont son mari et elle avaient été attaqués dans la forêt Sans-Merci par le prince de Buck et ses gens; puis elle racontait la façon dont elle s'était laissée glisser de cheval avec son enfant, comment elle avait déposé cet enfant, qui était un garçon, dans un buisson près d'une fontaine ombragée par des saules; puis enfin comment, dans l'espérance que Dieu veillerait sur lui, elle l'avait laissé là pour rejoindre son mari blessé, lequel était mort dans la nuit suivante. Depuis ce temps, elle était prisonnière du prince de Buck et n'avait jamais voulu consentir à aucune rançon, regardant la principauté de Dijon comme l'apanage de son enfant.

En conséquence, elle suppliait le roi Dagobert, non pas de la venir délivrer, car elle ne voulait pas entraîner son suzerain dans une guerre avec un vassal si puissant que le prince de Buck, mais de faire chercher son fils, qui devait avoir dix-huit ans, et de lui rendre la principauté de Dijon, qui était l'héritage de son père.

Elle espérait qu'on reconnaîtrait cet enfant à un chapelet qu'elle lui avait roulé autour du cou, lequel chapelet soutenait une médaille à l'effigie de la Vierge.

Pendant tout le temps qu'avait duré la lecture, Lyderic avait écouté, les mains jointes et les larmes aux yeux; mais, lorsque le dernier paragraphe fut fini, il poussa un grand cri de joie, et, ouvrant son habit, il montra au roi la médaille et le chapelet.

Le roi Dagobert avait d'abord voulu faire du meurtre de Salwart et de l'emprisonnement d'Ermengarde par le prince de Buck une affaire de suzerain à vassal; mais Lyderic, se jetant à ses genoux, avait réclamé, comme un droit à lui appartenant, la vengeance de son père et de sa mère, et cela avec tant d'instances, qu'il avait été forcé de lui accorder sa demande, et qu'il avait autorisé Lyderic à défier Phinard, promettant de plus au jeune homme que, si Phinard acceptait le défi, il l'armerait lui même chevalier et se déclarait d'avance son parrain.

En conséquence, Dagobert ordonna que le héraut de France se tînt prêt pour aller défier le prince de Buck; mais, cette fois encore, Lyderic lui fit observer que, puisque c'était une affaire particulière, c'était un héraut particulier qui devait porter ses lettres de défiance. Dagobert se rendit à ses raisons, et laissa Lyderic libre de choisir son héraut, se chargeant seulement de lui donner une suite digne d'un prince. Lyderic choisit Peters, car, quoique l'enfant eût à peine quatorze ans, il connaissait tellement la grande amitié qu'il lui portait, qu'il se fiait plus à lui qu'à qui que ce fût au monde.

Peters partit accompagné de six écuyers et de vingt hommes d'armes, et, traversant toute la Picardie, il entra en Flandre et vint jusqu'au château de Phinard, qui s'élevait à l'endroit même où est situé aujourd'hui le pont de Phin, dans la ville de Lille, qui, à cette époque, n'existait pas encore; arrivé devant la porte, il s'arrêta avec sa troupe et sonna du cor. Alors la sentinelle sortit de l'échauguette et lui demanda ce qu'il voulait. Peters répondit au soldat qu'il n'avait pas affaire aux valets, mais au maître, et qu'il eût à aller chercher son maître. Si hautaine que fût cette réponse, comme il était facile de juger, d'après la suite de celui qui l'avait faite, qu'il avait le droit de parler ainsi, le soldat alla prévenir le prince de Buck.

Celui-ci, qui était en train de déjeuner, se retourna de fort mauvaise humeur en voyant entrer ce message, car il n'aimait pas à être dérangé pendant ses repas, si bien qu'il y avait des peines très-fortes contre ceux qui se permettaient de contrevenir à ses ordres; en conséquence, il avait déjà donné l'ordre à deux de ses gardes de saisir le soldat et de le battre de verges, lorsque celui-ci lui fit observer bien humblement qu'il n'avait pris la liberté d'entrer que parce que celui qui l'envoyait était suivi d'écuyers à la livrée du roi de France, ce qui était facile à voir aux fleurs de lis sans nombre qui parsemaient leur manteau. A ces mots, le prince de Buck se leva vivement, et, comme le roi de France était son seigneur suzerain et qu'il connaissait sa sagesse et son courage, il n'eût voulu pour rien au monde se brouiller avec lui; il se rendit donc sur le rempart pour s'assurer si le soldat lui avait bien dit la vérité, et s'il n'avait pas été trompé par quelque fausse apparence, mais, au premier coup d'œil qu'il jeta sur la troupe qui était arrêtée devant la porte du château, il vit bien, comme le soldat, que ceux qui étaient là venaient de la part du roi Dagobert. En conséquence, il donna aussitôt l'ordre de baisser le pont-levis, afin de recevoir avec tous les honneurs qui lui étaient dus celui qui venait au nom de son suzerain; mais Peters, ayant entendu cet ordre, étendit la main en signe qu'il voulait parler. Chacun écouta.

— Prince de Buck, dit Peters, il est inutile que tu fasses lever la herse et baisser le pont-levis, je n'entrerai pas dans ton château; car ton château est celui d'un traître et d'un meurtrier : écoute donc d'ici et à la face de tous, ce que j'ai à te dire :

« Je viens, au nom de ton seigneur suzerain, le très-grand, très-bon et très-noble roi Dagobert, te dire qu'il te somme d'avoir à répondre d'ici en un mois, devant les pairs du royaume assemblés, aux charges et accusations que porte contre toi mon maître, le très-haut et très-puissant seigneur Lyderic, prince de Dijon, fils du très-noble prince Salwart et de très-vertueuse dame Ermengarde; premièrement, touchant le meurtre de son père traîtreusement assassiné par toi dans le bois Sans-Merci, et, secondement, touchant la détention injuste et cruelle que, depuis dix-huit ans, tu fais subir à sa mère; si mieux tu n'aimes toutefois accepter l'offre que, sous la protection du roi, te porte le seigneur Lyderic, mon maître, du combat à outrance à pied ou à cheval, avec la lance, l'épée ou le poignard

« Et, en signe de défi, voici le gant que mon maître me charge de clouer à la porte de ton château. »

Et, ce disant, il s'avança jusqu'à la porte sur son cheval, et, faisant ce qu'il avait dit, il y cloua le gant avec son poignard.

Si insolent que fût ce défi, le prince de Buck, qui savait dans l'occasion être patient comme un anachorète, écouta d'un bout à l'autre avec un calme apparent; puis, quand Peters eut fini :

— C'est bien, lui dit-il, retournez vers le roi mon seigneur et maître, et l'assurez de ma part que je n'ai commis ni félonie ni trahison; le prince de Salwart est tombé dans un combat et non dans un guet-apens. Au reste, j'accepte le défi de celui qui m'accuse, et l'issue du combat prouvera, je l'espère, de quel côté est le bon droit et la vérité.

Quant à la princesse Ermengarde, dont celui qui vous envoie réclame la liberté, dites-lui que je lui offre de vider notre différend ici même, afin que s'il a le dessus, comme il s'en vante follement, il n'ait pas la peine de se transporter trop loin pour la délivrer.

Et maintenant, si vous voulez entrer dans ce château, vous y serez reçu et traité comme a le droit de l'être, chez un vassal, l'envoyé de son souverain.

Mais, au lieu d'accepter cette offre, Peters secoua la tête, et, ayant sonné une seconde fois du cor en manière de congé, il repartit au galop avec toute sa suite, et vint rapporter au roi Dagobert et au prince Lyderic la réponse de Phinard.

Rien ne pouvait être plus agréable au jeune homme que cette réponse que Phinard avait faite, non pas que ce dernier comptât sur son bon droit, mais se fiant sur sa force. Il demanda donc à Dagobert d'activer autant que possible les préparatifs de son voyage, ayant hâte de délivrer sa mère.

Pendant ce temps le prince de Buck, qui avait ignoré jusque-là qu'il y eût un héritier du nom de Salwart, fit descendre Ermengarde et lui demanda ce que c'était qu'un certain Lyderic qui se faisait passer pour son fils, et qui, sous la protection du roi de France, était venu le provoquer au combat. Alors Ermengarde, pour toute réponse, tomba à genoux, remerciant Dieu avec une telle expression de reconnaissance, que Phinard n'eut plus de doute que le héraut n'eût dit la vérité. Alors il demanda à la princesse comment il se faisait qu'elle ne lui avait jamais parlé de ce fils, et Ermengarde répondit que c'est qu'elle avait craint qu'il ne s'en emparât et ne le fît mourir; mais que, puisqu'à cette heure il était sous la protection d'un aussi grand roi que le roi des Francs, et par conséquent n'avait plus rien à craindre, elle pouvait tout lui dire. En effet, elle lui raconta comment les choses s'étaient passées. Phinard demanda alors quel âge avait ce fils. Ermengarde répondit qu'il pouvait avoir dix-huit ou dix-neuf ans, et Phinard se mit à rire; car il lui semblait étrange qu'un enfant de cet âge s'attaquât à lui, qui était dans toute la force de la virilité, et si expert dans les armes, qu'à cent lieues à la ronde nul homme peut-être n'eût osé se mesurer contre lui. Il attendit donc avec une tranquillité parfaite l'arrivée de son adversaire, convaincu qu'il en aurait bon marché.

Il était dans cette persuasion lorsqu'un matin la sentinelle vint lui dire qu'on apercevait une grosse troupe de cavaliers qui s'avançait vers le château de Buck. Phinard monta aussitôt sur une tour, et, ayant bientôt reconnu que c'était le roi de France et sa cour, il fit ouvrir les portes et s'avança au-devant de lui avec toute sa garnison, mais tête nue et sans armes, comme il convenait à un vassal devant son maître.

A la droite du roi était Lyderic, monté sur un magnifique cheval que lui avait donné le roi, et dont les housses de velours frangées d'or traînaient jusqu'à terre. A gauche était le digne évêque de Noyon, dont Dagobert ne pouvait se passer un seul instant, en ce qu'il le consultait sur toute chose.

Phinard, après avoir jeté sur Lyderic un regard rapide, mais scrutateur, qui le rassura encore, vu son extrême jeunesse, invita toute la chevauchée à entrer au château. Mais Dagobert répondit qu'une accusation d'assassinat et de forfaiture pesant sur lui, il ne pouvait entrer dans son château tant qu'il n'en serait pas lavé.

— Vous entendez? dit le roi en se tournant vers le prince de Buck.

Alors Phinard répéta ce qu'il avait déjà dit : que la mort de Salwart était la suite d'un combat, et non d'un guet-apens, et qu'Ermengarde n'était restée prisonnière qu'à la suite de démêlés d'intérêts, ne voulant pas lui rendre, à lui Phinard, certaines portions de la principauté de Dijon sur lesquelles il prétendait avoir des droits. Mais Lyderic ne put supporter plus longtemps qu'un mensonge si évident fût proféré devant lui.

— Sire, dit-il en s'adressant au roi, cet homme ment par la gorge; d'ailleurs je ne suis pas venu, avec la permission de Votre Majesté, pour écouter ses raisons, mais pour mesurer mon épée avec la sienne; que Votre Majesté veuille donc bien ordonner que les préparatifs du combat soient faits à l'instant même, car depuis dix-huit ans ma mère est prisonnière et attend l'heure à laquelle elle reverra son fils.

— Vous entendez? dit le roi en se tournant vers le prince de Buck.

— Oui, sire, répondit Phinard, et je n'ai pas moins de hâte d'en venir aux mains que celui qui m'accuse, et la fin du combat, je l'espère, me sera plus agréable encore que le commencement.

J.-A. BEAUCÉ.   Prougt

Ce qui fit frissonner tout le monde, c'est que ce chevalier était de marbre. — PAGE 18.

— Que l'on prépare donc à l'instant la lice, dit le roi, et que chaque champion songe à mettre sa conscience en repos, car le jugement de Dieu aura lieu demain matin, et malheur à celui que le Seigneur appellera pour l'interroger sans qu'il soit préparé à lui répondre.

Phinard s'inclina et rentra dans son château. Le roi Dagobert fit poser ses tentes à l'endroit même où il était; et l'espace qui se trouvait compris entre le camp royal et la forteresse princière fut désigné pour la lice.

V

yderic passa la fin de la journée en prières ; puis, vers le point du jour, il se confessa au saint évêque de Noyon, qui lui donna l'absolution de ses péchés.

Quant au prince de Buck, il agit d'une bien autre façon : car, complétement rassuré par la vue du jeune homme contre lequel il allait combattre, il n'avait conservé aucune crainte, et, si mauvaise que fût sa cause, il comptait bien que son bras ne lui ferait pas défaut dans une pareille occasion. Au lieu de passer la nuit en prières et en dévotions, comme il aurait dû faire, il commanda donc un grand souper, afin de faire fête à tous ses officiers, et, en manière de brave, il invita la princesse Ermengarde à en venir prendre sa part en lui disant qu'il lui avait réservé une place à sa table en face de lui.

La princesse Ermengarde fit répondre à Phinard que la seule table dont elle dût s'approcher en un pareil moment était celle du Seigneur. En effet, le messager rapporta à Phinard qu'il avait trouvé Ermengarde agenouillée dans la chapelle.

Phinard se mit joyeusement à table avec ses officiers, en laissant la place de la comtesse vide, afin que, si elle changeait d'avis, elle pût la venir prendre ; puis il s'assit en face de cette place, et donna le signal en se versant à boire et en passant à ses convives une cruche pleine de vin.

Le souper se prolongea fort avant dans la nuit au milieu des chants de joie, des blasphèmes et des éclats de rire ; tandis que la cloche sonnait tristement les heures que le temps emportait et que Phinard aurait dû employer d'une tout autre façon.

Au premier coup de minuit, les lampes pâlirent, et l'on entendit comme un pas lourd qui s'approchait lentement par la salle d'armes, à l'autre extrémité de laquelle était la chapelle ; chacun se retourna en silence du côté par où venait le bruit ; et, comme la cloche frappait pour la douzième fois, la porte s'ouvrit, et un chevalier parut.

Mais ce qui fit frissonner tout le monde jusqu'au fond du cœur, c'est que ce chevalier était de marbre, et que chacun reconnut en lui la statue du père du prince de Buck, qui depuis trente ans était restée immobile et couchée sur son tombeau.

A cet aspect, tout le monde se leva, et Phinard comme les autres ; seulement, peut-être était-il encore plus pâle que les autres, car il savait que c'était une habitude dans sa famille, que les pères vinssent prévenir ainsi les fils la veille de leur mort.

La statue s'avança d'un pas lent et roide, la visière de son casque levée et ses yeux de marbre fixés sur Phinard ; puis elle vint s'asseoir à la place vide en face de lui.

Alors Phinard ordonna à l'échanson de remplir la coupe de son père, et à l'écuyer tranchant de lui couvrir son assiette ! Mais ni l'un ni l'autre n'osèrent s'approcher du convive de pierre. Phinard se leva, remplit la coupe de son père du meilleur vin qui eût été servi à souper, et couvrit son assiette d'une tranche de viande coupée au meilleur morceau. La statue le regardait faire, tournant la tête sur son cou roide, sans que le reste du corps bougeât de place. Mais elle ne décroisa pas les mains de dessus sa poitrine, et ne but ni ne mangea ; seulement, lorsque Phinard se fut rassis à sa place, il lui semblait que deux grosses larmes coulaient des paupières de marbre de la statue : c'est que Phinard était le dernier de sa race, et que la statue, toute de marbre qu'elle était, pleurait de voir finir cette race d'une façon si fatale et si ignominieuse.

Les deux larmes roulèrent des joues sur les moustaches du vieux prince, puis des moustaches tombèrent sur la table. Alors les yeux de la statue redevinrent secs, et elle se leva, en faisant de la tête signe à Phinard de la suivre.

Phinard prit, dans une des mains de fer scellées au mur, une branche de sapin allumée, et suivit la statue ; quant aux autres convives, ils restèrent immobiles à leurs places comme si eux-mêmes étaient devenus de pierre.

La statue, toujours suivie du prince, s'engagea dans la salle d'armes ; mais, au lieu de la traverser entièrement comme elle avait dû le faire pour venir de la chapelle, elle prit une porte latérale et sortit dans le préau ; arrivée là, elle retourna la tête pour voir si Phinard la suivait toujours, et, comme elle vit qu'il marchait derrière elle, elle continua son chemin, traversa le préau, entra dans une cour isolée où l'on jetait toutes sortes de débris, et s'arrêta près d'une tombe fraîchement creusée.

Phinard était passé pendant la soirée dans cette cour, et l'avait trouvée dans son état habituel ; la fosse avait donc été creusée pendant qu'il soupait. Phinard regarda autour de lui, et ne vit personne, si ce n'est la statue qui se remit en route, marchant toujours de son pas grave et inanimé.

Cette fois la statue se dirigeait vers la chapelle souterraine où était sa propre tombe, toujours suivie de Phinard, qui marchait derrière elle comme entraîné par une puissance surhumaine. Devant le fantôme de pierre, la porte s'ouvrit toute seule, et Phinard, en plongeant son regard sous la voûte, vit que la statue qu'il suivait manquait au tombeau. Seulement, le lion de marbre, qui était couché à ses pieds, en signe que le noble prince dont il gardait le corps était mort sur un champ de bataille, s'était levé sur ses pattes de devant, et, la tête tournée vers la porte, semblait attendre le retour de son maître. Alors la statue marcha droit au tombeau, s'étendit à la même place où elle dormait depuis trente ans ; le lion se recoucha à ses pieds, et tout rentra dans le silence et dans l'immobilité de la mort.

Phinard était un cœur de fer que le démon avait détourné de la voie où avaient marché ses ancêtres ; mais qui, pour être devenu criminel, n'en était pas moins ferme et moins puissant. Il voulut donc s'assurer qu'il n'était pas le jouet de quelque vision, et s'approcha du tombeau : la pierre s'était déjà reprise à la pierre comme si elle n'en avait jamais été séparée. Il tourna la tête alors du côté de la tombe de sa mère, placée en face de celle de son mari, et dont la statue était ordinairement couchée comme la sienne, excepté qu'au lieu d'avoir un lion à ses pieds, en signe de courage, elle avait un chien, en signe de fidélité. La statue maternelle avait miraculeusement changé de position : elle était à genoux et priait.

Dès lors, Phinard n'eut plus de doute que tout ceci fût un avertissement de Dieu : le fantôme de pierre était venu lui annoncer, comme c'était l'habitude, que son dernier jour était proche. La tombe qu'il lui avait montrée, creusée dans une terre profane, était la tombe infâme où il devait dormir jusqu'au jour du jugement dernier ; et sa mère, qu'il avait trouvée priant sur son tombeau, priait le Seigneur qu'à défaut du corps il sauvât au moins, dans sa miséricorde, l'âme de son fils.

Toutes ces choses apparurent aussi clairement à Phinard que s'il les voyait écrites en lettres de feu. Il retourna donc tout pensif dans la salle du festin ; la salle était vide, car chacun s'était promptement retiré de son côté. Phinard appela ses gens ; mais ce ne fut qu'au troisième appel qu'un vieux serviteur, qui savait par expérience combien il était dangereux de faire attendre son maître, se présenta tout tremblant.

— Mon vieux Niklans, dit le prince de Buck d'une voix douce, va me chercher le chapelain.

Le vieux serviteur regarda Phinard avec toutes les marques du plus profond étonnement. Celui-ci renouvela sa demande.

— Mais, monseigneur, répondit Nicklans, vous savez bien que voilà tantôt quinze ans que le chapelain est mort, et que, depuis ce temps, vous n'avez jamais songé à le remplacer.

— C'est vrai, répondit Phinard en soupirant, je l'avais oublié. Alors, va jusqu'au camp du roi des Francs, mon seigneur et maître, et supplie l'évêque de Noyon de venir entendre la confession d'un pauvre pécheur.

Le vieux serviteur obéit sans répliquer, et l'évêque le suivit sans même lui demander quel était l'homme qui réclamait son ministère.

Le lendemain, au point du jour, la lice étant prête, le roi Dagobert, accompagné de toute sa chevalerie, monta sur l'estrade qui lui avait été préparée. Quant à Lyderic, il était dans son pavillon, où le roi lui avait envoyé une magnifique armure forgée et bénie pour lui-même par l'évêque de Noyon ; mais, après en avoir essayé les différentes pièces, il s'était trouvé gêné dans toute cette ferraille, et, comme elle lui était inutile, puisqu'il était invulnérable, à l'exception de l'endroit où était tombée la feuille de tilleul, il l'avait renvoyée au roi, en lui faisant dire que sa coutume n'était point de combattre ainsi appareillé.

Six heures sonnèrent ; c'était l'heure fixée pour le combat, et l'on était fort étonné de n'avoir pas encore vu paraître le prince de Buck, qui devait occuper le pavillon opposé à celui de Lyderic ; mais le roi, ayant pensé qu'il se tenait tout armé derrière ses murailles, commanda que le signal fût donné comme s'il eût été présent, et la trompette retentit quatre fois, portant aux quatre coins de l'horizon le défi de Lyderic.

Le roi ne s'était point trompé ; le dernier appel guerrier venait d'expirer à peine, lorsque la porte du château s'ouvrit, et que Phinard parut, non point comme on s'y attendait, monté sur son cheval de guerre et portant sa lance de bataille, mais à pied, le corps vêtu d'un sac, les cheveux couverts de cendres, pieds nus et la corde au cou ; derrière lui marchaient, montés sur deux magnifiques chevaux, la princesse de Dijon, portant son manteau et sa couronne, et le digne évêque de Noyon revêtu de ses habits épiscopaux ; puis enfin, derrière la princesse et l'évêque, toute la garnison couverte de ses armes défensives, mais sans casque et sans épée.

L'étrange cortége entra ainsi dans la lice, et Phinard, montant les degrés de l'estrade, vint s'agenouiller devant le roi. Alors chacun fit silence pour entendre ce qu'il allait dire.

— Sire, dit Phinard, vous voyez à vos genoux un grand pécheur que la grâce a touché et qui a mérité la mort, mais qui supplie Votre Majesté de lui accorder la vie pour qu'il puisse pleurer ses fautes et en obtenir le pardon de Dieu. Tout ce qu'a contre moi le seigneur Lyderic est vrai ; mais je le prie de me pardonner, comme m'a déjà pardonné sa noble mère, et de recevoir de moi, à titre d'expiation et de dédommagement du tort que je lui ai causé, ma principauté de Buck et mon comté d'Harlebecque, convaincu que je suis que je ne pouvais en faire don à un plus noble et à un plus brave que lui.

— Prince, répondit le roi, si ceux que vous avez tenus en oppression et en captivité vous ont pardonné, je n'ai pas le droit d'être plus sévère qu'eux : je vous fais donc grâce de la vie ; quant à votre âme, je n'ai aucun pouvoir sur elle, et c'est une affaire entre vous et Dieu. Prince de Dijon, ajouta le roi en se retournant du côté de Lyderic, avez-vous entendu, et pardonnez-vous à Phinard comme je lui pardonne ?

Mais Lyderic était déjà dans les bras de sa mère. Ermengarde, en voyant paraître ce beau jeune homme à la porte de son pavillon, l'avait instinctivement reconnu pour son enfant ; et tous deux s'approchant du roi :

— Oui, sire, dit Ermengarde, et non-seulement nous lui pardonnons, tant notre cœur est joyeux, mais encore nous supplions Votre Majesté de lui laisser son titre et ses biens au moins pendant sa vie durant. Notre principauté de Dijon est assez noble et assez puissante pour donner dans l'occasion à notre bien-aimé fils le pouvoir de servir efficacement Votre Majesté.

Mais Phinard n'attendit pas même que le roi manifestât son intention sur ce point ; et, déposant aux pieds du roi les clefs de son château, il lui dit qu'il en faisait, ainsi que du reste de ses terres, l'abandon à l'instant même, et qu'il ne s'y réservait, avec la permission du nouveau maître, que les six pieds de terre où était creusée la fosse miraculeuse à laquelle il devait sa conversion. Puis, à ces mots, dits avec une telle fermeté que chacun vit bien que sa résolution était prise, il salua le roi et s'enfonça dans la forêt, où on le vit disparaître.

Le même jour, le roi reçut, dans le château même de Buck, le serment et l'hommage de Lyderic pour la principauté de Dijon, la principauté de Buck et le comté d'Harlebecque, et, voulant ajouter un nouveau titre à ceux qu'il avait déjà, il le nomma premier forestier de Flandre.

Puis, quand le roi eut été bien fêté avec toute sa cour au château de Buck, il reprit la route de Soissons, sa capitale.

L'étrange cortége entra ainsi dans la lice. — Page 19.

VI

Le premier soin de Lyderic fut de faire avec sa mère un voyage par tous ses domaines anciens et nouveaux, afin d'y établir des délégués qui, en son absence, pussent rendre la justice comme s'il eût été toujours là. Pendant trois mois que dura le voyage, ce ne furent que fêtes; car Ermengarde était fort aimée de ses sujets, et, pendant son absence, les mères avaient parlé d'elle à leurs filles, et les pères à leurs fils, et il ne s'était point passé de dimanche que l'on n'eût prié dans chaque église pour son retour. La joie était donc grande de voir ces longues prières exaucées au moment où on y comptait le moins.

De retour au château de Buck, Ermengarde demanda à son fils si, pendant toute la tournée qu'ils venaient de faire, il n'avait pas vu quelque noble jeune fille qu'il jugeât digne de son amour. Mais Lyderic répondit que non, et que, jusqu'alors, ni dans ses voyages, ni dans la cour du roi Dagobert, ni dans ses propres domaines, il n'avait vu encore femme qu'il se sentît disposé à aimer. Cette réponse fit grande peine à la bonne dame, car elle commençait à se faire vieille, et, avant de mourir, elle aurait bien voulu embrasser ses petits-enfants.

Le soir, Lyderic descendit au jardin, et il y resta plus tard qu'à l'ordinaire, car la demande de sa mère l'avait rendu tout pensif. Il était donc assis sur un banc, le front appuyé entre ses mains, lorsqu'un rossignol vint se percher sur sa tête et se mit à chanter :

« Il y a dans un pays lointain une jeune fille plus blanche que la neige, plus fraîche que l'aurore et plus pure que l'eau du lac Sandhy, au fond duquel on voit se former les perles ; elle n'a jamais aimé encore, car elle ne doit aimer que celui qui aura conquis le grand trésor des Niebelungen et le casque qui rend invisible. Cette jeune fille, plus blanche que la neige, plus fraîche que l'aurore et plus pure que l'eau du lac Sandhy, au fond duquel on voit les perles se former, est la belle Chrimhilde, la sœur de Gunther, roi des Higlands. »

Le lendemain Lyderic dit à sa mère que la seule femme qu'il épouserait jamais serait la belle Chrimhilde, sœur de Gunther, roi des Higlands. Ermengarde demanda quelle était cette belle Chrimhilde et où était situé le royaume des Higlands. Lyderic répondit qu'il n'en savait rien, mais que le soir même il se mettrait à la recherche de l'un et de l'autre.

En effet, le soir même Lyderic, ayant laissé le gouvernement de ses États à sa mère, ceignit son épée Balmung, monta sur le cheval que lui avait donné le roi Dagobert, et, suivi de Peters, son écuyer, se mit à la recherche de la belle Chrimhilde. Lyderic fit plusieurs centaines de lieues, marchant par monts et vaux, mais sûr de ne pas se tromper, car le rossignol voletait devant lui, s'arrêtant le soir sur l'arbre sous lequel il était couché, et se posant sur le mât de sa barque ou de son navire lorsqu'il traversait des fleuves ou des bras de mer. Enfin il arriva un soir dans un pays qui lui parut magnifique, et, comme d'habitude, il se coucha avec Peters sous un arbre ; le rossignol se percha dessus, et les chevaux se mirent à paître à l'entour.

Le lendemain, au point du jour, il se fit un tel bruit, qu'il se réveilla. Il voulut regarder ce qui le causait ; mais, lorsqu'il essaya de se lever, la chose lui était impossible : il était attaché à la terre non-seulement par le corps, mais encore par les bras, par les mains, par les jambes et par les cheveux. Alors il entendit autour de lui de grands éclats de rire, et en même temps une voix menaçante retentit à son oreille, et lui dit :

— Qui es-tu ? que veux-tu ? où vas-tu ?

Lyderic fit un si grand effort pour se tourner du côté d'où venait la voix, qu'il arracha les liens qui tenaient sa tête, de sorte qu'il put voir celui qui lui parlait ainsi. C'était un petit homme de deux pieds de haut, avec une longue barbe blanche et une couronne d'or sur la tête ; il tenait à la main un fouet d'or à quatre chaînes d'acier, et au bout de chaque chaîne il y avait un diamant brut dont chaque angle était plus effilé qu'un rasoir, de sorte que, lorsqu'il frappait avec ce fouet, il faisait d'un coup sept blessures. Comme il ne doutait pas que ce ne fût ce nain qui lui eût adressé la parole, il répondit :

— Je suis Lyderic, premier comte de Flandre ; je veux conquérir le trésor des Niebelungen et le casque qui rend invisible, et je vais à la recherche de la princesse Chrimhilde, sœur de Gunther, roi des Higlands.

— Eh bien ! dit le nain à la barbe blanche, ton voyage est fini, car tu es dans le pays des Niebelungen ; seulement, au lieu de conquérir leur trésor et le casque qui rend invisible, tu travailleras le reste de ta vie aux mines de Sauten. Ton écuyer sera gardien de mes pourceaux, tes deux chevaux tourneront la meule de mes moulins à huile, ton rossignol chantera dans une cage attachée à ma fenêtre, et la princesse Chrimhilde, lassée de t'attendre, en épousera un autre ou mourra vierge comme la fille de Jephté ; et, afin que tu ne puisses douter de la vérité de ce que je te dis, sache que je suis le puissant Alberic, roi des Niebulungen.

À ces paroles menaçantes, auxquelles les oreilles du jeune comte avaient été si peu habituées jusqu'alors, il fit un si terrible mouvement, qu'il dégagea sa main droite des liens qui la retenaient, et, du même coup, saisit le roi Alberic par la barbe ; mais celui-ci, brandissant son fouet d'or, en porta au comte de Flandre un coup si violent, que l'un des diamants ayant justement frappé à l'endroit où il n'était pas invulnérable, la douleur lui fit lâcher prise.

Aussitôt le roi appela à lui toute son armée, et Lyderic sentait qu'on le frappait de tous côtés avec toutes sortes d'armes, et, au milieu de tous les coups qu'il recevait et qui s'émoussaient sur lui, il sentait les coups du fouet d'or rapides et redoublés comme ceux d'un fléau qui bat le grain dans une grange. Alors Lyderic vit bien qu'il n'y avait pas de temps à perdre ; il fit un effort pareil à ceux qu'il avait déjà faits, et parvint à dégager son bras gauche et à s'asseoir. En cette position, il put voir toute la plaine couverte, à un quart de lieue autour de lui, de l'armée des Niebelungen, qui formait bien huit à dix mille hommes, les uns à cheval et armés de haches et de sabres, les autres à pied et armés de lances et de hallebardes. À leur tête était le roi Alberic, à qui on venait d'amener son coursier de bataille, et qui s'empressait de le monter, jugeant le cas où il se trouvait plus grave qu'il ne l'avait cru d'abord. En outre, un groupe d'une centaine de personnes emmenait Peters prisonnier avec les deux chevaux, et une espèce de nain tout noir emportait, tout en dansant et en grimaçant, le rossignol dans sa cage.

Cette vue donna à Lyderic une plus grande douleur que n'aurait pu le faire son propre danger. Il dégagea donc aussitôt ses cuisses et ses jambes, et, se dressant sur ses pieds, il tira Balmung, et, s'élançant sur ceux qui emmenaient Peters, ses chevaux et le rossignol, il se mit à frapper sur eux comme s'il avait affaire à des géants; de sorte qu'on vit à l'instant voler les bras et les têtes d'une si rude façon, que chacun lâcha ce qu'il tenait et se mit à fuir : il n'y eut que le nègre qui ne voulut pas lâcher le rossignol; mais Lyderic fit trois pas dans sa direction, le saisit par le milieu du corps, lui arracha la cage des mains, et, comme le nain se tordait entre ses doigts, avec de grands cris et en essayant de le mordre au lieu de demander grâce, il le jeta rudement à terre et l'écrasa avec son talon, comme on fait d'une bête malfaisante.

Aussitôt il détacha les liens de Peters, coupa les entraves des chevaux et ouvrit la cage du rossignol, de sorte que chacun se retrouva en liberté.

Mais Lyderic comprit, au bruit qui se faisait autour de lui, que rien n'était fait encore, et qu'au contraire l'affaire ne faisait que de s'engager. En effet, en se retournant, il vit que le roi avait fait ses dispositions pour une attaque générale : ayant divisé son armée en trois corps, deux d'infanterie et un de cavalerie, qui devaient l'attaquer en face et sur les flancs, tandis qu'un régiment tout entier filait de l'autre côté d'une montagne, avec l'intention de le venir surprendre par derrière.

Lyderic songea un instant s'il ne monterait pas à cheval pour charger tous ces myrmidons; mais, réfléchissant que son cheval, n'étant point invulnérable comme lui, lui serait plutôt un embarras qu'un secours, il fit placer Peters et les deux coursiers à l'arrière-garde, avec ordre positif de ne pas bouger, et se résolut de combattre à pied. Quant au rossignol, il était sur son arbre, et, joyeux de se retrouver libre, il chantait que c'était merveille.

Alors la bataille commença. Attaqué en face par le roi et sa cavalerie, attaqué sur les deux flancs par l'infanterie, et menacé sur ses derrières par un régiment, Lyderic commença à faire le moulinet avec Balmung, de façon à répondre à la fois à tous les assaillants. Heureusement, si les Niebelungen étaient nombreux, le comte de Flandre était infatigable, et un moissonneur eût été lassé qui eût abattu autant d'épis dans sa journée qu'au bout d'une heure il avait abattu d'hommes.

Alors Lyderic vit bien qu'il fallait procéder par méthode. Il s'attacha donc à l'aile gauche, qu'il détruisit entièrement; puis il se retourna vers l'aile droite, qu'il mit en fuite; de sorte qu'il n'eut plus affaire qu'au roi et à sa cavalerie; quant au régiment qui devait le venir prendre par derrière, il avait été tenu en respect par Peters, et n'avait point osé s'approcher.

Il ne lui restait donc plus à combattre que le roi et sa cavalerie; mais Alberic était tellement acharné contre lui, que c'était le plus fort de la besogne. Il y avait dans ce petit corps l'âme et la force d'un géant; de sorte que Lyderic, sans s'inquiéter du reste de la cavalerie, ne s'occupa plus que du roi, qui évitait avec une merveilleuse agilité les coups de Balmung, et sanglait Lyderic de si rudes coups avec son fouet d'or, que tout autre que lui en eût eu le corps en lambeaux; enfin Lyderic, d'un coup de Balmung, finit par couper les deux jambes de devant au cheval du roi, qui s'abattit et le prit sous lui. Aussitôt Lyderic mit la pointe de Balmung sur la poitrine du roi, qui lâcha son fouet d'or en criant merci, et promettant, si le comte de Flandre voulait lui laisser la vie, de lui livrer le grand trésor des Niebelungen et le casque qui rend invisible. Quant au reste de la cavalerie, voyant le roi abattu, elle avait pris la fuite.

Lyderic remit Balmung au fourreau, tira le roi Alberic de dessous son cheval, et, lui ayant lié les deux mains avec sa barbe, ramassa le fouet d'or, et ordonna au roi de marcher devant lui pour le conduire à l'endroit où était caché le grand trésor des Niebelungen. Peters, les deux chevaux et le rossignol suivirent Lyderic.

Après avoir marché une demi-heure à peu près, on arriva à un endroit tellement fermé par des rochers, qu'il semblait qu'on ne pût pas aller plus loin. Alors Alberic dit au comte de toucher la pierre avec son fouet d'or, et la pierre s'ouvrit aussitôt, formant une entrée assez grande pour que le roi, le comte, Peters et les deux chevaux pussent passer; quant au rossignol, il resta dehors, tant il avait peur que cette entrée ne fût celle d'une énorme cage.

Le comte de Flandre et Alberic s'avancèrent à travers une colonnade magnifique, car chaque colonne était de jaspe, de porphyre ou de lapis-lazuli, jusque dans une grande salle carrée, toute en malachite, qui avait une porte à chacune de ses faces; chacune de ces portes donnait dans une chambre toute pleine de pierres précieuses, et s'appelait du nom du trésor qu'elle renfermait : il y avait la porte des perles, la porte des rubis, la porte des escarboucles et la porte des diamants. Alberic lui ouvrit les quatre portes et lui dit de prendre ce qu'il voudrait.

Comme il aurait fallu plus de cinq cents voitures pour emporter tout ce qu'il y avait là de pierres précieuses, Lyderic se contenta de remplir quatre paniers que lui apporta le roi, le premier de perles,

Le comte de Flandre et Alberic s'avancèrent à travers une colonnade magnifique. — Page 23.

le second de rubis, le troisième d'escarboucles et le quatrième de diamants, et fit charger par Peters les quatre paniers sur ses deux chevaux; puis il dit au roi Alberic, qui le pressait d'en prendre davantage, que ce qu'il en avait lui suffisait pour le moment, et que quand il n'en aurait plus il en reviendrait chercher.

Alors Alberic demanda au comte de Flandre qu'il voulût bien, puisqu'il l'avait loyalement conduit à son trésor, lui délier les mains et lui rendre son fouet d'or, et qu'alors il le mènerait avec la même fidélité à la caverne où était le casque qui rend invisible; il se fondait sur ce que le casque étant gardé par un géant que l'on nommait Taffner, le géant ne lui obéirait pas s'il le voyait désarmé. Lyderic répondit que, si le géant n'obéissait pas, c'était son affaire à lui de le faire obéir, et qu'il en viendrait bien à bout; mais à ceci Alberic répondit à son tour que le géant n'aurait qu'à mettre le casque sur sa tête, et qu'alors il disparaîtrait, sans que ni l'un ni l'autre sussent où le retrouver. Cette raison parut si plausible au comte de Flandre, qu'il délia les mains du roi et qu'il lui rendit son fouet d'or. Le nain parut très-sensible à cette marque de confiance, et,

À l'instant même, casque, tête et tronc devinrent visibles. — Page 26.

étant sorti avec Lyderic, Peters et les deux chevaux chargés de la roche précieuse, il s'achemina vers une autre partie du royaume des Niebelungen, où l'on voyait s'élever un rocher si sombre, qu'on eût dit qu'il était de fer. Pendant qu'ils marchaient ainsi, le rossignol voletait d'arbre en arbre et chantait :

« Prends garde à toi, Lyderic, prends garde! la trahison a des yeux de gazelle et une peau d'hermine, et ce n'est que tombé dans le piége que l'on sent ses griffes de tigre et son dard de serpent. Prends garde à toi, Lyderic, prends garde! »

Et Lyderic, sans perdre de vue le roi des Niebelungen, faisait signe de la tête au rossignol qu'il l'entendait, et continuait son chemin; mais, au fond du cœur, il pensait que le rossignol n'était pas un oiseau très-courageux, et qu'il voyait le danger plus grand qu'il n'était.

A mesure que l'on avançait vers la montagne noire, le chemin devenait de plus en plus difficile; mais Alberic marchait devant, frappant avec son fouet d'or et écartant tous les obstacles. Enfin, ils arrivèrent à un endroit où la route tournait tout à coup, et ils se trouvèrent en face d'une grande caverne. Au même instant, Alberic fit un bond de côté, cria : *A moi, Taffner!* et, frappant la terre du talon, disparut par une trappe comme un fantôme qui serait rentré dans sa tombe.

Le comte de Flandre cherchait déjà l'entrée de la trappe, afin de le poursuivre jusque dans les entrailles de la terre, lorsqu'il entendit des pas lourds et retentissants qui s'approchaient de lui. Il se retourna alors vivement du côté d'où venait le bruit; mais il ne vit absolument rien, ce qui lui fit croire qu'il allait avoir affaire au géant Taffner, et que celui-ci le venait combattre ayant sur sa tête le casque qui rend invisible. En effet, à peine avait-il eu le temps de tirer son épée pour se mettre à tout hasard en défense, qu'il lui sembla que la montagne lui tombait sur la tête : c'était le géant Taffner qui venait de lui donner un coup de massue.

Si fort que fût Lyderic, comme il ne s'attendait point à être attaqué ainsi, il plia le front et tomba sur un genou; mais aussitôt, se relevant, il donna à tout hasard un grand coup de Balmung devant lui. Quoiqu'il eût l'air de frapper dans le vide, il sentit cependant une résistance, ce qui lui fit croire qu'il avait touché le géant, qui, pour être invisible, n'était point impalpable. En même temps, un rugissement de douleur poussé par Taffner, et suivi d'un second coup de massue, lui prouva qu'il ne s'était point trompé; mais cette fois il s'y attendait, de sorte que, si bien appliqué que fût le coup, Lyderic le reçut sans plier le jarret, et y riposta par un coup d'estoc à fendre un rocher. Il parut que le coup eut son effet, car Taffner poussa un second rugissement, et Lydric attendit en vain, pendant quelques secondes, une troisième attaque.

Le comte de Flandre croyait déjà être débarrassé du géant, et que celui-ci avait fui, lorsqu'il vit venir à lui, avec la rapidité de la foudre, une pierre aussi grosse qu'une maison, laquelle sortait toute seule de la caverne, comme si elle eût été lancée par quelque catapulte invisible; cette pierre fut suivie d'une seconde, puis d'une troisième, et cela avec une telle rapidité, qu'en évitant l'une il ne pouvait éviter l'autre. Lyderic comprit alors que c'était le géant qui avait changé de tactique, et qui, satisfait des deux coups qu'il avait reçus, voulait l'attaquer de loin sans s'exposer à en recevoir un troisième. Il résolut donc d'user de ruse à son tour; et, voyant venir à lui une énorme pierre, au lieu de l'éviter il se jeta au-devant, et, tombant à la renverse comme s'il était renversé du coup, il demeura aussi immobile que s'il était mort.

Peters poussa de grands cris de douleur, le rossignol siffla tristement, et le géant accourut si vite, que Lyderic, à mesure qu'il s'approchait de lui, sentait la terre trembler sous ses pas; bientôt Lyderic sentit un genou qui se posait sur sa poitrine, tandis qu'avec un poignard on essayait de le percer au cœur. Alors, calculant, par la position du genou

et de la main, la position où devait être le géant, il le frappa avec Balmung d'un coup si ferme et si juste à la fois, qu'il lui détacha la tête de dessus les épaules.

La tête roula, et en roulant elle sortit du casque, de sorte qu'à l'instant même casque, tête et tronc devinrent visibles, la tête mordant la terre de rage, et le tronc décapité se relevant tout sanglant et battant l'air de ses bras, car il fallait le temps à la mort d'aller de la tête au cœur; mais, enfin, elle se fraya sa route glacée, et le corps tomba comme un arbre séculaire déraciné par la tempête.

Lyderic ramassa aussitôt le casque, et, après s'être assuré que Taffner était bien mort, il chercha par quel chemin avait pu lui échapper Albéric, car il lui en coûtait de quitter le pays des Niebelungun sans se venger de la trahison de leur roi. En ce moment un des chevaux ayant frappé du pied la terre, une trappe s'ouvrit, et Lyderic, ayant reconnu que c'était l'endroit même où avait disparu le roi, ne douta point que l'escalier qui s'offrait à lui ne conduisît à quelque chambre souterraine où sans doute Alberic se croyait bien en sûreté, et il résolut de l'y poursuivre.

Alors Peters, qui était encore tout tremblant du danger que venait de courir son maître, fit tout ce qu'il put pour l'en empêcher; mais il n'était pas facile de faire revenir Lyderic sur une résolution prise; de sorte que tout ce que le pauvre écuyer put obtenir de lui, c'est qu'il mettrait le casque qui rend invisible. Le comte de Flandre, enchanté d'essayer à l'instant même le pouvoir du casque magique, remercia son écuyer de lui avoir donné cette idée, l'autorisant à venir le rejoindre si dans une heure il n'était pas de retour. Aussitôt il mit le casque sur son front; et, étant devenu à l'instant même invisible aux yeux de Peters, il descendit par l'escalier souterrain.

Aux premiers pas qu'il fit, Lyderic vit bien qu'il ne s'était point trompé et qu'il devait être dans un des palais du roi Alberic : en effet, les murs étaient resplendissants de pierreries et le chemin tout sablé de poudre d'or. Après avoir traversé quelques appartements déserts, mais parfaitement éclairés par des lampes d'albâtre où brûlait une huile parfumée, il entra dans un jardin tout plein de fleurs qui lui sembla éclairé par le soleil lui-même; mais, en levant la tête, il s'aperçut que ce qu'il prenait pour le ciel était le fond d'un lac, mais si clair et si limpide, qu'on le voyait à travers : cependant il s'étonnait, si transparent que fût ce lac, que les rayons du soleil, en le traversant, eussent assez de force pour faire éclore les fleurs, lorsqu'en y regardant de plus près il s'aperçut que ces fleurs n'étaient point des fleurs véritables, mais bien des plantes artificielles si artistement travaillées, qu'il s'y était laissé prendre. Au reste, elles n'en étaient que plus précieu-

ses, car les tiges étaient de corail, les feuilles d'é-
meraudes; et, selon qu'on avait voulu imiter des
œillets, des tubéreuses ou des violettes, les fleurs
étaient en rubis, en topazes et en saphirs.

Au milieu de ce jardin étrange s'élevait un kiosque si élégant, que Lyderic jugea que, s'il devait
trouver le roi quelque part, c'était sans doute là. Il
s'avança donc doucement, et, protégé par son casque, il arriva sur le seuil sans avoir été vu. Le
comte de Flandre ne s'était pas trompé : le roi Alberic était couché dans un hamac entre deux de ses
femmes, dont l'une le balançait, tandis que l'autre
lui faisait de l'air avec une queue de paon; près de
lui, sur un sofa, était déposé le fouet d'or.

La conversation était des plus intéressantes : Alberic était en train de raconter à ses deux femmes
ses aventures de la journée. Il leur disait l'arrivée
de l'étranger dans le pays des Niebelungen; comment lui Alberic l'avait trompé en lui faisant ac-
croire qu'il allait lui donner le casque qui rend invisible, et comment, au lieu de tenir sa promesse, il
s'était enfoncé dans la terre en appelant à son aide
le géant Taffner, qui, à cette heure, l'avait sans
doute assommé.

Lyderic n'eut pas la patience d'écouter plus longtemps, et empoignant le roi par la barbe et le tirant de son hamac :

« Misérable nain, lui dit-il, tu vas payer d'un coup
toutes tes trahisons. »

Alors, lui ayant lié les mains derrière le dos, il
détacha le lustre qui pendait au milieu du kiosque,
et, ayant fait un nœud à la barbe du roi, il le sus-
pendit au crochet d'or.

« Et maintenant, lui dit-il, reste là jusqu'à ce que
la barbe se soit assez allongée pour que tes pieds
touchent la terre. »

Le petit nain se tordait comme un brochet pris à
l'hameçon, criant merci et jurant à cette fois qu'il
ferait hommage à Lyderic et le reconnaîtrait pour
son suzerain, si celui-ci voulait le détacher; mais
Lyderic le laissa crier et se tordre, mit les deux
femmes du roi, dont il comptait faire cadeau à la
princesse Chrimhilde, l'une dans sa poche droite et
l'autre dans sa poche gauche, prit le fouet d'or avec
lequel on ouvrait le trésor des Niebelungen, ôta son
casque un instant pour que le roi ne doutât point
que c'était à lui qu'il avait affaire, cueillit, en traversant le jardin, la plus belle rose qu'il pu trouver,
remonta l'escalier, et, ayant rencontré Peters qui
venait au-devant de lui, il se mit en route pour le
pays des Higlands, suivi de son écuyer, de ses deux
chevaux et précédé du rossignol, qui ne faisait que
chanter, tant il paraissait joyeux que les choses
eussent si bien tourné.

Le roi Alberic était couché dans un hamac entre deux de ses femmes. — Page 27.

VII

Lyderic marcha ainsi huit jours, précédé de son rossignol, suivi de Peters et causant avec les deux femmes du roi Alberic, qui aimaient bien mieux le ciel du Seigneur avec son soleil le jour et ses étoiles la nuit, et la terre du Seigneur avec ses plantes parfumées, que leur ciel de cristal, qui était toujours terne et froid, et leurs fleurs de diamants, dont la plus belle et la plus riche n'avait pas l'odeur de la plus pauvre violette se cachant sous l'herbe. Aussi, chaque jour et chaque soir, quand le soleil se levait à l'orient et se couchait à l'occident, elles remerciaient Lyderic de les avoir arrachées à leur prison, d'où la jalousie de leur maître ne leur avait jamais permis de sortir, et où elles passaient leur temps, l'une à dor-

Elle arriva la première au but et cueillit la rose. — Page 31.

mir dans son hamac, et l'autre à éventer avec une queue de paon cet horrible nain qui leur était odieux.

Au bout de huit jours, ils parvinrent au bord de la mer; ils la traversèrent en trois autres jours, et, vers le matin du quatrième, ils arrivèrent dans la capitale des Higlands, où il y avait de grandes fêtes en ce moment pour l'anniversaire de la naissance du roi.

Ces fêtes se composaient d'un tournoi entre les chevaliers, d'un tir à l'oiseau entre les archers, et d'une course entre les jeunes filles. Elles devaient être terminées par un combat entre des animaux féroces, que venait d'envoyer au roi des Higlands l'empereur de Constantinople, en échange de quatre faucons de Norwége, dont Gunther lui avait fait don.

Non-seulement Chrimhilde devait présider au tournoi et assister au tir de l'oiseau, mais elle devait encore prendre part à la course; car c'était un usage, dans la capitale du pays des Higlands, que toute jeune fille, sans en excepter les princesses, concourût, arrivée à l'âge de dix-huit ans, au prix de la rose : ce prix était appelé ainsi, parce qu'un simple rosier était le but et le prix de la course ; mais aussi une splendide promesse était faite à celle qui, arrivée la première, cueillait la rose unique que portait le rosier : elle devait épouser, dans l'année, le plus vaillant chevalier de la terre.

Lyderic avait donc trois occasions pour une de voir la princesse des Higlands, puisque les fêtes devaient commencer le lendemain, mais il n'eut point la patience d'attendre jusque-là, et, ayant mis le casque qui rend invisible, il s'achemina vers le palais. Il traversa d'abord trois magnifiques appartements : le premier plein de valets, le second plein de courtisans, et le troisième plein de ministres ; mais il ne s'arrêta ni dans le salon des valets, ni dans le salon des courtisans, ni dans le salon des ministres. Puis il passa dans la salle du trône, où le roi était assis sous un dais de pourpre brodé d'or, ayant la couronne en tête et le sceptre à la main ; mais il ne s'arrêta point encore dans la salle du trône. Enfin, il parvint dans un petit cabinet, tout de gazon et de fleurs, au milieu duquel était un bassin plein d'eau jaillissante et limpide ; et, sur ce gazon, au bord de cette eau, il vit une jeune fille couchée et effeuillant distraitement une marguerite sans lui rien demander, car elle n'aimait point encore, et ignorait qu'elle fût déjà aimée. Cette jeune fille était la princesse Chrimhilde.

Elle était plus belle que Lyderic n'avait pu se l'imaginer, même dans ses rêves les plus insensés ; aussi résolut-il plus que jamais de l'obtenir pour femme à quelque prix que ce fût, dût-il, comme Jacob, se faire dix ans berger

En attendant, Lyderic serait resté à regarder Chrimhilde ainsi jusqu'au soir, si Gunther n'avait envoyé chercher la princesse. La jeune fille se leva avec la douce obéissance d'une colombe et se rendit aux ordres de son frère. Lyderic la suivit, toujours sans être vu : il s'agissait des préparatifs du tournoi du lendemain, où elle devait couronner le vainqueur

Dès que Lyderic sut que la couronne devait être donnée par Chrimhilde, il résolut de la gagner ; et, comme il n'avait pas de temps à perdre de son côté s'il voulait être prêt le lendemain, il retourna à son auberge.

Comme il avait oublié d'ôter son casque, il entra sans être vu, et il trouva les deux femmes du roi Alberic, qui, voulant faire un cadeau à leur libérateur, avaient ramassé tout le long de la route des fils de la sainte Vierge, si bien que l'une les filait plus fin que les cheveux d'un enfant, tandis que l'autre en tissait une étoffe plus blanche que la neige et plus douce que la soie, plus fine que la toile d'araignées. Les pauvres petites travailleuses se dépêchaient de toute leur âme, car elles voulaient avoir fini pour le lendemain, cette étoffe étant destinée à faire la tunique avec laquelle le chevalier devait paraître au tournoi.

Lyderic devina leur intention, et se retira chez lui sans leur faire connaître qu'elles étaient découvertes : et les deux petites ouvrières travaillèrent si bien, que le lendemain au matin il trouva sa tunique prête. De plus, elle était si magnifiquement brodée de perles, de saphirs, d'escarboucles et de diamants, qu'il n'aurait jamais cru qu'il fût possible qu'avec des pierres on imitât si exactement des fleurs, s'il n'avait vu le parterre souterrain et artificiel du roi Alberic

Aussi, à peine Lyderic eut-il paru dans la lice, que tous les regards, même ceux de la belle Chrimhilde, se fixèrent sur lui, et que chacun fit des vœux pour que le beau jeune homme à la tunique blanche fût victorieux. Ces vœux furent exaucés ; Lyderic désarçonna tous ses adversaires, et le chevalier à la tunique blanche fut proclamé vainqueur du tournoi, couronné par Chrimhilde elle-même et invité au dîner de la cour et au bal qui en devait être la suite.

Le lendemain, Lyderic s'habilla en archer, et, du premier coup, abattit l'oiseau ; car on se rappelle que nous avons dit que, pendant ses exercices dans la forêt où il avait été élevé, il était devenu un des plus habiles tireurs d'arc qui fussent au monde. Alors il ramassa le perroquet encore tout percé de sa flèche ; et, lui ayant mis un gros diamant dans le bec et deux magnifiques à la place des yeux, il appela Peters, et lui ordonna de le porter au roi, comme un don qu'il désirait lui faire en remercîment de la manière courtoise dont il avait été reçu par lui.

Le lendemain devait avoir lieu la course à la rose : toutes les jeunes filles étaient réunies dans une lice, dont deux cordonnets de soie fermaient les limites, et au bout de cette lice, longue de cinq cents pas à peu près, était le rosier à la rose unique.

Chrimhilde était au milieu d'elles, la plus belle, la plus svelte et la plus élancée ; et son visage, tout resplendissant du désir de gagner le prix et de devenir la femme du plus brave cavalier de la terre, lui donnait un éclat qui la rendait plus belle encore que la première fois que Lyderic l'avait vue.

Lyderic résolut alors de lui faire gagner le prix : il rentra à son auberge, mit sur sa tête le casque qui rend invisible, emplit ses poches de pierreries, descendit dans la lice, et se plaça auprès d'elle.

Le roi donna le signal de la course, et toutes les jeunes filles partirent rapides comme des gazelles.

Cependant, si légère que fût Chrimhilde, cinq ou six de ses compagnes la suivaient de si près, qu'on pouvait hésiter à dire laquelle arriverait la première au rosier.

Mais alors Lyderic, qui courait derrière elle, prit de chaque main une poignée de pierreries, qu'il sema dans la lice.

Alors les jeunes filles, voyant briller à leurs pieds des perles, des rubis, des escarboucles et des diamants, ne purent résister au désir de les ramasser : pendant ce temps, Chrimhilde gagna du chemin, e comme plus ses compagnes avançaient dans la lice, plus la lice était semée de pierres précieuses, Chrimhilde, pour qui l'espoir d'épouser le plus vaillant chevalier de la terre était plus précieux que tous les diamants du monde, arriva la première au but et cueillit la rose.

Le lendemain était consacré aux combats d'animaux féroces : ils étaient dans un grand cirque creusé en terre, et, tout autour, on avait bâti des estrades.

Sur l'une d'elles, isolée et magnifiquement enrichie, était le roi Gunther, et sa sœur Chrimhilde, qui, radieuse du triomphe qu'elle avait remporté la veille, tenait à la main la rose qui en avait été le prix.

Déjà plusieurs couples d'animaux avaient combattu l'un contre l'autre, lorsqu'on amena un lion de l'Atlas et un tigre de Lahore ; c'étaient à la fois les deux plus magnifiques et les deux plus terribles animaux que l'on pût voir en face l'un de l'autre.

Ils étaient au moment le plus acharné de leur lutte, lorsque la princesse Chrimhilde poussa un cri : elle venait de laisser tomber entre eux la rose qu'elle tenait à la main.

Ce cri fut suivi d'un second que poussèrent d'une seule voix tous les spectateurs : Lyderic était sauté dans la lice pour aller chercher la rose !

Aussitôt, d'un mouvement unanime, le lion et le tigre cessèrent leur combat et se retournèrent vers Lyderic, rugissant et se battant les flancs avec leur queue.

Mais, lui, tira le fouet d'or de sa ceinture et leur en appliqua de si rudes coups, qu'ils s'enfuirent en hurlant comme des chiens.

Alors Lyderic s'avança librement vers la fleur et la ramassa ; mais, au lieu de rendre à la princesse Chrimhilde la rose qu'elle avait laissée tomber, il lui donna celle qu'il avait cueillie dans les jardins souterrains d'Alberic : Chrimhilde était si troublée, que, sans s'apercevoir de la substitution, elle prit la rose que lui tendait le jeune homme, et se tournant vers le roi :

— Ah ! mon frère, dit-elle, entraînée sans doute par le désir qu'elle en avait, je crois bien que le seigneur Lyderic est le plus brave chevalier de la terre.

Le lendemain, Lyderic envoya au roi Gunther les quatre paniers pleins de perles, de rubis, d'escarboucles et de diamants, en lui faisant demander en échange la main de sa sœur.

Mais le roi Gunther répondit que la main de sa sœur ne serait qu'à celui qui l'aiderait à conquérir le château de Ségard, qui était tout entouré de flammes, et dans lequel la belle Brunehilde, reine d'Islande, était endormie depuis cinquante ans.

Lyderic répondit qu'il était prêt à conquérir le château de Ségard, à réveiller la reine d'Islande et à la ramener dans le pays des Higlands.

Mais Gunther ne voulut point permettre que Lyderic accomplît seul une entreprise qui ne le regardait point : de sorte qu'il fut convenu que les deux jeunes gens iraient ensemble à la conquête du château de Ségard, et que, s'ils réussissaient dans cette entreprise, à son retour dans la capitale des Higlands, Lyderic épouserait Chrimhilde.

Mais, lui, titra le fouet d'or de sa ceinture. et leur en appliqua de si rudes coups, qu'ils s'enfuirent. — Page 31.

VIII

u bout de huit jours, le
vaisseau qui devait trans-
porter Gunther et Lyderic
en Islande étant prêt, ils
partirent accompagnés de
cent des meilleurs cheva-
liers du pays des Higlands.
En partant, Lyderic donna
à Chrimhilde les deux femmes du roi Alberic, dont
elle fit à l'instant même ses dames d'honneur, afin
de pouvoir causer tout à son aise avec elles de celui qui, pour la posséder, allait tenter une entreprise si périlleuse.

Vers le soir du troisième jour de la navigation,
on aperçut une grande lueur à l'horizon, et les deux
jeunes gens ayant interrogé le pilote, celui-ci répondit que ce devait être l'embrasement du château de
Ségard.

distinguait les hautes murailles crénelées qui brûlaient sans se consumer.

En effet, à mesure que la nuit s'avança, l'incendie devint plus visible; on distinguait les hautes murailles crénelées qui brûlaient sans se consumer, car elles étaient en pierres d'amiante; puis, dans ces murailles, des portes au nombre de dix, dont chacune était gardée par un dragon.

Au point du jour, le vaisseau, toujours guidé par l'embrasement comme par un immense phare, aborda dans un beau port que dominait le château. Gunther voulait aussitôt s'élancer à terre et essayer de passer à travers les flammes; mais Lyderic le retint, lui disant qu'il avait, lui, tous les moyens de mener l'entreprise à bien; qu'il le laissât donc faire, et qu'il lui en rendrait bon compte.

Le roi resta donc sur le vaisseau avec ses cent cavaliers, et Lyderic, ayant mis Balmung à son côté, passé son fouet d'or à sa ceinture et posé sur sa tête le casque qui rend invisible, sauta sur le rivage, et, sans se donner la peine de choisir une porte plutôt qu'une autre, s'avança vers celle qui était la plus proche de la mer.

Elle était gardée par une hydre monstrueuse qui avait six têtes, dont trois veillaient sans cesse, tandis que les trois autres dormaient.

Lyderic s'avança résolûment vers elle; et, quoi-qu'il fût invisible, l'hydre entendit le bruit de ses pas; aussitôt les trois têtes qui veillaient réveillè-rent les trois têtes endormies, et toutes les six se dressèrent en jetant des flammes du côté d'où ve-nait le bruit.

Ces flammes étaient si vives et si ardentes, que leur chaleur, jointe à celle des murailles, ne per-mettait pas à Lyderic d'approcher de l'hydre à la longueur de Balmung; force lui fut donc de remet-tre son épée au fourreau et de se contenter de son fouet d'or; mais il s'en escrima si heureusement, qu'au bout de quelques secondes l'hydre tourna le dos et se mit à fuir.

Lyderic la poursuivit et entra avec elle dans la ville; là, l'ayant forcée d'entrer dans un cul-de-sac, il la fouetta si bien, qu'elle cessa de jeter des flammes pour jeter du sang.

Lyderic profita de ce changement, repassa son fouet à sa ceinture, tira Balmung, coupa l'une après l'autre les six têtes du monstre, et continua son chemin

Il n'y avait point à se perdre, toutes les rues étaient tirées au cordeau et toutes correspondaient au palais de la princesse, qui était situé au centre de la ville.

Lyderic s'avança vers ce palais au milieu d'un si-lence étrange : tout le long de la route, il trouvait des commissionnaires endormis sur leurs crochets; des facteurs le bras étendu vers la sonnette de la maison où ils portaient des lettres; des cochers as-sis sur le siége de leur voiture, le fouet à la main, des chasseurs derrière; des marchands et des mar-chandes assis sur le pas de la porte; une proces-sion qui allait à l'église, et tout cela dormait pro-fondément et silencieusement, à l'exception du joueur de serpent, qui soufflait de telle façon, que l'on aurait pu croire qu'il continuait à jouer de son instrument.

Le comte de Flandre continua son chemin et en-tra dans le palais.

Le même silence qu'au dehors y régnait.

Le gardien du donjon dormait en tenant sa trompe à la main; les chiens étaient couchés près de la porte; les oiseaux se tenaient perchés sur les arbres; les mouches étaient immobiles sur les murs.

A mesure que Lyderic pénétrait dans les apparte-ments, il lui était facile de voir que le sommeil avait surpris les habitants du château au milieu d'une fête : les antichambres étaient pleines de laquais qui étaient debout, portant des plateaux servis et rap-portant des plateaux vides.

Enfin il entra dans la salle de bal, et il trouva tous les conviés achevant une contredanse, les uns ayant le bras et les autres la jambe en l'air : rien d'ailleurs n'était changé à la figure; les musiciens avaient l'archet sur les cordes de leurs violons et la bouche au bec de leurs clarinettes.

Sur une espèce de trône était couché un beau chevalier portant une armure étincelante de pierre-ries et le front couvert d'un casque d'or.

Comme il semblait le roi de la fête, Lyderic alla doit à lui et détacha son casque; mais alors de ma-gnifiques cheveux blonds se répandirent sur ses épaules, et un délicieux visage de femme lui appa-rut, encadré par eux comme dans une auréole d'or.

Lyderic approcha sa joue de la sienne pour sen-tir si elle respirait encore; un souffle doux et par-fumé lui prouva que la vie n'avait point cessé d'ani-mer ce beau corps.

Alors Lyderic, ayant la bouche si près de cette bouche de corail, ne put résister au désir d'y dépo-ser un baiser, mais si doucement, qu'à peine ses lè-vres eurent touché les lèvres de la belle guerrière, celle-ci tressaillit et ouvrit les yeux.

En même temps qu'elle, tout se réveilla : les mu-siciens reprirent leur ritournelle, les danseurs achevèrent leur gigue, et les laquais entrèrent avec leurs rafraîchissements.

— Sois le bienvenu, jeune homme, dit Brune-hilde à Lyderic, car les prophètes ont dit que je ne serais réveillée que par celui à qui appartiendraient un jour cette ceinture et cet anneau.

— Hélas! belle princesse, répondit en souriant Lyderic, tant de bonheur ne m'est point réservé. Je ne suis qu'un ambassadeur, et je viens vous deman-der votre main pour Gunther, roi des Higlands, dont je vais épouser la sœur.

— Ah! ah! dit Brunehilde en donnant à l'instant même à son visage l'expression du plus profond dédain; vous entendez, messieurs et mesdames, celui qui nous envoie demander notre main n'a pas jugé que nous fussions digne des périls auxquels il fallait s'exposer pour parvenir jusqu'à nous, et il nous a envoyé un ambassadeur plus brave que lui.

— Je vous demande pardon, adorable princesse, reprit Lyderic. Je ne suis pas plus brave que Gun-ther; mais la condition que j'avais mise en l'accom-pagnant était qu'il me laisserait tenter l'aventure. Arrivé dans le port, je l'ai sommé de tenir sa pa-role, et il a bien fallu qu'il la tînt, car vous savez que c'est le premier devoir de tout brave chevalier que d'être fidèle à ses engagements.

— C'est bien, c'est bien, dit Brunehilde presque sans écouter Lyderic. Et celui qui vous envoie sait quelles épreuves doit subir celui qui veut être mon époux?

— Oui, noble princesse, répondit Lyderic, et, comme ces épreuves sont les plus dangereuses, celles-là Gunther se les est réservées.

— Retournez donc vers lui, dit alors Brunehilde, et dites-lui qu'il se tienne prêt à accomplir les épreuves que je lui imposerai demain matin; mais sachez en même temps que, s'il succombe, vous et lui périrez tous les deux.

Lyderic voulut ajouter quelques mots de galanterie pour prendre congé; mais Brunehilde ne lui en donna pas le temps, et, lui tournant dédaigneusement le dos, elle passa dans la chambre voisine.

Lyderic retourna vers Gunther.

Il trouva le roi qui l'attendait avec impatience, et lui raconta comment tout s'était passé, et comment il devait subir le lendemain les épreuves dont il fallait sortir vainqueur pour devenir le mari de Brunehilde et roi d'Islande.

Puis il ajouta la menace qu'avait faite Brunehilde de les envoyer à la mort tous les deux si Gunther n'était pas vainqueur.

Gunther demanda alors à Lyderic s'il ne voulait pas lui laisser achever les épreuves seul et s'en retourner dans l'île des Higlands, lui promettant que, de quelque manière que tournassent les choses, sa sœur Chrimhilde n'en serait pas moins sa femme; mais Lyderic, pensant que Gunther aurait besoin de lui pendant les épreuves, refusa, en lui disant que telles n'étaient point leurs conventions, et qu'il désirait jusqu'au bout partager sa fortune.

Gunther, qui, de son côté, était bien aise d'avoir Lyderic près de lui, n'insista pas davantage, et les deux amis attendirent avec impatience le lendemain.

Le moment du départ du vaisseau était fixé à six heures du matin, et Gunther était prêt à l'heure dite, lorsqu'en regardant autour de lui il chercha vainement Lyderic.

Il commençait déjà à être fort inquiet de son absence et à craindre quelque trahison lorsqu'il entendit à son oreille une voix qui lui disait :

— Ne crains rien, Gunther, je suis près de toi et ne te quitterai pas, et peut-être te serai-je plus utile ainsi que si j'étais visible à tous les yeux.

A ces mots, il reconnut la voix de Lyderic, et il fut tranquillisé.

Alors il se mit en route avec ses cent chevaliers et s'avança vers la ville.

Mais bientôt il en vit sortir Brunehilde, à la tête de cinq cents soldats, qui enveloppèrent Gunther et ses cent chevaliers, de manière à ce que, si le roi échouait dans les épreuves, ni lui ni aucun des hommes de sa suite ne pussent échapper.

Gunther commença à s'inquiéter, et demanda à voix basse :

— Lyderic, es-tu là?

— Oui, répondit Lyderic.

Et Gunther se tranquillisa.

Arrivé devant la belle guerrière, le roi mit pied à terre, et se présenta à elle comme celui qui sollicitait l'honneur de devenir son époux.

Alors Brunehilde sourit dédaigneusement en regardant Gunther, et lui dit :

— Il est une loi du ciel et de la terre pour que tout mariage soit heureux, c'est que la femme doit obéissance à son mari : or, pour que la femme obéisse, il faut qu'elle rencontre un homme supérieur à elle; or, j'ai juré de n'épouser, moi, que celui qui sera plus adroit, plus fort et plus léger que moi, car à celui-là seulement je consentirai à obéir. Roi Gunther, es-tu prêt à tenter les trois épreuves qu'il me conviendra de t'imposer?

— Je suis prêt, dit Gunther.

— Alors, si cela est votre bon plaisir, monseigneur, comme vous êtes tout armé et moi aussi, nous commencerons par la joute... Apportez les lances.

Aussitôt huit écuyers apportèrent deux lances, si lourdes qu'il fallait être quatre hommes pour porter chacune d'elles.

Gunther les regarda avec inquiétude, car elles étaient aussi grosses que le mât de son vaisseau, et il ne croyait même pas qu'il pût les soulever.

Lyderic vit son inquiétude et lui dit :

— Ne crains rien, et fais-moi place sur le devant de la selle : c'est toi qui feras le geste, et c'est moi qui porterai et qui recevrai le coup.

Ces paroles rassurèrent Gunther, de sorte qu'il accepta sans hésiter, ce qui parut fort étonner Brunehilde, qui prit une des deux lances, qu'elle souleva avec une facilité extraordinaire, et, mettant son cheval au galop, elle alla se placer à l'endroit d'où elle devait courir.

Quant à Gunther, il souleva la sienne avec la même aisance que si c'était un fétu de paille, ce qui excita un long murmure d'admiration parmi les assistants, et il alla se placer à cent pas, en face de Brunehilde.

Les juges donnèrent le signal; les chevaux partirent au galop, et les deux adversaires se rencontrèrent au milieu du chemin, et, au grand étonnement de tout le monde, la lance de Gunther se brisa en morceaux sur le bouclier d'or de Brunehilde, mais en la frappant d'un tel choc, que la belle guerrière fut renversée jusque sur la croupe de son cheval; de sorte que son casque tomba et laissa voir son visage tout enflammé de colère et de honte; quant à Gunther, comme le choc avait atteint Lyderic, il était resté ferme et inébranlable sur ses arçons.

— Je suis vaincue, dit la reine en jetant sa lance; passons à la seconde épreuve.

Et elle descendit de cheval.

— Tu ne t'en vas pas? dit Gunther à Lyderic.

— Non, sois tranquille, répondit Lyderic.

— Bien, dit Gunther.

Et alors il reçut d'un visage modeste et souriant les compliments de ses cent cavaliers, qui lui dirent que jamais ils ne lui avaient vu déployer une pareille force; et pour la première fois le roi Gunther reconnut en lui-même que ses courtisans lui disaient la vérité.

Alors un délicieux visage de femme leur apparut. — Page 34.

Pendant ce temps, douze hommes apportaient une énorme pierre dont l'aspect seul fit frissonner Gunther.

— Vois-tu ce qu'ils font? demanda tout bas Gunther à Lyderic.

— Oui, dit Lyderic, mais ne t'inquiète pas.

— Roi Gunther, dit Brunehilde, tu vois bien cette pierre? je vais la jeter jusqu'à cette petite montagne qui est à cinquante pas de nous à peu près; si tu la jettes plus loin, je me reconnaîtrai vaincue, comme lorsque tu as brisé ma lance.

— Cinquante pas! murmura tout bas Gunther. Peste!

— Ne crains rien, dit Lyderic, je mettrai ma main dans la tienne : tu feras le mouvement, et c'est moi qui la lancerai.

Alors Brunehilde prit la pierre d'une seule main, la fit tourner deux ou trois fois au-dessus de sa tête comme un berger fait d'une fronde, et la lança avec tant de force, qu'au lieu de s'arrêter au bas de la montagne, comme elle l'avait dit, la pierre monta en roulant jusqu'à la moitié, puis, entraînée par

Lyderic ôta son casque et, étant redevenu visible, il salua Gunther et Brunehilde — PAGE 38.

son poids, retomba jusqu'au but qui lui avait été marqué.

Les chevaliers de Gunther tremblèrent; ceux de Brunehilde applaudirent.

Les douze hommes allèrent chercher la pierre, qu'ils rapportèrent à grand'peine à l'endroit d'où l'avait lancée Brunehilde.

Alors Gunther la prit, et, sans effort apparent, sans avoir besoin de la faire tourner autour de sa tête, comme un joueur de boule lance sa boule, il lança la pierre, qui alla tomber du premier coup plus loin qu'elle n'avait été même en roulant, et qui, continuant de rouler à son tour, franchit la montagne jusqu'à son sommet, et, comme l'autre versant descendait vers la mer, elle eut encore assez d'impulsion pour franchir la cime, et, suivant la pente opposée, s'en aller en bondissant s'engloutir dans la mer.

Cette fois-ci, ce ne furent plus des applaudissements, mais des cris d'admiration qui accueillirent cette preuve de la force de Gunther.

Chacun voulant voir où s'était arrêtée la pierre,

courut à la montagne, et vit au milieu de la mer, toute bouillonnante encore, s'élever la pointe d'un écueil nouveau et inconnu.

Brunehilde était pâle de colère; elle rappela tout son peuple.

— Or çà, dit-elle, venez ici, car tout n'est point fini encore, et il nous reste une dernière épreuve. Roi Gunther, ajouta-t-elle en se retournant, tu vois ce précipice?

— Oui, dit Gunther.

— Comme tu le vois, il a vingt-cinq pieds de large; quant à sa profondeur, elle est inconnue, et une pierre comme celle que nous venons de lancer mettrait plusieurs minutes à en trouver le fond. Un jour que je poursuivais un élan à la chasse, l'élan le franchit et crut être en sûreté, mais je le franchis derrière lui, je le joignis et je le tuai. Es-tu prêt à me poursuivre comme je poursuivais l'élan et à le franchir derrière moi?

— Hum! fit Gunther.

— Accepte, dit Lyderic.

— Je suis prêt, répondit Gunther; mais n'ôtons-nous pas notre armure?

— Permis à toi d'ôter ton armure, roi Gunther, dit dédaigneusement Brunehilde; mais, moi, je garderai la mienne.

— Garde ton armure, dit tout bas Lyderic.

— Je ferai comme vous ferez, répondit Gunther.

Alors la belle guerrière s'élança, légère comme une biche, et, sans crainte, sans hésitation, elle franchit le précipice; mais cela si justement, que le bout de son pied à peine toucha de l'autre côté, et que tous les assistants jetèrent un cri, croyant qu'elle allait retomber en arrière dans le précipice.

— A ton tour, roi Gunther, dit alors en se retournant Brunehilde.

— Comment allons-nous faire? dit Gunther à Lyderic.

— Je te prendrai par le poignet, répondit Lyderic, et je t'enlèverai avec moi.

— Ne va pas me lâcher, dit Gunther.

— Sois tranquille, répondit Lyderic.

Pour toute réponse, Gunther se mit à courir avec une telle rapidité, qu'à peine pouvait-on le suivre des yeux; puis, arrivé au bord, il s'enleva comme s'il eût eu les ailes d'un aigle, et retomba de l'autre côté à plus de dix pieds plus loin que n'avait fait Brunehilde.

— Roi Gunther, dit Brunehilde, tu m'as vaincue dans les trois épreuves que je t'avais imposées; je n'ai donc plus rien à dire. Tu m'as conquise, je suis ta femme.

— Et toi, dit tout bas Gunther à Lyderic, tu es le mari de ma sœur.

Et, tandis que Gunther baisait la main de Brunehilde, Lyderic serrait la main de Gunther.

Gunther et Brunehilde s'avancèrent alors vers les assistants en se tenant par la main, et Brunehilde leur présenta Gunther comme son époux.

Cette nouvelle excita, tant parmi les chevaliers de l'Islande que parmi ceux de l'Écosse, de grands transports de joie, car, selon eux, avec un tel roi et avec une telle reine, ils n'avaient rien à craindre d'aucun peuple étranger.

Lyderic ôta son casque, et, étant redevenu visible, il salua Gunther et Brunehilde comme s'il arrivait seulement à cette heure du vaisseau. Mais à peine Brunehilde daigna-t-elle le regarder; quant à Gunther, quelque envie qu'il eût de l'embrasser, il se contenta de lui serrer la main.

Il fut convenu que les deux noces se feraient ensemble dans la capitale des Higlands, seulement on resta quinze jours encore à Ségard, pour que Brunehilde réglât avant son départ toutes les affaires de son royaume.

Puis, ces quinze jours écoulés, on partit, et un vent favorable conduisit le vaisseau dans la capitale des Higlands.

La princesse Chrimhilde fut bien heureuse de revoir Lyderic, et d'apprendre de la bouche même de son frère qu'il lui avait rendu de tels services qu'il lui avait accordé sa main; elle reçut aussi la reine Brunehilde comme une sœur à laquelle elle était disposée d'avance à accorder toute son amitié : quant à celle-ci, son accueil fut, selon son habitude, froid et fier, car elle méprisait beaucoup les jeunes filles qui, comme Chrimhilde, ne s'étaient jamais occupées que de toilette et de broderies.

Quant aux deux petites dames d'honneur, elles furent fort contentes aussi de revoir leur libérateur, car elles se trouvaient bien heureuses près de la princesse Chrimhilde, qui avait pour elles toutes sortes de bontés, et à qui, en échange, elles montraient à faire des broderies miraculeuses de finesse et d'éclat.

Les deux noces se firent en grande pompe, et il y eut, pendant les trois jours qui les précédèrent, force joutes et tournois. Mais, le jour même du mariage, Lyderic reçut des lettres de sa mère qui le rappelaient dans ses États : la bonne vieille princesse se mourait d'envie de revoir son fils, et le suppliait de revenir auprès d'elle avec sa belle-fille qu'elle avait grande envie de voir, lui disant que, s'il tardait seulement de huit jours à se mettre en route, il la trouverait morte d'ennui et de chagrin. Il dit donc à la princesse sa femme qu'il devait partir le plus tôt possible, et, comme celle-ci n'avait d'autre volonté que celle de son mari, elle lui offrit de se mettre en route dès le lendemain : seulement Chrimhilde demanda à Lyderic la permission de faire cadeau à sa belle-sœur de la moitié de ses perles, de ses rubis, de ses escarboucles et de ses diamants, ce à quoi Lyderic consentit bien volontiers; mais Brunehilde renvoya fièrement les pierreries à sa belle-sœur, en lui faisant dire que ses bijoux, à elle, étaient sa lance, sa cuirasse, son bouclier, son casque et son épée.

Ce renvoi fut un nouveau motif à Lyderic de partir promptement, car il vit bien que, s'il était resté plus longtemps à la cour du roi son frère, la més-intelligence n'aurait point tardé à se mettre entre les deux femmes.

Lyderic et Chrimhilde partirent donc pour le château de Buck, qu'habitait toujours la vieille princesse, et ils y arrivèrent au bout de trois jours de route.

Ermengarde fut bien joyeuse de revoir son fils, et elle fit à Chrimhilde un véritable accueil de mère.

Au reste, tout allait parfaitement dans les États du comte de Flandre, ses peuples, étant plus heureux qu'ils n'avaient jamais été, ne demandaient rien autre chose au ciel que la conservation d'un si bon prince.

Au bout de neuf mois juste, la princesse Chrimhilde accoucha d'un beau garçon, qui reçut au baptême le nom d'Andracus.

IX

n même temps que Gunther félicitait sa sœur de son accouchement, il invita Lyderic à venir le voir avec Chrimhilde aussitôt qu'elle pourrait supporter le voyage, lui disant qu'il avait des choses de la plus haute importance à lui communiquer.

Lyderic communiqua la lettre à sa femme : elle avait de son côté grand désir de revoir son frère, de sorte que, comme, grâce à son bon naturel, elle avait oublié l'orgueilleux accueil de la reine Brunehilde, elle fut la première à l'inviter à revenir passer quelque temps à la cour du roi Gunther. Quant à la vieille princesse, elle eut bien quelque peine d'abord à donner son consentement à cette nouvelle absence, mais on lui promit de lui laisser son petit-fils, ce qui la détermina à ne plus s'opposer au départ de Lyderic et de Chrimhilde, qu'elle aimait maintenant à l'égal d'une fille.

Le comte de Flandre, au reste, s'était d'autant plus facilement déterminé à laisser son fils à la vieille princesse, que Gunther ne lui ayant pas même dit dans sa lettre que Brunehilde fût enceinte, il craignait de lui inspirer des regrets plus vifs encore en lui rappelant sans cesse par la vue de son enfant qu'il avait été plus heureux que lui.

Lyderic et Chrimhilde partirent donc seuls pour la capitale des Higlands.

Ils furent reçus par Gunther avec les démonstrations de la joie la plus vive; la fière Brunehilde elle-même parut contente de les recevoir, et, en apercevant Lyderic, son visage se couvrit d'une vive rougeur, car elle ne pouvait oublier ce baiser qui l'avait réveillée et dont elle n'avait jamais parlé à son mari.

De son côté, Lyderic avait jugé inutile de raconter à Gunther cette circonstance de son ambassade; de sorte que Gunther attribuait la rougeur de Brunehilde à la joie qu'elle avait de revoir ses anciens amis.

Aussitôt que Lyderic et Gunther se trouvèrent seuls, ce qui ne tarda point, car tous deux en cherchaient l'occasion, Lyderic demanda à Gunther quelles étaient les choses importantes dont il avait à l'entretenir.

Alors Gunther raconta à Lyderic une histoire étrange.

La nuit de ses noces, Brunehilde avait détaché ses jarretières; avec l'une elle avait lié les mains de son mari, avec l'autre les pieds, et l'avait accroché à un faisceau d'armes qui était scellé dans la muraille, puis elle s'était couchée tranquillement.

Gunther alors avait voulu crier et appeler au secours; aussitôt Brunehilde s'était relevée et l'avait si cruellement battu, que le pauvre diable avait fini par promettre qu'il se tiendrait tranquille et muet toute la nuit.

Sur cette promesse, Brunehilde s'était recouchée et avait dormi tout d'une traite jusqu'au jour.

Au jour, elle s'était réveillée, et, touchée des supplications de Gunther, elle l'avait décroché.

Depuis lors, chaque nuit, la princesse en avait usé avec lui comme la première fois, seulement elle le battait plus cruellement encore.

Elle l'avait accroché à un faisceau d'armes qui était scellé dans la muraille. — Page 39.

Il ne restait d'autre ressource à Gunther que de se sauver le soir dans une pièce voisine de la chambre nuptiale, et de s'y barricader à double tour.

Telles étaient les choses importantes que Gunther avait à confier à son ami Lyderic.

Ce ne fut pas sans raison que Gunther avait compté sur son ami.

Lyderic réfléchit un instant à ce qu'il venait d'entendre; puis, posant la main sur l'épaule de Gunther :

— Sois tranquille, lui dit-il, et ce soir, quand les pages et les serviteurs se seront retirés, au lieu de sortir par la porte, ferme-la en dedans, et souffle la lampe, le reste me regarde. Je t'ai déjà soutenu dans les trois premières épreuves, je ne t'abandonnerai pas dans la dernière.

— Tu seras donc là? demanda Gunther.

— Je serai là, répondit Lyderic.

— Mais comment saurai-je que tu y es?

— Je te parlerai à l'oreille, comme j'ai fait au château de Ségard.

Gunther se jeta dans les bras de son ami, lui ju-

— Depuis quand la vassale prend-elle le pas sur la reine? — Page 42.

rant qu'il n'oublierait jamais ce dernier service, le plus grand de tous ceux qu'il lui avait rendus.

La journée se passa en fêtes ; le roi et la reine des Higlands avaient l'air d'être au mieux ensemble ; aussi tout le monde déplorait-il la stérilité de leur union, seul nuage qui pût obscurcir le ciel d'un aussi bon ménage, Brunehilde consentant à paraître la servante le jour, pourvu qu'elle fût la maîtresse pendant la nuit.

Le soir arriva sans que Brunehilde se doutât en rien du complot qui était tramé contre elle.

Quand l'heure de se retirer fut venue, Lyderic conduisit Chrimhilde à sa chambre, et, lui disant qu'il avait à causer d'affaires d'État avec Gunther, il la laissa seule, contre son habitude.

Cet abandon momentané fit grande peine à Chrimhilde ; mais son âme, à elle, était faite de dévouement, comme celle de Brunehilde était faite d'orgueil, et, lorsque Lyderic lui eut dit que cette absence avait pour but de rendre un grand service à son frère, elle ne retint plus son mari.

En conséquence, Lyderic passa dans la chambre

voisine, mit sur sa tête le casque qui rend invisible, et s'achemina vers la chambre du roi.

La porte en était ouverte.

Comme d'habitude, des pages et des serviteurs, portant chacun une torche à la main, venaient de conduire leurs souverains dans cette chambre témoin depuis un an de si étranges choses.

Lyderic se glissa parmi eux, et, voyant que le roi regardait avec inquiétude, il s'approcha de lui en disant :

— Me voilà.

Dès lors le visage de Gunther reprit toute sa sérénité, et son regard cessa de s'arrêter malgré lui sur le malencontreux faisceau d'armes, auquel il devait les plus mauvaises nuits qu'il eût passées de sa vie.

A l'heure habituelle, les serviteurs et les pages se retirèrent, emportant les flambeaux et ne laissant qu'une seule lampe allumée.

Alors Brunehilde, qui jusque-là avait gardé l'apparence d'une femme soumise, se leva fièrement, et, avec la démarche d'une reine, s'avança vers son mari

Mais celui-ci, ayant demandé tout bas à Lyderic s'il était là, et en ayant reçu une réponse affirmative, s'élança vers la porte, et, l'ayant fermée à la clef, mit la clef dans sa poche, au lieu de s'enfuir comme il en avait l'habitude.

Brunehilde frappa Gunther si rudement, qu'il alla tomber sur la table où était la lampe, la renversa, et qu'il l'éteignit; de sorte que la chambre se trouva dans l'obscurité.

— Tu vois? dit tout bas Gunther à Lyderic.

— Oui, répondit Lyderic; et maintenant, mets-toi dans un coin et laisse-moi faire.

Alors Lyderic s'avança à la place de Gunther, et, comme Brunehilde crut que c'était toujours son mari, et que, par expérience, elle avait appris à connaître sa supériorité sur lui, elle voulut lui saisir les mains pour les lui lier comme elle avait déjà fait.

Mais cette fois les choses ne se passèrent pas ainsi que de coutume, et, au contraire, ce fut Lyderic qui prit Brunehilde par les poignets et qui les lui lia avec le ceinturon; puis il attacha Brunehilde au faisceau d'armes et disparut..

En sortant, ses pieds rencontrèrent un léger obstacle près de la porte.

Il se baissa pour voir ce que c'était et ramassa quelque chose de soyeux.

Quand il fut arrivé à la lumière, il reconnut la ceinture que Brunehilde portait ordinairement, et dans laquelle, suivant son habitude, se trouvait passé un large anneau d'or à ses armoiries.

En rentrant chez lui, Lyderic trouva Chrimhilde fort inquiète.

Alors, comme il n'avait point de secret pour elle, il lui raconta ce qui venait de se passer, et lui montra l'anneau et la ceinture qu'il avait trouvés.

Chrimhilde les voulut avoir.

Lyderic s'y refusa un instant; puis, comme il vit que son refus ne faisait qu'augmenter les désirs de sa femme, il lui donna l'anneau et la ceinture en la priant de ne jamais dire d'où ils lui venaient.

Chrimhilde le lui promit, et dans ce moment sans doute elle avait l'intention de tenir sa promesse.

Le lendemain, du plus loin que Gunther aperçut Lyderic, il alla à lui et lui serra la main d'un air triomphant; quant à Brunehilde, elle parut au contraire honteuse et attristée, et comme ne pouvant se pardonner la victoire que son mari avait remportée sur elle.

Avec la faiblesse de la femme, ses petites passions étaient aussi venues à Brunehilde, et cette haine instinctive qu'elle avait ressentie pour Chrimhilde s'augmenta bientôt au point que les deux femmes ne pouvaient se rencontrer sans échanger l'une avec l'autre des paroles piquantes.

Sur ces entrefaites, des troubles éclatèrent dans le nord du pays des Higlands, et Gunther fut obligé de quitter sa capitale pour aller les apaiser.

Il prit donc congé de Lyderic et de Chrimhilde, laissant à Brunehilde le soin de remplir envers eux les devoirs de l'hospitalité.

Mais Brunehilde ne se vit pas plutôt seule, qu'elle traita Lyderic et Chrimhilde avec une hauteur à laquelle ni l'un ni l'autre n'étaient habitués.

Ce n'était rien pour Lyderic, qui croyait savoir la cause de ce mépris apparent; mais il n'en était point ainsi de Chrimhilde, qui ressentait doublement, pour elle et pour son mari, les insultes qu'on lui faisait.

Enfin, les insultes lui devinrent insupportables, et elle résolut de s'en venger.

Alors, comme vint le saint jour du dimanche, sans rien dire à son mari de ce qu'elle allait faire, elle passa à son doigt l'anneau et serra autour de sa taille la ceinture que Lyderic avait trouvés chez Brunehilde pendant la nuit où il avait lutté avec elle, et, étant partie pour l'église en même temps que Brunehilde, au moment d'y entrer, elle prit le pas sur elle. Alors Brunehilde l'arrêta.

— Depuis quand, lui dit-elle, la vassale prend-elle le pas sur la reine?

— Depuis, répondit Chrimhilde, que je porte cette ceinture et cet anneau.

A ce geste, Brunehilde jeta un cri et tomba évanouie entre les bras de ses femmes; quant à Chrimhilde, elle entra avec assurance dans l'église et s'agenouilla à la place d'honneur.

Mais elle n'y fut pas plutôt, qu'elle se rappela qu'elle avait manqué à la promesse qu'elle avait faite à son mari, et qu'elle calcula avec effroi quelles pouvaient être les suites terribles de sa désobéissance : aussi, à peine le saint sacrifice de la messe fut-il terminé, qu'elle rentra au palais, et qu'ayant été trouver Lyderic elle le supplia de partir à l'instant même, ne pouvant pas, lui dit-elle, endurer plus longtemps les humiliations que lui faisait subir sa belle-sœur.

Lyderic, qui n'était point fâché de mettre un terme à toutes ces dissensions, fixa son départ au lendemain, et se présenta chez Brunehilde pour prendre congé d'elle.

Mais Brunehilde refusa de le recevoir, et Lyderic, prenant ce refus pour une nouvelle insulte, au lieu d'attendre le lendemain, partit le soir, sans même écrire à Gunther pour lui apprendre la cause de son départ.

Quelques jours s'étaient écoulés à peine depuis que Lyderic et Chrimhilde avaient quitté la capitale des Higlands, lorsque Gunther y rentra, après avoir heureusement apaisé les troubles qui l'avaient appelé dans le nord de ses États.

Son premier soin fut de se rendre auprès de la reine ; mais, au lieu de la voir toute joyeuse ainsi qu'il s'y attendait, il la retrouva en larmes, et, comme il s'avançait vers elle pour la serrer dans ses bras, elle tomba à ses genoux, en lui demandant vengeance contre Lyderic.

— Qu'a-t-il donc fait ? demanda Gunther étonné.

— Sire, répondit Brunehilde, il m'a insultée gravement, et vous a insulté plus gravement encore ; car, s'étant procuré, je ne sais comment, la ceinture et l'anneau que vous m'avez dérobés pendant la nuit, il les a donnés à Chrimhilde, en lui disant que c'était lui qui me les avait pris : et vous savez bien le contraire, monseigneur, puisque vous avez été un an sans me les pouvoir enlever.

Gunther devint très-pâle, car il crut qu'il avait été trahi par Lyderic ; et relevant sa femme :

— C'est bien, lui répondit-il, mais n'avez-vous parlé de cela à personne ?

— A personne qu'à vous, monseigneur, dit Brunehilde.

— Eh bien ! continuez d'être aussi discrète, répondit Gunther, et, sur mon âme, vous serez vengée.

Et Brunehilde, la fière reine, se releva à demi consolée, à la seule idée de vengeance que lui promettait Gunther.

Cependant, comme Gunther était brave, sa première idée fut de se venger bravement en accusant Lyderic de mensonge et en l'appelant en combat particulier ; mais aussi, comme il connaissait, pour les avoir éprouvés à son profit, la force et le courage de Lyderic, il résolut de prendre, avant d'en venir à ce combat, toutes les précautions que pouvait lui offrir la prudence réunie à la loyauté.

La plus urgente de ces précautions était de se procurer une armure à l'épreuve de la lance et de l'épée ; mais, ne s'en rapportant à personne du choix de cette armure, il se mit un matin en route pour aller la commander lui-même au forgeron Mimer.

Au bout de cinq ou six jours de marche, Gunther arriva donc à la forge, où il trouva Mimer, Hagen et les autres compagnons, qui continuaient de forger les plus belles et les plus fortes armes qui se pussent voir.

Gunther leur expliqua minutieusement son armure telle qu'il la voulait, et promit de la payer un tel prix, que maître Mimer et ses compagnons, voulant de leur côté faire de leur mieux, demandèrent à Gunther contre qui il voulait se servir de cette armure, afin d'en proportionner la force à celle de l'adversaire qu'ils devaient connaître, quel qu'il fût, tous les chevaliers de l'Occident se fournissant chez eux.

Gunther répondit que cet adversaire était Lyderic, premier comte de Flandre.

Alors Mimer secoua la tête, et comme Gunther lui demandait ce que signifiait ce geste :

— Seigneur chevalier, répondit-il, vous avez là une méchante besogne : il n'y a si bonne armure qui puisse vous défendre contre l'épée Balmung, qui a été forgée sur cette enclume par Lyderic lui-même, et il n'y a si bonne épée qui puisse blesser Lyderic, car il a tué le dragon dont le sang rend invulnérable, et, comme le chevalier Achille, il n'y a qu'une place du corps où on puisse le frapper, car il s'est baigné dans le sang du dragon, et, à l'exception d'un endroit où est tombée une feuille de tilleul, il a tout le corps couvert d'une écaille qui, toute fine qu'elle est, est plus impénétrable que le plus impénétrable acier.

— Et à quel endroit cette feuille est-elle tombée ? demanda Gunther.

— Voilà ce que j'ignore, répondit le forgeron.

Alors Hagen, le premier compagnon, qui, comme on se le rappelle, avait donné à Mimer le conseil d'envoyer Lyderic à la Forêt-Noire, s'avança et dit à Gunther :

— Sire chevalier, avec les traîtres, il faut agir traîtreusement. Si vous voulez me donner la moitié de la somme dont vous comptiez payer l'armure, et donner l'autre moitié à maître Mimer, je me charge de vous débarrasser de Lyderic, et, quand il sera mort, vous conquerrez ses États.

— Et quel moyen comptez-vous employer pour cela ?

— Cela me regarde, monseigneur ; rapportez-vous-en à moi, répondit Hagen.

— Eh bien ! soit, dit Gunther, faites comme vous l'entendrez ; voici la moitié de la somme que je comptais mettre à l'armure, l'autre moitié vous sera payée quand vous m'aurez débarrassé de Lyderic.

C'est ainsi que fut fait le pacte entre Gunther, roi des Higlands, le forgeron Mimer et son premier compagnon Hagen.

Le même jour, Gunther repartit pour sa capitale,

et Hagen, ayant pris son long bâton à la main et portant son paquet sur son dos, s'achemina vers le château de Buck.

Il y arriva le troisième jour, et demanda à parler au comte Lyderic; et Lyderic, ayant appris qu'un voyageur demandait à lui parler, ordonna que ce voyageur fût amené devant lui.

A peine l'eut-il aperçu, qu'il reconnut Hagen, le premier compagnon de maître Mimer.

Comme Lyderic avait une mémoire tout à fait oublieuse du mal, il reçut admirablement bien Hagen, et lui demanda ce qui l'amenait à sa cour.

Hagen répondit que, s'étant pris de querelle avec maître Mimer pour affaires de son état, il l'avait quitté, et que, s'étant résolu d'aller offrir ses services comme armurier à quelque noble seigneur, il avait pensé avant tout à son ancien camarade de forge, et venait en toute humilité mettre ses petits moyens à sa disposition.

Or, comme Lyderic savait que Hagen était, après maître Mimer, le premier armurier qui existât, il le retint à l'instant même à son service, et lui confia la surveillance de toutes ses forges et de toutes ses armureries.

Cette importante acquisition fut vue d'un très-bon œil par tout le monde, excepté par Peters, car il connaissait le mauvais naturel de Hagen et la haine qu'il portait à son maître; mais Lyderic ne fit que rire de ses inquiétudes, et Hagen fut installé au château dans l'emploi qui avait été créé pour lui.

Quelques jours après, Lyderic reçut de Gunther une lettre qui lui annonçait que l'insurrection avait fait de tels progrès dans ses États, qu'il le suppliait de venir à son secours avec ses meilleurs chevaliers.

A l'instant même, Lyderic, oubliant la mésintelligence qui régnait entre les deux reines, ordonna que tout fût prêt le plus tôt possible, et commanda à ses cent meilleurs hommes d'armes de s'appareiller de leur mieux pour l'accompagner dans le royaume des Higlands.

Cet ordre avait répandu la joie dans le comté de Flandre, car, pour ces hommes de fer, la guerre était une fête; il n'y avait que la vieille princesse et Chrimhilde qui, l'une par pressentiment maternel, et l'autre par connaissance du caractère de son frère, virent avec peine cette excursion.

Or, il arriva que Chrimhilde, ayant exposé assez haut ses craintes pour être entendue de Hagen, celui-ci s'approcha d'elle et lui dit :

— Noble dame, je sais ce qui cause vos inquiétudes : votre époux est invulnérable par tout le corps, excepté en un seul endroit où est tombée une feuille de tilleul, et vous craignez qu'il ne soit frappé justement en cet endroit; mais, si vous voulez faire une marque à son vêtement à cet endroit, je le suivrai par derrière, et j'écarterai tous les coups qui pourraient le menacer.

Chrimhilde accueillit cette offre comme une inspiration du ciel, remercia Hagen, et promit qu'elle broderait une petite croix sur la partie de l'habit qui couvrait la partie vulnérable, afin que Hagen pût défendre cette partie.

C'était tout ce que voulait celui-ci.

Au jour fixé, Lyderic et ses cent hommes d'armes étaient prêts; et, selon son habitude, le comte de Flandre n'avait d'autre arme que son épée : il était vêtu d'un pourpoint que lui avait fait Chrimhilde, et sur lequel, au-dessous de l'épaule gauche, était brodée une petite croix.

Au moment du départ, Peters vint supplier le comte de ne point emmener Hagen; mais Hagen, dans une guerre, était un homme trop précieux par son habileté à fabriquer et à réparer les armes, pour que Lyderic s'en privât : aussi ne fit-il que rire des craintes de Peters, et constitua-t-il Hagen intendant général de son armurerie.

Lyderic prit congé de sa mère et de sa femme, avec sa confiance ordinaire dans la fortune : il avait l'épée Balmung, dont il connaissait la trempe; il avait le fouet d'or du roi des Niebelungen; enfin il avait le casque qui rend invisible : c'était, avec son courage, des garanties plus que suffisantes pour la victoire.

Il prit l'animal à bras-le-corps et le terrassa. → PAGE 46.

X

Le comte de Flandre et ses cent hommes marchèrent trois jours, puis ils s'embarquèrent sur des vaisseaux que Lyderic avait fait préparer; de sorte qu'au bout de huit jours de son départ du château de Buck il abordait dans la capitale des Higlands.

Lyderic fut fort étonné; car, au lieu de trouver les États du roi Gunther dans le trouble et la désolation, comme celui-ci lui avait écrit qu'ils étaient, il les trouva en fête de ce que la révolte était apaisée.

Au reste, le roi Gunther attendait Lyderic sur le rivage, et il lui fit l'accueil qu'avait droit d'attendre un ami si diligent à porter secours.

Lyderic trouva tout préparé pour une grande chasse, que Gunther donnait en son honneur.

Cette chasse devait avoir lieu le lendemain même

de son arrivée; de sorte que Lyderic ne fit que coucher dans la capitale du roi des Higlands, et dès le lendemain matin partit avec Gunther pour une grande forêt, au centre de laquelle était fixé le rendez-vous.

Quant aux cent chevaliers, ils restèrent dans la capitale, et Gunther ordonna aux gens de sa cour de leur faire grande chère, comme lui-même faisait au maître.

Hagen et Peters accompagnèrent seuls Lyderic.

Comme la forêt était peu distante de la capitale, on y arriva à sept heures du matin, et l'on se mit en chasse aussitôt; les piqueurs avaient détourné un ours.

Au bout d'une heure ou deux de chasse, l'ours fatigué s'accula et tint aux chiens; alors les piqueurs sonnèrent leurs fanfares et les chasseurs accoururent.

Gunther allait le charger l'épée à la main, lorsque Lyderic proposa de le prendre vivant, afin d'en faire don à la princesse Brunehilde.

Alors, comme personne n'osait se charger de la capture, il se fit donner des cordes, descendit de cheval, alla droit à l'ours, qui se levait sur ses pattes de derrière.

C'était ce que demandait Lyderic : il prit l'animal à bras-le-corps, et, l'ayant terrassé, il lui lia les quatre pattes et le museau, le chargea sur son épaule; et, comme tous les chevaux regimbaient quand on voulait le leur mettre sur le dos, il continua de le porter jusqu'à l'endroit où l'on devait trouver le déjeuner.

Le déjeuner était fidèlement arrivé à son poste, et il était riche et copieux, comme il convenait à des chasseurs affamés; mais, par un oubli étrange, le vin manquait. Gunther gronda fort tous les serviteurs, qui rejetèrent la faute les uns sur les autres; mais, comme cela ne remédiait en rien à l'affaire, le roi eut l'air de se rappeler qu'on était passé, en venant, près d'une si claire fontaine, que chacun avait voulu y boire; il ordonna alors aux serviteurs d'aller y puiser de l'eau; mais, comme Lyderic était échauffé de son combat avec l'ours, il n'eut point la patience d'attendre, et se mit à courir vers la fontaine. C'était l'occasion qu'attendait Hagen ; aussi le suivit-il dans l'intention apparente de le servir au besoin.

En arrivant près de la fontaine, Lyderic posa sa lance contre un saule qui l'ombrageait, et, pour être encore plus à son aise, se débarrassa de son casque et de son épée. Alors il s'agenouilla, et, baissant la tête, il but à même la source.

Hagen profita de ce moment, prit contre le saule la lance de Lyderic, et, guidé par la croix que Chrimhilde avait brodée elle-même sur son habit, il la lui enfonça au-dessous de l'épaule gauche de toute la longueur du fer.

Lyderic jeta un cri et se releva; puis, quoique at-

teint mortellement, il saisit Balmung, et, comme un lion blessé et qui épuise sa vie dans un dernier effort de vengeance, il rejoignit Hagen en trois bonds, et, d'un seul coup de Balmung, il lui fendit la tête si profondément, que les deux parties tombèrent sur chaque épaule.

Aussitôt il se retourna et aperçut Peters, qui, redoutant quelque trahison, avait suivi Hagen, mais qui était arrivé trop tard : il voulut parler pour lui adresser quelque suprême recommandation, mais il ne put que lui faire de la main signe de s'enfuir, et il tomba mort près du cadavre de son assassin.

Peters comprit qu'il n'y avait pas de temps à perdre, car il était évident que la vengeance de Gunther ne s'arrêterait point là : il s'orienta donc en jetant un coup d'œil sur les nuages, et, guidé par la direction du vent, il prit sa course vers la mer.

Arrivé sur le rivage, comme il vit qu'on le poursuivait, il s'élança la tête la première dans les flots, et, ayant gagné à la nage une des galères flamandes qui étaient à l'ancre, il raconta ce qui venait d'arriver au capitaine, qui donna aussitôt l'ordre d'appareiller et fit voile vers le port le plus près, qui était celui de Blakenberg.

La désolation fut grande au château de Buck lorsqu'on y apprit la fatale nouvelle.

Chrimhilde se jeta aux genoux de la vieille princesse en lui demandant pardon, car c'était elle qui doublement avait tué Lyderic, la première fois par son orgueil, la seconde fois par sa confiance.

Heureusement Ermengarde était un cœur puissant et religieux; et, toute brisée qu'elle était de la perte de son fils, elle songea qu'il fallait avant tout se mettre en mesure contre de nouveaux malheurs; et, ayant fait proclamer à l'instant la mort de Lyderic et la trahison de Gunther, elle appela tous les Flamands à la défense de leur jeune comte; puis elle envoya un messager au roi Dagobert, en lui faisant savoir le besoin qu'elle allait avoir de son secours.

En effet, huit jours s'étaient à peine écoulés, que Gunther débarqua avec une armée considérable dans le port de l'Écluse.

Quelle que fût l'activité qu'eût déployée la bonne dame Ermengarde, la situation n'en était pas moins critique.

Les cent chevaliers que Lyderic avait emmenés avec lui et qui étaient les plus braves de sa principauté de Dijon et de sa comté de Flandre, avaient été faits prisonniers au moment où ils s'y attendaient le moins, sans avoir même pu se défendre; et le messager envoyé à la cour des Francs avait répondu que le roi Dagobert venait de mourir, et que son fils Sigebert, qui avait hérité de la France orientale, étant en guerre avec Clovis, son frère, qui avait hérité de la France occidentale, il ne pouvait, malgré le grand désir qu'il en avait, distraire aucune troupe de son armée.

Les deux pauvres femmes en étaient donc réduites à leurs propres forces, et ces forces, qui étaient peu de chose, étaient encore moralement fort diminuées par l'absence d'un chef qui pût donner de l'unité à la défense.

Cependant Gunther et son armée avançaient toujours : le prétexte qu'il donnait à son agression était que le jeune comte Andracus étant mineur, il venait, comme son oncle, réclamer la régence de sa comté.

Mais, comme tout le monde savait qu'il était l'assassin du père, personne ne se laissait prendre à son apparente amitié pour le fils.

Ermengarde et Chrimhilde avaient rassemblé autour d'elles, et pour la défense du château de Buck, tout ce qu'elles avaient pu réunir d'hommes d'armes et de serviteurs; et, sans autre espoir qu'en Dieu, elles priaient agenouillées de chaque côté du berceau du jeune comte lorsqu'on vint leur annoncer qu'un chevalier, sans couronne à son casque et sans armoiries à son bouclier, et qui cependant paraissait familier avec les armes, demandait à être introduit devant elles.

Dans une circonstance semblable, aucun secours n'était à dédaigner: Chrimhilde et Ermengarde donnèrent l'ordre que le chevalier fût introduit devant elles.

L'inconnu était un homme d'une haute et puissante stature, et qui paraissait, comme l'avait dit son introducteur, familier avec les armes.

La visière de son casque était baissée; mais une barbe blanche qui passait par l'ouverture inférieure indiquait que, si celui qui se présentait avait perdu quelque chose du côté de la force, il avait dû gagner du côté de l'expérience.

Il s'inclina devant les deux femmes, et, abordant sans détour le sujet qui l'amenait, il leur dit qu'ayant appris la situation déplorable où elles se trouvaient, il était venu leur offrir son secours, espérant qu'il ne serait point méprisé par elles, quelque faible qu'il fût, et offrant, si elles avaient quelque défiance, de jurer sur l'Évangile qu'il était prêt à sacrifier sa vie pour la défense des droits du jeune comte.

Il y avait dans la voix de l'inconnu une telle expression de vérité, que, quoique les deux femmes ignorassent encore si son courage et son expérience répondaient à la confiance qu'il leur avait inspirée, elles acceptèrent ses services, lui disant qu'elles tenaient pour inutiles tout autre serment que sa seule parole, et elles lui remirent la défense du château avec le commandement de leur petite armée.

Aussitôt, et comme il n'y avait pas de temps à perdre, le chevalier inconnu salua les deux dames et descendit dans la cour faire ses dispositions.

Là, ayant réuni tout son monde, il vit qu'il pouvait disposer de douze cents hommes d'armes, sans compter les serviteurs et les valets, et, dès lors, les

voyant animés du meilleur esprit, il résolut, quoique l'armée qui venait l'attaquer fût quatre fois plus nombreuse que la sienne, de ne point l'attendre derrière ses murs, mais d'aller au-devant d'elle dans la forêt.

En conséquence, il laissa, pour la défense du château, une centaine d'hommes d'armes avec tous les valets et les serviteurs, et, avec le reste, il s'apprêta à marcher à l'ennemi.

Au moment de partir, un vieux garde lui offrit de lui servir de guide; mais le chevalier inconnu lui répondit qu'ayant été élevé non loin de cette forêt toutes les routes lui en étaient familières.

En effet, aux premières dispositions qu'il fit, les soldats reconnurent qu'il avait une science des lieux au moins égale à la leur, et leur confiance en lui s'en augmenta encore.

Le chevalier inconnu disposa son armée à l'endroit même où, vingt-trois ans auparavant, le comte Salwart avait été assassiné, et la comtesse Ermengarde faite prisonnière.

C'était un défilé qui semblait fait exprès pour une embuscade, et où deux cents hommes pouvaient lutter contre deux mille.

A peine les dispositions étaient-elles prises, que l'on aperçut l'armée de Gunther, qui, se reposant sur sa force numérique, et surtout sur le peu de résistance qu'on lui avait opposé jusque-là, s'avançait pleine de confiance et sans prendre d'autre précaution que de se faire précéder d'une avantgarde. Le chevalier inconnu laissa passer cette avantgarde; puis, lorsque l'armée tout entière fut engagée dans le défilé, il donna le signal convenu, et les Higlands se virent écrasés par des rochers, sans qu'ils pussent même distinguer la main vengeresse qui les poussait sur eux.

En même temps, et lorsqu'il vit que le désordre commençait à se mettre dans leurs rangs, le chevalier inconnu les attaqua lui-même de front, avec grand bruit de cors et de fanfares, qui, répété par les échos de la forêt, pouvait faire croire à un nombre de soldats triple de celui qu'il avait réellement.

Gunther paya bravement de sa personne; ma les dispositions étaient trop bien prises pour que' victoire restât longtemps incertaine.

Après un combat de deux heures, l'armée des Higlands fut mise en fuite et taillée en pièces, et Gunther lui-même, pressé vivement, parvint à grand'peine à se sauver avec une centaine d'hommes. Arrivé au bord de la mer, il se jeta dans un de ses navires, et, tout honteux de sa défaite, regagna nuitamment sa capitale.

Les vainqueurs regagnèrent le château, rapportant aux deux femmes cette bonne nouvelle, mais rapportant le chevalier inconnu blessé à mort.

Elles allèrent au-devant de leur libérateur, qui, en les voyant s'approcher de lui, leva la visière de son casque, et elles reconnurent Phinard, le vieux prince de Buck, qui, trois ans auparavant, avait fait à Lyderic la cession de ses États, et s'était retiré dans la forêt pour y accomplir la pénitence qu'il s'était imposée.

Au fond de sa retraite, il avait appris le danger que couraient les deux princesses et le jeune comte; il avait alors revêtu une dernière fois les armes mondaines pour venir à leur secours.

Dieu avait béni son entreprise, et, par un jeu de hasard ou plutôt par une permission de la Providence, l'expiation avait eu lieu à l'endroit même où avait été commis le crime .

Phinard expira le lendemain, priant les deux princesses de ne pas lui chercher une autre tombe que celle qui avait été creusée miraculeusement pour lui dans la cour déserte pendant la nuit qui avait amené sa conversion. Il y fut enterré selon ses désirs. Dieu ait son âme!

Quant au jeune comte Andracus, il régna pendant longues années avec joie et honneur, et eut un fils, qui fut monseigneur Baudouin Ier, surnommé Baudouin aux côtes de fer.

Ceci est la véritable légende de Lyderic, premier comte de Flandre.

FIN.

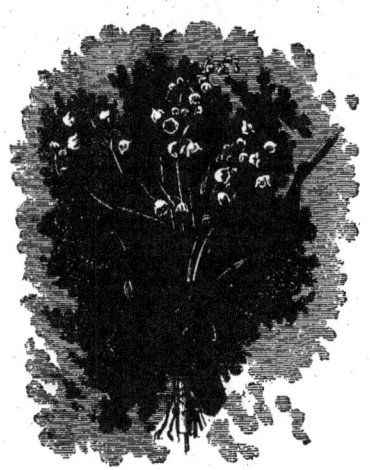

JACQUES Iᴱᴿ ET JACQUES II

FRAGMENTS HISTORIQUES

PAR

ALEXANDRE DUMAS

I

INTRODUCTION A L'AIDE DE LAQUELLE LE LECTEUR FERA CONNAISSANCE AVEC LES PRINCIPAUX PERSONNAGES DE CETTE HISTOIRE ET AVEC L'AUTEUR QUI L'A ÉCRITE.

Je passais, en 1830, devant la porte de Chevet lorsque j'aperçus dans la boutique un Anglais qui tournait et retournait en tous sens une tortue qu'il marchandait avec l'intention évidente d'en faire, aussitôt qu'elle serait devenue sa propriété, une *turtle' soup*.

L'air de résignation profonde avec lequel le pauvre animal se laissait examiner, sans même essayer de se soustraire, en rentrant dans son écaille, au regard cruellement gastronomique de son ennemi, me toucha. Il me prit une envie soudaine de l'arracher à la marmite, dans laquelle étaient déjà plongées ses pattes de derrière; j'entrai dans le magasin, où j'étais fort connu à cette époque, et, faisant un signe de l'œil à madame Beauvais, je lui demandai si elle m'avait conservé la tortue que j'avais retenue la veille en passant.

Madame Beauvais me comprit avec cette soudaineté d'intelligence qui distingue la classe marchande parisienne, et, faisant glisser poliment la bête des mains du marchandeur, elle la remit entre les miennes, en disant avec un accent anglais très-prononcé à notre insulaire, qui la regardait la bouche béante :

— Pardon, milord, la petite tortue, il être vendue à monsieur depuis cette matin.

— Ah! me dit en très bon français le milord improvisé, c'est à vous, monsieur, qu'appartient cette charmante bête?

— *Yes, yes*, milord, répondit madame Beauvais.

— Eh bien! monsieur, continua-t-il, vous avez là un petit animal qui fera d'excellente soupe; je n'ai qu'un regret, c'est qu'il soit le seul de son espèce que possède en ce moment madame la marchande.

— Nous *have* la espoir d'en recevoir d'autres demain matin, continua madame Beauvais.

— Demain il sera trop tard, répondit froidement l'Anglais; j'ai arrangé toutes mes affaires pour me brûler la cervelle cette nuit, et je désirerais auparavant manger une soupe à la tortue.

En disant ces mots, il me salua et sortit.

— Pardieu! me dis-je après un moment de réflexion, c'est bien le moins qu'un aussi galant homme se passe un dernier caprice.

Et je m'élançai hors du magasin en criant comme madame Beauvais : Milord! milord! Mais je ne savais pas où milord était passé; il me fut impossible de mettre la main dessus.

Je revins chez moi tout pensif : mon humanité envers une bête était devenue une inhumanité envers un homme. La singulière machine que ce monde, où l'on ne peut faire le bien de l'un sans le mal de l'autre! Je gagnai la rue de l'Université, je montai mes trois étages et je déposai mon acquisition sur le tapis.

C'était tout bonnement une tortue de l'espèce la plus commune : *testudo lutaria, sive aquarum dulcium;* ce qui veut dire, selon Linnée chez les anciens, et selon Ray chez les modernes, tortue de marais ou tortue d'eau douce (1).

Or, la tortue de marais ou la tortue d'eau douce tient à peu près, dans l'ordre social des chéloniens, le rang correspondant à celui que tiennent chez nous dans l'ordre civil les épiciers, et dans l'ordre militaire la garde nationale.

C'était bien, du reste, le plus singulier corps de tortue qui ait jamais passé les quatre pattes, la tête

(1) On sait que les reptiles sont divisés en quatre catégories : les chéloniens ou tortues, qui occupent le premier rang; les sauriens ou lézards, qui occupent le second; les ophidiens ou serpents, qui occupent le troisième; enfin les batraciens ou grenouilles, qui occupent le quatrième.

et la queue par les ouvertures d'une caparace. A peine se sentit-elle sur le plancher, qu'elle me donna une preuve de son originalité en piquant droit vers la cheminée avec une rapidité qui lui valut à l'instant même le nom de Gazelle, et en faisant tous ses efforts pour passer entre les branches du garde-cendre, afin d'arriver jusqu'au feu dont la lueur l'attirait; enfin, voyant au bout d'une bonne heure que ce qu'elle désirait était impossible, elle prit le parti de s'endormir après avoir préalablement passé sa tête et ses pattes par l'une des ouvertures les plus rapprochées du foyer, choisissant ainsi pour son plaisir particulier une température de cinquante à cinquante-cinq degrés de chaleur à peu près, ce qui me fit croire que, soit vocation, soit fatalité, elle était destinée à être rôtie un jour ou l'autre, et que je n'avais fait que changer son mode de cuisson en la retirant du pot-au-feu de mon Anglais pour la transporter dans ma chambre. La suite de cette histoire prouvera que je ne m'étais pas trompé.

Comme j'étais obligé de sortir et que je craignais qu'il n'arrivât malheur à Gazelle, j'appelai mon domestique.

— Joseph, lui dis-je lorsqu'il parut, vous prendrez garde à cette bête.

Il s'en approcha avec curiosité.

— Ah! tiens, dit-il, c'est une tortue.. ça porte une voiture.

— Oui, je le sais, mais je désire qu'il ne vous prenne jamais l'envie d'en faire l'expérience.

— Oh! ça ne lui ferait pas de mal, reprit Joseph, qui tenait à déployer devant moi ses connaissances en histoire naturelle; la diligence de Laon passerait sur son dos qu'elle ne l'écraserait pas. Joseph citait la diligence de Laon parce qu'il était de Soissons.

— Oui, lui dis-je, je crois bien que la grande tortue de mer, la tortue franche, *testudo mydas*, pourrait porter un pareil poids, mais je doute que celle-ci, qui est de la plus petite espèce..

— Ça ne veut rien dire, reprit Joseph, c'est fort comme un Turc, ces petites bêtes-là, et, voyez-vous, une charrette de roulier passerait...

— C'est bien, c'est bien; vous lui achèterez de la salade et des escargots.

— Tiens! des escargots!... Est-ce qu'elle a mal à la poitrine? Le maître chez lequel j'étais avant d'entrer chez monsieur prenait du bouillon d'escargots parce qu'il était *physique;* — eh bien! ça ne l'a pas empêché...

— Je sortis sans écouter le reste de l'histoire; au milieu de l'escalier je m'aperçus que j'avais oublié un mouchoir de poche, je remontai aussitôt. Je trouvai Joseph, qui ne m'avait pas entendu rentrer, faisant l'Apollon du Belvédère, un pied posé sur le dos de Gazelle et l'autre suspendu en l'air, afin que pas un grain des cent trente livres que le drôle pesait ne fût perdu pour la pauvre bête.

— Que faites-vous là, imbécile?

— Je vous l'avais bien dit, monsieur, répondit Joseph tout fier de m'avoir prouvé en partie ce qu'il avançait.

— Donnez-moi un mouchoir, et ne touchez jamais à cette bête.

— Voilà, monsieur, me dit Joseph en m'apportant l'objet demandé... mais il n'y a aucune crainte à avoir pour elle... un wagon passerait dessus...

Je m'enfuis au plus vite, mais je n'avais pas descendu vingt marches, que j'entendis Joseph qui fermait ma porte en marmottant entre ses dents :

— Pardieu ! je sais ce que je dis... et puis d'ailleurs on voit bien à la conformation de ces animaux qu'un canon chargé à mitraille pourrait...

Heureusement le bruit qu'on faisait dans la rue m'empêcha d'entendre la fin de la maudite phrase.

Le soir je rentrai assez tard, comme c'est ma coutume. Aux premiers pas que je fis dans ma chambre, je sentis que quelque chose craquait sous ma botte. Je levai vitement le pied, rejetant tout le poids de mon corps sur l'autre jambe : le même craquement se fit entendre de nouveau ; je crus que je marchais sur des œufs. Je baissai ma bougie... mon tapis était couvert d'escargots.

Joseph m'avait ponctuellement obéi : il avait acheté de la salade et des escargots, avait mis le tout dans un panier au milieu de ma chambre ; dix minutes après, soit que la température de l'appartement les eût dégourdis, soit que la peur d'être croqués les eût mis en émoi, toute la caravane s'était mise en route, et elle avait même déjà fait passablement de chemin, ce qui était facile à juger par les traces argentées qu'ils avaient laissées sur les tapis et sur les meubles.

Quant à Gazelle, elle était restée au fond du panier contre les parois duquel elle n'avait pu grimper. Mais quelques coquilles vides me prouvèrent que la fuite des Israélites n'avait pas été si rapide qu'elle n'eût mis la dent sur quelques-uns avant qu'ils eussent eu le temps de traverser la mer Rouge.

Je commençai aussitôt une revue exacte du bataillon qui manœuvrait dans ma chambre, et par lequel je me souciais peu d'être chargé pendant la nuit ; puis, prenant délicatement de la main droite tous les promeneurs, je les fis entrer les uns après les autres dans leur corps de garde, que je tenais de la main gauche, et dont je fermai le couvercle sur eux.

Au bout de cinq minutes je m'aperçus que, si je laissais toute cette ménagerie dans ma chambre, je courais le risque de ne pas dormir une minute ; c'était un bruit comme si on eût enfermé une douzaine de souris dans un sac de noix : je pris donc le parti de transporter le tout à la cuisine.

Chemin faisant, je songeais qu'au train dont allait Gazelle, je la trouverais morte d'indigestion le lendemain si je la laissais au milieu d'un magasin de vivres aussi copieux ; au même moment, et comme

par inspiration, j'avisai dans mon souvenir certain baquet placé dans la cour et dans lequel le restaurateur du rez-de-chaussée mettait dégorger son poisson : cela me parut une si merveilleuse hôtellerie pour un *testudo aquarum dulcium*, que je jugeai inutile de me casser la tête à lui en chercher une autre, et que, la tirant de son réfectoire, je la portai directement au lieu de sa destination.

Je remontai bien vite et m'endormis, persuadé que j'étais l'homme de France le plus ingénieux en expédients.

Le lendemain Joseph me réveilla dès le matin.

— Oh ! monsieur, en voilà une farce ! me dit-il en se plantant devant mon lit.

— Quelle farce ?

— Celle que votre tortue a faite.

— Comment ?

— Eh bien ! croiriez-vous qu'elle est sortie de votre appartement, ça, je ne sais pas comment... qu'elle a descendu les trois étages, et qu'elle a été se mettre au frais dans le vivier du restaurateur.

— Imbécile ! tu n'as pas deviné que c'était moi qui l'y avais portée.

— Ah bon !... Vous avez fait là un beau coup alors !

— Pourquoi cela ?

— Pourquoi ? parce qu'elle a mangé la tanche, une tanche superbe qui pesait trois livres.

— Allez me chercher Gazelle et apportez-moi des balances.

Pendant que Joseph exécutait cet ordre, j'allai à ma bibliothèque, j'ouvris mon Buffon à l'article tortue, car je tenais à m'assurer si ce chélonien était icthyophage, et je lus ce qui suit :

« Cette tortue d'eau douce, *testudo aquarum dul-
« cium* (c'était bien cela), aime surtout les marais
« et les eaux dormantes ; lorsqu'elle est dans une
« rivière ou dans un étang, alors elle attaque tous
« les poissons indistinctement, même les plus gros :
« elle les mord sous le ventre, les y blesse forte-
« ment, et, lorsqu'ils sont épuisés par la perte du
« sang, elle les dévore avec la plus grande avidité
« et ne laisse guère que les arêtes, la tête des pois-
« sons, et même leur vessie natatoire, qui remonte
« quelquefois à la surface de l'eau. »

— Diable ! diable ! dis-je ; le restaurateur a pour lui M. de Buffon : ce qu'il dit pourrait bien être vrai.

J'étais en train de méditer sur la probabilité de l'accident, lorsque Joseph rentra, tenant l'accusée d'une main et les balances de l'autre.

— Voyez-vous, me dit Joseph, ça mange beaucoup, ces sortes d'animaux, pour entretenir leurs forces, et du poisson surtout, parce que c'est très-nourrissant ; est-ce que vous croyez que sans cela ça pourrait porter une voiture ?... Voyez, dans les ports de mer, comme les matelots sont robustes : c'est parce qu'ils ne mangent que du poisson.

— Je mis Gazelle dans la balance : elle ne pesait que deux livres et demie avec sa carapace.

J'interrompis Joseph

— Combien pesait la tanche?

— Trois livres : c'est neuf francs que le garçon réclame.

— Et Gazelle l'a mangée tout entière?

— Oh! elle n'a laissé que l'arête, la tête et la vessie.

— C'est bien cela! M. de Buffon est un grand naturaliste (1). Cependant, continuai-je à demi-voix, trois livres.. cela me paraît fort.

Je mis Gazelle dans la balance : elle ne pesait que deux livres et demie avec sa carapace.

Il résultait de cette expérience, non point que Gazelle fût innocente du fait dont elle était accusée, mais qu'elle devait avoir commis le crime sur un cétacée d'un plus médiocre volume.

Il paraît que ce fut aussi l'avis du garçon, car il parut fort content de l'indemnité de cinq francs que je lui donnai.

_____

(1) Comme il faut rendre à chacun ce qui lui appartient, c'est | au continuateur de M. de Buffon, monsieur Dandin, qu'il faut renvoyer cet éloge.

L'atelier de mon ami Decamps. — Page 6.

L'aventure des limaçons et l'accident de la tanche me rendirent moins enthousiaste de ma nouvelle acquisition ; et, comme le hasard fit que je rencontrai le même jour un de mes amis, homme original et peintre de génie, qui faisait à cette époque une ménagerie de son atelier, je le prévins que j'augmenterais le lendemain sa collection d'un nouveau sujet, appartenant à l'estimable catégorie des chéloniens, ce qui parut le réjouir beaucoup.

Gazelle coucha cette nuit dans ma chambre, où tout se passa fort tranquillement, vu l'absence des escargots.

Le lendemain Joseph entra chez moi comme d'habitude, roula le tapis de pied de mon lit, ouvrit la fenêtre, et se mit à le secouer pour en extraire la poussière ; mais tout à coup il poussa un grand cri et se pencha hors de la fenêtre comme s'il eût voulu se précipiter.

— Qu'y a-t-il donc, Joseph ? dis-je à moitié éveillé.

— Ah ! monsieur, il y a que votre tortue était couchée sur le tapis, je ne l'ai pas vue...

— Et...

— Et, ma foi ! sans le faire exprès, je l'ai secouée par la fenêtre.

— Imbécile!...

Je sautai à bas de mon lit.

— Tiens! dit Joseph, dont la figure et la voix reprenaient une expression de sérénité tout à fait rassurante, tiens! elle mange un chou!

En effet, la bête, qui avait rentré par instinct tout son corps dans sa cuirasse, était tombée par hasard sur un tas d'écailles d'huîtres, dont la mobilité avait amorti le coup, et, trouvant à sa portée un légume à sa convenance, elle avait sorti tout doucement la tête hors de sa carapace, et s'occupait de son déjeuner aussi tranquillement que si elle ne venait pas de tomber d'un troisième étage.

— Je vous le disais bien, monsieur! répétait Joseph dans la joie de son âme, je vous le disais bien qu'à ces animaux rien ne leur faisait. Eh bien! pendant qu'elle mange, voyez-vous, une voiture passerait dessus...

— N'importe! descendez vite et allez me la chercher

Joseph obéit. Pendant ce temps je m'habillai, occupation que j'eus terminée avant que Joseph reparût; je descendis donc à sa rencontre et le trouvai pérorant au milieu d'un cercle de curieux, auxquels il expliquait l'événement qui venait d'arriver.

Je lui pris Gazelle des mains, sautai dans un cabriolet qui me descendit faubourg Saint-Denis, n° 109; je montai cinq étages, et j'entrai dans l'atelier de mon ami, qui était en train de peindre.

Il y avait autour de lui un ours couché sur le dos et jouant avec une bûche; un singe assis sur une chaise et arrachant les uns après les autres les poils d'un pinceau; et dans un bocal une grenouille accroupie sur la troisième traverse d'une petite échelle, à l'aide de laquelle elle pouvait monter jusqu'à la surface de l'eau.

Mon ami s'appelait Decamps, l'ours Tom, le singe Jacques Ier (1), et la grenouille mademoiselle Camargo.

II

COMMENT JACQUES Ier VOUA UNE HAINE FÉROCE A JACQUES II, ET CELA A PROPOS D'UNE CAROTTE.

on entrée fit révolution.

Decamps leva les yeux de dessus ce merveilleux petit tableau de chiens savants que vous connaissez tous, et qu'il achevait alors.

Tom se laissa tomber sur le nez la bûche avec laquelle il jouait, et s'enfuit en grognant dans sa niche, bâtie entre les deux fenêtres.

Jacques Ier jeta vivement son pinceau derrière lui et ramassa une paille qu'il porta innocemment à sa bouche avec sa main droite, tandis qu'il se grattait la cuisse de la main gauche et levait béatiquement les yeux au ciel.

Enfin, mademoiselle Camargo monta languissamment un degré de son échelle, ce qui, dans toute autre circonstance, aurait pu être considéré comme un signe de pluie.

Et moi je posai Gazelle à la porte de la chambre, sur le seuil de laquelle je m'étais arrêté en disant :

— Cher ami, voilà la bête. Vous voyez que je suis de parole.

Gazelle n'était pas dans un moment heureux : le mouvement du cabriolet l'avait tellement désorientée, que, pour rassembler probablement toutes ses idées et réfléchir à sa situation le long de la route, elle avait rentré toute sa personne sous sa carapace; ce que je posais par terre avait donc l'air tout bonnement d'une écaille vide.

Néanmoins, lorsque Gazelle sentit, par la reprise de son centre de gravité, qu'elle adhérait à un terrain solide, elle se hasarda de montrer son nez à l'ouverture supérieure de son écaille; pour plus de sûreté cependant, cette partie de sa personne était prudemment accompagnée de ses deux pattes de devant; en même temps, et comme si tous les membres eussent unanimement obéi à l'élasticité d'un ressort intérieur, les deux pattes de derrière et la queue parurent à l'extrémité inférieure de la carapace. Cinq minutes après, Gazelle avait mis toutes voiles dehors.

Elle resta cependant encore un instant en panne,

(1) Ainsi nommé pour le distinguer de Jacques II, individu de la même espèce appartenant à M. Tony Johannot.

branlant la tête à droite et à gauche comme pour s'orienter; puis tout à coup ses y̯ x devinrent fixes, — et elle s'avança, aussi rapidement que si elle eût disputé le prix de la course au lièvre de la Fontaine, vers une carotte gisant aux pieds de la chaise qui servait de piédestal à Jacques Ier.

Celui-ci regarda d'abord la nouvelle arrivée s'avancer de son côté avec assez d'indifférence; mais, dès qu'il s'aperçut du but qu'elle paraissait se proposer, il donna des signes d'une inquiétude réelle, qu'il manifesta par un grognement sourd, qui dégénéra, au fur et à mesure qu'elle gagnait du terrain, en cris aigus interrompus par des craquements de dents. Enfin, lorsqu'elle ne fut plus qu'à un pied de distance du précieux légume, l'agitation de Jacques prit tout le caractère d'un désespoir réel; il saisit le dossier de son siége d'une main et la traverse recouverte de paille de l'autre, et, probablement dans l'espoir d'effrayer la bête parasite qui venait lui rogner son dîner, il secoua la chaise de toute la force de ses poignets, jetant ses deux pieds en arrière comme un cheval qui rue, et accompagnant ces évolutions de tous les gestes et de toutes les grimaces qu'il croyait capables de démonter l'impassibilité automatique de son ennemi. Mais tout était inutile, Gazelle n'en faisait pas pour cela un pas moins vite que l'autre. Jacques Ier ne savait plus à quel saint se vouer.

Heureusement pour Jacques qu'il lui arriva en ce moment un secours inattendu. Tom, qui s'était retiré dans sa loge à mon arrivée, avait fini par se familiariser avec ma présence, et prêtait comme nous tous une certaine attention à la scène qui se passait; étonné d'abord de voir se remuer cet animal inconnu, devenu, grâce à moi, commensal de son logis, il l'avait suivi dans sa course vers la carotte avec une curiosité croissante. Or, comme Tom ne méprisait pas non plus les carottes, lorsqu'il vit Gazelle près d'atteindre le précieux légume, il fit trois pas en trottant, et, levant sa grosse patte, il la posa lourdement sur le dos de la pauvre bête, qui, frappant la terre du plat de son écaille, rentra incontinent dans sa carapace et resta immobile à deux pouces de distance du comestible qui mettait en ce moment en jeu une triple ambition. Tom parut fort étonné de voir disparaître comme par enchantement tête, pattes et queue. Il approcha son nez de la carapace, souffla bruyamment dans les ouvertures; enfin, et comme pour se rendre plus parfaitement compte de la singulière organisation de l'objet qu'il avait sous les yeux, il le prit, le tournant et le retournant entre ses deux pattes, puis, comme convaincu qu'il s'était trompé en concevant l'absurde idée qu'une pareille chose était douée de la vie et pouvait marcher, il la laissa négligemment retomber, prit la carotte entre ses dents, et se mit en devoir de regagner sa niche.

Ce n'était point là l'affaire de Jacques; il n'avait pas compté que le service que lui rendait son ami Tom serait gâté par un pareil trait d'égoïsme; mais, comme il n'avait pas pour son camarade le même respect que pour l'étrangère, il sauta vivement de la chaise où il était prudemment resté pendant la scène que nous venons de décrire, et, saisissant d'une main, par sa chevelure verte, la carotte que Tom tenait par la racine, il se roidit de toutes ses forces, grimaçant, jurant, claquant des dents, tandis que de la patte qui lui restait libre il allongeait force soufflets sur le nez de son pacifique antagoniste, qui, sans riposter, mais aussi sans lâcher l'objet en litige, se contentait de coucher ses oreilles sur son cou, de fermer ses petits yeux noirs chaque fois que la main agile de Jacques se mettait en contact avec sa grosse figure; enfin la victoire resta, comme la chose arrive ordinairement, non pas au plus fort, mais au plus effronté. Tom desserra les dents, et Jacques, possesseur de la bienheureuse carotte, s'élança sur une échelle, emportant le prix du combat, qu'il alla cacher derrière un plâtre de Malagutti, sur un rayon fixé à six pieds de terre; cette opération finie, il descendit plus tranquillement, certain qu'il n'y avait ni ours ni tortue capables de l'aller dénicher là.

Arrivé au dernier échelon, et lorsqu'il s'agit de remettre pied à terre, il s'arrêta prudemment, et, jetant les yeux sur Gazelle, qu'il avait oubliée dans la chaleur de sa dispute avec Tom, il s'aperçut qu'elle se trouvait dans une position qui n'était rien moins qu'offensive. — En effet, Tom, au lieu de la replacer avec soin dans la situation où il l'avait prise, l'avait, comme nous l'avons dit, négligemment laissée tomber à tout hasard, de sorte qu'en reprenant ses sens la malheureuse bête, au lieu de se retrouver dans sa situation normale, c'est-à-dire sur le ventre, s'était retrouvée sur le dos, position, comme chacun le sait, antipathique au suprême degré à tout individu faisant partie de la race des chéloniens.

Il fut facile de voir à l'expression de confiance avec laquelle Jacques s'approcha de Gazelle qu'il avait jugé au premier abord que son accident la mettait hors d'état de faire aucune défense. Cependant, arrivé à un demi-pied du *monstrum horrendum*, il s'arrêta un instant, regarda dans l'ouverture tournée de son côté, et se mit, avec un air de négligence apparente, à en faire le tour avec précaution, l'examinant à peu près comme un général fait d'une ville qu'il veut assiéger. Cette reconnaissance achevée, il allongea la main doucement, toucha du bout du doigt l'extrémité de l'écaille; puis aussitôt, se rejetant lestement en arrière, il se mit, sans perdre de vue l'objet qui le préoccupait, à danser joyeusement sur ses pieds et ses mains, accompagnant ce mouvement d'une espèce de chant de victoire qui lui était habituel toutes les fois que, par une difficulté vaincue ou un péril affronté, il croyait avoir à se féliciter de son habileté ou de son courage.

Tout à coup Jacques poussa un cri perçant.

Cependant cette danse et ce chant s'interrompirent soudainement ; une idée nouvelle traversa le cerveau de Jacques et parut absorber toutes ses facultés pensantes. Il regarda attentivement la tortue, à laquelle sa main, en la touchant, avait imprimé un mouvement d'oscillation que rendait plus prolongée la forme sphérique de son écaille, s'en approcha, marchant de côté comme un crabe ; puis, arrivé près d'elle, se leva sur ses pieds de derrière, l'enjamba comme fait un cavalier de son cheval, la regarda un instant se mouvoir entre ses deux jambes ; enfin, complétement rassuré, à ce qu'il paraît, par l'exa-

men approfondi qu'il venait d'en faire, il s'assit sur ce siége mobile, et, lui imprimant, sans que cependant ses pieds quittassent la terre, un mouvement rapide d'oscillation, il se balança joyeusement, se grattant le côté et clignant les yeux, gestes qui, pour ceux qui le connaissaient, étaient l'expression d'une joie indéfinissable.

Tout à coup Jacques poussa un cri perçant, fit un bond perpendiculaire de trois pieds, retomba sur les reins, et, s'élançant sur son échelle, alla se réfugier derrière la tête de Malagutti. Cette révolution était causée par Gazelle, qui, fatiguée d'un jeu dans

En ce moment un acheteur entra, et Decamps me fit signe qu'il désirait rester seul.

lequel le plaisir n'était évidemment pas pour elle, avait enfin donné signe de vie en éraflant de ses pattes froides et aiguës les cuisses pelées de Jacques Iᵉʳ, qui fut d'autant plus bouleversé de cette agression, qu'il ne s'attendait à rien moins qu'à une attaque de ce côté.

En ce moment un acheteur entra, et Decamps me fit signe qu'il désirait rester seul. Je pris mon chapeau et ma canne et m'éloignai.

J'étais déjà sur le palier lorsque Decamps me rappela.

— A propos, me dit il, venez donc demain passer la soirée avec nous.

— Que faites-vous donc demain?

— Nous avons souper et lecture.

— Bah!

— Oui, mademoiselle Camargo doit manger un cent de mouches, et Jadin lire un manuscrit.

III

algré l'invitation verbale que Decamps m'avait faite, je reçus le lendemain une lettre imprimée. Ce double emploi avait pour but de me rappeler la tenue de rigueur, les invités ne devant être admis qu'en robe de chambre et en pantoufles. Je fus exact à l'heure et fidèle à l'uniforme.

C'est une curieuse chose à voir que l'atelier d'un peintre, lorsqu'il a coquettement pendu à ses quatre murailles, pour faire honneur aux invités, ses joyaux des grands jours, fournis par les quatre parties du monde. Vous croyez entrer dans la demeure d'un artiste, et vous vous trouvez au milieu d'un musée qui ferait honneur à plus d'une ville préfectorale de France. Ces armures, qui représentent l'Europe au moyen âge, datent de divers règnes et trahissent par leur forme l'époque de leur fabrication. Celle-ci, brunie sur les deux côtés de la poitrine, avec son arête aiguë et brillante et son crucifix gravé, aux pieds duquel est une Vierge en prière avec cette légende : *Mater Dei, ora pro nobis*, a été forgée en France et offerte au roi Louis XI, qui la fit appendre aux murs de son vieux château de Plessis-les-Tours. Celle-là, dont la poitrine bombée porte encore la marque des coups de masses dont elle a garanti son maître, a été bosselée dans les tournois de l'empereur Maximilien, et nous arrive d'Allemagne. Cette autre, qui représente en relief les robustes travaux d'Hercule, a peut-être été portée par le roi François Ier, et sort certainement des ateliers florentins de Benvenuto Cellini. Ce tomahaw canadien et ce couteau à scalper viennent d'Amérique : l'un a brisé des têtes françaises et l'autre enlevé des chevelures parfumées. Ces flèches et ce cric sont indiens ; le fer des unes et la lame de l'autre sont mortels, car ils ont été empoisonnés dans le suc des herbes de Java. Ce sabre recourbé a été trempé à Damas. Cet yatagan, qui porte sur sa lame autant de crans qu'il a coupé de têtes, a été arraché aux mains mourantes d'un Bédouin. Enfin, ce long fusil à la crosse et aux capucines d'argent a été rapporté de la Casauba par Isabey peut-être, qui l'aura troqué avec Yousouf contre un croquis de la rade d'Alger ou un dessin du fort l'Empereur.

Maintenant que nous avons examiné les uns après les autres ces trophées dont chacun représente un monde, jetez les yeux sur ces tables où sont épars, pêle-mêle, mille objets différents, étonnés de se trouver réunis. Voici des porcelaines du Japon, des figurines égyptiennes, des couteaux espagnols, des poignards turcs, des stylets italiens, des pantoufles algériennes, des calottes de Circassie, des idoles du Gange, des cristaux des Alpes. Regardez : il y en a pour un jour.

Sous vos pieds, ce sont des peaux de tigre, de lion, de léopard, enlevées à l'Asie et à l'Afrique ; sur vos têtes, les ailes étendues et comme douées de la vie ; voilà le goëland, qui, au moment où la vague se courbe pour retomber, passe sous sa voûte comme sous une arche ; le margat, qui, lorsqu'il voit apparaître un poisson à la surface de l'eau, plie ses ailes et se laisse tomber sur lui comme une pierre ; le guillemot, qui, au moment où le fusil du chasseur se dirige contre lui, plonge pour ne reparaître qu'à une distance qui le met hors de sa portée ; enfin, le martin-pêcheur, cet alcyon des anciens, sur le plumage duquel étincellent les couleurs les plus vives de l'aigue-marine et du *lapis-lazuli*.

Mais ce qui, un soir de réception chez un peintre, est surtout digne de fixer l'attention d'un amateur, c'est la collection hétérogène de pipes toutes bourrées qui attendent, comme l'homme de Prométhée, qu'on dérobe pour elles le feu du ciel. Car, afin que vous le sachiez, rien n'est plus fantasque et plus capricieux que l'esprit des fumeurs. L'un préfère la simple pipe de terre, à laquelle nos vieux grognards ont donné le nom expressif de brûle-gueule ; celle-là se charge tout simplement avec le tabac de la régie, dit tabac de caporal. L'autre ne peut approcher de ses lèvres délicates que le bout ambré de la chibouque arabe, et celle-là se bourre avec le tabac noir d'Alger ou le tabac vert de Tunis. Celui-ci, grave comme un chef de Cooper, tire méthodiquement du calumet pacifique des bouffées de maryland ; celui-là, plus sensuel qu'un nabab, tourne comme un serpent autour de son bras le tuyau flexible de son hucca indien, qui ne laisse arriver à sa bouche la vapeur au latakié que refroidie et parfumée de rose et de benjoin. Il y en a qui, dans leurs habitudes, préfèrent la pipe d'écume de l'étudiant allemand et le vigoureux cigare belge haché menu au narguillé turc, chanté par Lamartine, et au tabac du Sinaï, dont la réputation hausse et baisse selon qu'il a été récolté sur la montagne ou dans la plaine. D'autres sont, enfin, qui, par originalité ou par caprice, se disloquent le cou pour maintenir dans une position perpendiculaire le gourgouri des nègres, tandis qu'un complaisant ami, monté sur une chaise, essaye, à grand renfort de braise et de souffle pulmonique, de sécher d'abord et d'allumer ensuite l'herbe glaiseuse de Madagascar.

Lorsque j'entrai chez l'amphitryon, tous les choix étaient faits et toutes les places étaient prises ; mais chacun se serra à ma vue ; et, par un mouvement qui aurait fait honneur par sa précision à une compagnie de la garde nationale, tous les tuyaux, qu'ils fussent de bois ou de terre, de corne ou d'ivoire, de jasmin ou d'ambre, se détachèrent des lèvres amoureuses qui les pressaient, et s'étendirent vers moi. Je fis de la main un signe de remercîment, tirai de ma poche du papier réglisse, et me mis à rouler entre mes doigts le cigaritos andaloux avec toute la patience et l'habileté d'un vieil Espagnol.

Cinq minutes après, nous nagions dans une atmosphère à faire marcher un bateau à vapeur de la force de cent vingt chevaux.

Autant que cette fumée pouvait le permettre, on distinguait, outre les invités, les commensaux ordinaires de la maison avec lesquels le lecteur a déjà fait connaissance. C'était Gazelle, qui, à dater de ce soir-là, avait été prise d'une préoccupation singulière : c'était celle de monter le long de la cheminée de marbre, afin d'aller se chauffer à la lampe, et qui se livrait avec acharnement à cet incroyable exercice. C'était Tom, dont Alexandre Decamps s'était fait un appui, à peu près comme on fait d'un coussin de divan, et qui de temps en temps dressait tristement sa bonne tête sous le bras de son maître, soufflait bruyamment pour repousser la fumée qui lui entrait dans les narines, puis se recouchait avec un gros soupir. C'était Jacques Iᵉʳ, assis sur un tabouret à côté de son vieil ami Fau, qui, à grands coups de cravache, avait mené son éducation au point de perfection où elle était parvenue, et pour lequel il avait la reconnaissance la plus grande et surtout l'obéissance la plus passive. Enfin c'était, au milieu du cercle, et dans son bocal, mademoiselle Camargo, dont les exercices gymnastiques et gastronomiques devaient plus particulièrement faire les délices de la soirée.

Il est important, arrivés au point où nous en sommes, de jeter un coup d'œil en arrière, et d'apprendre à nos lecteurs par quel concours inouï de circonstances mademoiselle Camargo, qui était née dans la plaine Saint-Denis, se trouvait réunie à Tom,

qui était originaire du Canada ; à Jacques, qui avait vu le jour sur les côtes d'Angola, et à Gazelle, qui avait été pêchée dans les marais de la Hollande.

On sait quelle agitation se manifeste à Paris, dans les quartiers Saint-Martin et Saint-Denis, lorsque le mois de septembre ramène le retour de la chasse ; on ne rencontre alors que bourgeois revenant du canal où ils ont été *se faire la main* en tirant des hirondelles, traînant chiens en laisse, portant fusil sur l'épaule, se promettant d'être cette année moins *mazettes* que la dernière, et arrêtant toutes leurs connaissances pour leur dire : —Aimez-vous les cailles, les perdrix? — Oui. — Bon! je vous en enverrai le 3 ou le 4 du mois prochain. — Merci. — A propos, j'ai tué cinq hirondelles sur huit coups. — Très-bien. — C'est pas mal tiré, n'est-ce pas? — Parfaitement. —Adieu. —Bonsoir.

Or, vers la fin du mois d'août 1829, un de ces chasseurs entra sous la grande porte de la maison du faubourg Saint-Denis, nᵒ 109, demanda au concierge si Decamps était chez lui, et, sur sa réponse affirmative, monta, tirant son chien, marche par marche, et cognant le canon de son fusil à tous les angles du mur, les cinq étages qui conduisent à l'atelier de notre célèbre peintre.

Il n'y trouva que son frère Alexandre.

Alexandre est un de ces hommes spirituels et originaux qu'on reconnaît pour artistes rien qu'en les regardant passer, qui seraient bons à tout s'ils n'étaient trop profondément paresseux pour jamais s'occuper sérieusement d'une chose ; ayant en tout l'instinct du beau et du vrai, le reconnaissant partout où ils le rencontrent, sans s'inquiéter si l'œuvre qui cause leur enthousiasme est avouée d'une coterie ou signée d'un nom ; au reste, bon garçon dans toute l'acception du mot, toujours prêt à retourner ses poches pour ses amis, et, comme tous les gens préoccupés d'une idée qui en vaut la peine, facile à entraîner, non par faiblesse de caractère, mais par ennui de la discussion et par crainte de la fatigue.

Avec cette disposition d'esprit, Alexandre se laissa facilement persuader par le nouvel arrivant qu'il trouverait grand plaisir à ouvrir la chasse avec lui dans la plaine Saint-Denis, où il y avait, disait-on, cette année, des cailles par bandes, des perdrix par volées et des lièvres par troupeaux.

En conséquence de cette conversation, Alexandre commanda une veste de chasse à Chevreuil, un fusil à Lepage et des guêtres à Boivin : le tout lui coûta six cent soixante fr., sans compter le port d'armes, qui lui fut délivré à la préfecture de police sur la présentation du certificat de bonne vie et mœurs, que lui octroya sans conteste le commissaire de son quartier.

Le 31 août, Alexandre s'aperçut qu'il ne lui manquait qu'une chose pour être chasseur achevé : c'était un chien. Il courut aussitôt chez l'homme qui,

Il rentra immédiatement avec lui, et le présenta à Alexandre comme un chien de pure race.

pour le tableau des chiens savants, avait posé avec sa meute devant son frère, et lui demanda s'il n'aurait pas ce qu'il lui fallait.

L'homme lui répondit qu'il avait sous ce rapport des bêtes d'un instinct merveilleux, et, passant de sa chambre dans le chenil avec lequel elle communiquait de plain-pied, il ôta en un tour de main le chapeau à trois cornes et l'habit qui décoraient une espèce de briquet noir et blanc (1), rentra immédiatement avec lui, et le présenta à Alexandre comme

(1) Chien croisé.

un chien de pure race. Celui-ci fit observer que le chien de pure race avait les oreilles droites, pointues, ce qui était contraire à toutes les habitudes reçues; mais à ceci l'homme répondit que Love était Anglais, et qu'il était du suprême bon ton chez les chiens anglais de porter les oreilles ainsi. Comme, à tout prendre, la chose pouvait être vraie, Alexandre se contenta de l'explication et ramena Love chez lui.

Le lendemain, à cinq heures du matin, notre chasseur vint réveiller Alexandre, qui dormait comme un bienheureux, le tança violemment sur sa paresse, et

Nos chasseurs se jetèrent dans un carré de choux et tombèrent au milieu d'une véritable affaire d'avant-garde.

lui reprocha un retard, grâce auquel il trouverait en arrivant toute la plaine brûlée.

En effet, au fur et à mesure que l'on approchait de la barrière, les détonations devenaient plus vives et plus bruyantes. Nos chasseurs doublèrent le pas, dépassèrent la douane, et enfilèrent la première ruelle qui conduisait à la plaine, se jetèrent dans un carré de choux et tombèrent au milieu d'une véritable affaire d'avant-garde.

Il faut avoir vu la plaine de Saint-Denis un jour d'ouverture, pour se faire une idée du spectacle insensé qu'elle présente. Pas une alouette, pas un moineau franc ne passe qu'il ne soit salué d'un millier de coups de fusil. S'il tombe, trente carnassières s'ouvrent, trente chasseurs se disputent, trente chiens se mordent, s'il continue son chemin, tous les yeux sont fixés sur lui; s'il se pose, tout le monde court, s'il se relève, tout le monde tire. Il y a bien par-ci par-là quelques grains de plomb adressés aux bêtes qui arrivent aux gens, il n'y faut pas regarder; d'ailleurs, il y a un vieux proverbe, à l'usage des chasseurs parisiens, qui dit que le plomb est l'ami de l'homme. A ce titre, j'ai pour mon compte trois amis qu'un quatrième m'a logés dans la cuisse.

L'odeur de la poudre et le bruit des coups de fusil produisit son effet habituel. A peine notre chasseur eut-il flairé l'une et entendu l'autre, qu'il se précipita dans la mêlée et commença immédiatement à faire sa partie dans le sabbat infernal qui venait de l'envelopper dans son cercle d'attraction.

Alexandre, moins impressionnable que lui, s'avança d'un pas plus modéré, religieusement suivi par Love, dont le nez ne quittait pas les talons de son maître. Or, chacun sait que le métier d'un chien de chasse est de battre la plaine et non de regarder s'il manque des clous à nos bottes : c'est la réflexion qui vint tout naturellement à Alexandre au bout d'une demi-heure. En conséquence, il fit un signe de la main à Love et lui dit : Cherche !

Love se leva aussitôt sur ses pattes de derrière et se mit à danser.

— Tiens ! dit Alexandre en posant la crosse de son fusil à terre et regardant son chien, il paraît que Love, outre son éducation universitaire, possède aussi des talents d'agrément. Je crois que j'ai fait là une excellente acquisition.

Cependant, comme il avait acheté Love pour chasser et non pour danser, il profita du moment où il venait de retomber sur ses quatre pattes pour lui faire un second signe plus expressif, et lui dire d'une voix plus forte : Cherche !

Love se coucha tout de son long, ferma les yeux et fit le mort.

Alexandre prit son lorgnon, regarda Love. L'intelligent animal était d'une immobilité parfaite ; pas un poil de son corps ne bougeait ; on l'eût cru trépassé depuis vingt-quatre heures.

— Ceci est très-joli, reprit Alexandre ; mais, mon cher ami, ce n'est point ici le moment de nous livrer à ces sortes de plaisanteries ; nous sommes venus pour chasser, chassons. Allons la bête, allons !

Love ne bougeait pas.

— Attends, attends ! dit Alexandre tirant de terre un échalas qui avait servi à ramer les pois, et s'avançant vers Love avec l'intention de lui en caresser les épaules, attends !

A peine Love avait-il vu le bâton dans les mains de son maître, qu'il s'était remis sur ses pattes et avait suivi tous ses mouvements avec une expression d'intelligence remarquable. Alexandre, qui s'en était aperçu, différa donc la correction, et, pensant que cette fois il allait enfin lui obéir, il étendit l'échalas devant Love, et lui dit pour la troisième fois : Cherche !

Love prit son élan et sauta par-dessus l'échalas.

Love savait admirablement trois choses : danser sur les pattes de derrière, faire le mort et sauter pour le roi.

Alexandre, qui, pour le moment, n'appréciait pas plus ce dernier talent que les autres, cassa l'échalas sur le dos de Love, qui se sauva en hurlant du côté de notre chasseur.

Or, comme Love arrivait, notre chasseur tirait, et, par le plus grand hasard, une malheureuse alouette qui s'était trouvée sous le coup tombait dans la gueule de Love. Love remercia la Providence qui lui envoyait une pareille bénédiction ; et, sans s'inquiéter si elle était rôtie ou non, il n'en fit qu'une bouchée.

Notre chasseur se précipita sur le malheureux chien avec les imprécations les plus terribles, le saisit à la gorge et la lui serra avec tant de force, qu'il le força d'ouvrir la gueule, quelque envie qu'il eût de n'en rien faire. Le chasseur y plongea frénétiquement la main jusqu'au gosier, et en tira trois plumes de la queue de l'alouette. Quant au corps, il n'y fallait plus penser.

Le propriétaire de l'alouette chercha dans sa poche un couteau pour éventrer Love, et rentrer par ce moyen en possession de son gibier ; mais, malheureusement pour lui, et heureusement pour Love, il avait prêté le sien la veille au soir à sa femme pour tailler d'avance les brochettes qui devaient enfiler ses perdrix ; et sa femme avait oublié de le lui rendre. Forcé en conséquence de recourir à des moyens de punition moins violents, il donna à Love un coup de pied à enfoncer une porte cochère, mit soigneusement les trois plumes qu'il avait sauvées dans sa carnassière, et cria de toutes ses forces à Alexandre : — Vous pouvez être tranquille, mon cher ami, jamais je ne chasserai avec vous, à l'avenir. Votre gredin de chien vient de me dévorer une caille superbe ! Ah ! reviens-y, drôle !...

Love n'avait garde d'y revenir. Il se sauvait, au contraire, tant qu'il avait de jambes, du côté de son maître, ce qui prouvait qu'à tout prendre il aimait encore mieux les coups d'échalas que les coups de pied.

Cependant l'alouette avait mis Love en appétit, et, comme il voyait de temps en temps se lever devant lui des individus qui paraissaient appartenir à la même espèce, il se prit à courir en tous sens dans l'espoir sans doute qu'il finirait par rencontrer une seconde aubaine pareille à la première.

Alexandre le suivait à grand'peine et se damnait en le suivant : c'est que Love quêtait d'une manière toute contraire à celle adoptée par les autres chiens, c'est-à-dire le nez en l'air et la queue en bas. Cela dénotait qu'il avait la vue meilleure que l'odorat ; mais ce déplacement de facultés physiques était intolérable pour son maître, à cent pas duquel il courait toujours, faisant lever le gibier à deux portées de fusil de distance et le chassant à voix jusqu'à la remise. Ce manège dura toute la journée.

Vers les cinq heures du soir, Alexandre avait fait à peu près quinze lieues et Love plus de cinquante. l'un était exténué de crier et l'autre d'aboyer ; quant au chasseur, il avait accompli sa mission, et s'était séparé de tous deux pour aller tirer des bécassines dans les marais de Pantin.

Tout à coup Love tomba en arrêt.

Mais un arrêt si ferme, si dur, qu'on aurait dit que, comme le chien de Céphale, il était changé en pierre.

A cette vue si nouvelle pour lui, Alexandre oublia sa fatigue, courut comme un dératé, tremblant toujours que Love ne forçât son arrêt avant qu'il ne fût arrivé à portée. Mais il n'y avait pas de danger : Love avait les quatre pattes fixées en terre.

Alexandre le rejoignit, examina la direction de ses yeux, vit qu'ils étaient fixés sur une touffe d'herbe, et, sous cette touffe d'herbe, aperçut quelque chose de grisâtre. Il crut que c'était quelque jeune perdreau séparé de sa compagnie ; et, se fiant plus à sa casquette qu'à son fusil, il coucha son arme à terre, prit sa casquette à sa main, et, s'approchant à pas de loup, comme un enfant qui veut attraper un papillon, il abattit la susdite sur l'objet inconnu, fourra vivement la main dessous, et retira une grenouille.

Un autre aurait jeté la grenouille à trente pas : Alexandre, au contraire, pensa que, puisque la Providence lui envoyait cette intéressante bête d'une manière si miraculeuse, c'est qu'elle avait sur elle des vues cachées et qu'elle la réservait à de grandes choses.

En conséquence, il la mit soigneusement dans son carnier, la rapporta religieusement chez lui, la transvasa, aussitôt rentré, dans un bocal dont nous avions mangé la veille les dernières cerises, et lui versa sur la tête tout ce qui restait d'eau dans la carafe.

Ces soins pour une grenouille auraient pu paraître extraordinaires de la part d'un homme qui se la serait procurée d'une manière moins compliquée que ne l'avait fait Alexandre, mais Alexandre savait ce que cette grenouille lui coûtait, et il la traitait en conséquence.

Elle lui coûtait six cent soixante francs, sans compter le port d'armes.

—❖❖◉❖❖—

IV

CONTINUATION DE L'HISTOIRE DE MADEMOISELLE CAMARGO.

h! ah! fit le docteur Thierry en entrant le lendemain dans l'atelier, vous avez un nouveau locataire.

Et, sans faire attention au grognement amical de Tom et aux grimaces prévenantes de Jacques, il s'avança vers le bocal qui contenait mademoiselle Camargo et y plongea la main.

Mademoiselle Camargo, qui ne connaissait pas Thierry pour un médecin très-savant et pour un homme fort spirituel, se mit à ramer circulairement le plus vite qu'elle put, ce qui ne l'empêcha pas d'être saisie au bout d'un instant par l'extrémité de la patte gauche, et de sortir de son domicile la tête en bas.

— Tiens! dit Thierry en la faisant tourner à peu près comme une bergère fait tourner un fuseau, c'est la *rana temporaria*, voyez : ainsi nommée à cause de ces deux taches noires qui vont de l'œil au tympan ; qui vit également dans les eaux courantes et dans les marais ; que quelques auteurs ont nommée la grenouille muette parce qu'elle coasse au fond de l'eau, tandis que la grenouille verte ne peut coasser qu'au dehors. Si vous en avez deux cents comme celle-ci, je vous donnerai le conseil de leur couper les cuisses de derrière, de les assaisonner en fricassée de poulet, d'envoyer chercher chez Corcelet deux bouteilles de Bordeaux-Mouton, et de m'inviter à dîner : mais, n'en ayant qu'une, nous nous contenterons, avec votre permission, d'éclaircir sur elle un point de science encore obscur, quoique soutenu par plusieurs naturalistes : c'est que cette grenouille peut rester six mois sans manger.

A ces mots, il laissa retomber mademoiselle Camargo, qui se mit incontinent à faire deux ou trois fois, avec la souplesse joyeuse dont ses membres étaient capables, le périple de son bocal ; après quoi, apercevant une mouche qui était tombée dans son domaine, elle s'élança à la surface de l'eau et l'engloutit.

— Je te passe encore celle-là, dit Thierry, mais fais bien attention qu'en voilà pour cent quatre-vingt-trois jours ; car, malheureusement pour mademoiselle Camargo, l'année 1830 était bissextile : la science gagnait douze heures à cet accident solaire.

Mademoiselle Camargo ne parut nullement s'inquiéter de cette menace et resta gaillardement la

Il abattit sa casquette sur cet objet inconnu. — Pᴀɢᴇ 15.

tête hors de l'eau, les quatre pattes nonchalamment étendues sans mouvement aucun, et avec le même aplomb que si elle eût reposé sur un terrain solide.

— Maintenant, dit Thierry faisant glisser un tiroir, pourvoyons à l'ameublement de la prisonnière.

Il en tira deux cartouches, une vrille, un canif, deux pinceaux et quatre allumettes. Decamps le regardait faire en silence et sans rien comprendre à cette manœuvre à laquelle le docteur prêtait autant de soin qu'aux préparatifs d'une opération chirurgicale ; puis il vida la poudre dans un porte-mou-

chette, et garda les balles, jeta la plume et le blaireau à Jacques, et garda les entes (1).

— Quelle diable de bricole faites vous là? dit Decamps arrachant à Jacques ses deux meilleurs pinceaux ; mais vous ruinez mon établissement.

— Je fais une échelle, dit gravement Thierry.

En effet, il venait de percer à l'aide de la vrille les deux balles de plomb, avait assujetti dans les trous les entes des pinceaux, et, dans ces entes destinées à faire les montants, il assujettissait trans-

(1) Nom du bâton auquel on fixe le pinceau (du verbe *enter*).

— Quelle diable de bricole faites-vous là? Mais vous ruinez mon établissement. — PAGE 16.

versalement les allumettes, qui devaient servir d'échelons. Au bout de cinq minutes l'échelle fut terminée et descendue dans le bocal, au fond duquel elle resta assujettie par le poids des deux balles. Mademoiselle Camargo fut à peine propriétaire de ce meuble, qu'elle en fit essai comme pour s'assurer de sa solidité, en montant jusqu'au dernier échelon.

— Nous aurons de la pluie, dit Thierry.

— Diable! fit Decamps, vous croyez? et mon frère qui voulait retourner aujourd'hui à la chasse.

— Mademoiselle Camargo ne lui donne pas ce conseil, répondit le docteur.

— Comment?

— Je viens de vous économiser un baromètre, cher ami. Toutes et quantes fois mademoiselle Camargo grimpera à son échelle, ce sera signe de pluie; lorsqu'elle en descendra, vous serez sûr d'avoir du beau temps, et, quand elle se tiendra au milieu, ne vous hasardez pas sans parasol ou sans manteau : variable, variable!

— Tiens, tiens, tiens! dit Decamps.

— Maintenant, continua Thierry, nous allons boucher le bocal avec un parchemin, comme s'il contenait encore toutes ses cerises.

— Voici, lui dit Decamps lui présentant ce qu'il demandait.

— Nous allons l'assujettir avec une ficelle.

— Voilà.

— Puis je vous demanderai de la cire : bon ; une lumière : c'est ça ; et, pour m'assurer de mon expérience (il alluma la cire, cacheta le nœud, et appuya le chaton de sa bague sur le cachet) ; là, en voilà pour un semestre.

— Maintenant, continua-t-il en perçant à l'aide du canif quelques trous dans le parchemin, maintenant, une plume et de l'encre?

Avez-vous jamais demandé une plume et de l'encre à un peintre? — Non. — Eh bien! n'en demandez pas, car il ferait ce que fit Decamps : il vous offrirait un crayon.

Thierry le prit et écrivit sur le parchemin

2 *septembre* 1830.

Or, le soir de la réunion dont nous avons essayé de donner une idée à nos lecteurs, il y avait juste cent quatre-vingt-trois jours, c'est-à-dire six mois et douze heures, que mademoiselle Camargo indiquait invariablement, et sans s'être dérangée une minute, la pluie, le beau temps et le variable : régularité d'autant plus remarquable, que, pendant ce laps de temps, elle n'avait pas incorporé un atome de nourriture.

Aussi, lorsque Thierry, tirant sa montre, eut annoncé que la dernière seconde de la soixantième minute de la douzième heure était écoulée, et qu'on eut apporté le bocal, un sentiment général de pitié s'empara de l'assemblée en voyant à quel état misérable était réduite la pauvre bête, qui venait, aux dépens de son estomac, de jeter sur un point obscur de la science une si grande et si importante lumière.

— Voyez, dit Thierry triomphant, Schneider et Roësel avaient raison.

— Raison, raison, dit Jadin en prenant le bocal et en le portant à la hauteur de son œil, il ne m'est pas bien prouvé que mademoiselle Camargo ne soit défunte.

— Il ne faut pas écouter Jadin, dit Flers; il a toujours été très-mal pour mademoiselle Camargo

Thierry prit une lampe et la maintint derrière le bocal : — Regardez, dit-il, et vous verrez battre le cœur

En effet, mademoiselle Camargo était devenue si maigre, qu'elle était transparente comme un cristal, et que l'on distinguait tout l'appareil circulatoire; on pouvait même remarquer que le cœur n'avait qu'un ventricule et qu'une oreillette; mais ces organes faisaient leurs offices si faiblement, et Jadin s'était trompé de si peu, que ce n'était véritablement pas la peine de le démentir, car on n'aurait pas donné à la pauvre bête dix minutes à vivre. Ses jambes étaient devenues grêles comme des fils, et le train de derrière ne tenait à la partie antérieure du corps que par les os qui forment le ressort à l'aide duquel les grenouilles sautent au lieu de marcher. Il lui était poussé en outre sur le dos une espèce de mousse qui, à l'aide du microscope, devenait une véritable végétation marine, avec ses roseaux et ses fleurs. Thierry, en sa qualité de botaniste, prétendit même que cette imperceptible pousse appartenait à la famille des lentisques et des cressons. Personne n'entama de discussion là-dessus.

— Maintenant, dit Thierry, lorsque chacun à son tour eut bien examiné mademoiselle Camargo, il faut la laisser souper tranquillement

— Et que va-t-elle manger? dit Flers

— J'ai son repas dans cette boîte. Et Thierry, soulevant le parchemin, introduisit dans l'espace réservé à l'air une si grande quantité de mouches auxquelles il manquait une aile, qu'il était évident qu'il avait consacré sa matinée à les prendre et son après-midi à les mutiler. Nous crûmes que mademoiselle Camargo en avait pour six autres mois : l'un de nous alla même jusqu'à émettre cette opinion.

— Erreur, répondit Thierry; dans un quart d'heure, il n'y en aura plus une seule.

Le moins incrédule de nous laissa échapper un geste de doute. Thierry, fort d'un premier succès, reporta mademoiselle Camargo à sa place habituelle, sans même daigner nous répondre.

Il n'avait point encore repris sa place, lorsque la porte s'ouvrit, et que le maître du café voisin entra, portant un plateau sur lequel était une théière, un sucrier et des tasses. Il était immédiatement suivi de deux garçons qui portaient dans une manne d'osier un pain de munition, une brioche, une salade et une multitude de petits gâteaux de toutes les formes, de toutes les espèces.

Ce pain de munition était pour Tom, la brioche pour Jacques, la salade pour Gazelle, et les petits gâteaux pour nous. On commença par servir les bêtes, puis on dit aux gens qu'ils étaient libres de se servir eux-mêmes comme ils l'entendraient : ce qui me paraît, sauf meilleur avis, être la meilleure manière de faire les honneurs de chez soi.

Il y eut un instant de désordre apparent pendant lequel chacun s'accommoda à sa fantaisie et selon sa convenance. Tom emporta en grognant son pain dans sa niche; Jacques se réfugia avec sa brioche derrière les bustes de Malagutti et de Rata; Gazelle tira lentement la salade sous la table; quant à nous, nous prîmes, ainsi que cela se pratique assez généralement, une tasse de la main gauche et un gâteau de la main droite, et *vice versâ*. Au bout de dix minutes, il n'y avait plus ni thé ni gâteaux. On sonna en conséquence le maître du café, qui reparut avec ses acolytes. « *D'autres.* » dit Decamps. Et le maître du café sortit à reculons et en s'inclinant pour accomplir cette injonction.

— Maintenant, messieurs, dit Flers en regardant

Thierry d'un air goguenard et Decamps d'un air respectueux, en attendant que mademoiselle Camargo ait soupé et que l'on nous apporte d'autres gâteaux, je crois qu'il serait bon de remplir l'intermède par la lecture du manuscrit de Jadin. Il traite des premières années de Jacques Ier que nous avons tous l'honneur de connaître assez particulièrement, et auquel nous portons un intérêt trop cordial pour que les moindres détails recueillis sur lui n'acquièrent pas une grande importance à nos yeux : *dixi.*

Chacun s'inclina en signe de consentement : une ou deux personnes battirent même des mains.

— Jacques, mon ami, dit Fau, lequel, en sa qualité de précepteur, était celui de nous tous qui était le plus intime avec le héros de cette histoire, vous voyez qu'on parle vous : venez ici. Et, immédiatement après ces deux mots, il fit entendre un sifflement particulier si connu de Jacques, que l'intelligent animal ne fit qu'un bond de sa planche sur l'épaule de celui qui lui adressait la parole.

— Bien, Jacques ; c'est très-beau d'être obéissant, surtout lorsqu'on a ses abajoues pleines de brioche. Saluez ces messieurs.

Jacques porta la main à son front à la manière des militaires.

— Et si votre ami Jadin, qui va lire votre histoire, tenait sur votre compte quelques propos calomnieux, dites-lui que c'est un menteur.

Jacques hocha la tête du haut en bas, en signe d'intelligence parfaite.

C'est que Jacques et Fau étaient véritablement liés d'une amitié harmonique. C'était de la part de l'animal surtout une affection comme on n'en trouve plus chez les hommes ; et à quoi cela tenait-il ? il faut l'avouer, à la honte de l'espèce simiane, ce n'é-

tait pas en ornant son esprit comme Fénelon avait fait pour le grand dauphin, mais en flattant ses vices, comme l'avait fait Catherine à l'égard de Henri III, que le précepteur avait acquis sur l'élève cette déplorable influence. Ainsi Jacques, en arrivant à Paris, n'était qu'un amateur de bon vin : Fau en avait fait un ivrogne ; ce n'était qu'un sybarite à la manière d'Alcibiade : Fau en avait fait un cynique de l'école de Diogène ; il n'était que recherché, comme Lucullus : Fau l'avait rendu gourmand comme Grimaud de la Reynière. Il est vrai qu'il avait gagné à cette corruption morale une foule d'agréments physiques qui en faisaient un animal très-distingué. Il connaissait sa main droite de sa main gauche, faisait le mort pendant dix minutes, dansait sur la corde comme madame Saqui, allait à la chasse un fusil sous le bras et une carnassière sur le dos, montrait son port d'armes au garde champêtre et son derrière aux gendarmes. Bref, c'était un charmant mauvais sujet qui n'avait eu que le tort de naître sous la Restauration au lieu de naître sous la Régence.

Aussi, Fau frappait-il à la porte de la rue, Jacques tressaillait ; montait-il l'escalier, Jacques le sentait venir. Alors il jetait de petits cris de joie, sautait sur ses pattes de derrière comme un kanguroo ; et, quand Fau ouvrait la porte, il s'élançait dans ses bras, comme on le fait encore au Théâtre-Français dans le drame des *Deux Frères*. Bref, tout ce qui était à Jacques était à Fau, et il se serait ôté la brioche de la bouche pour la lui offrir.

— Messieurs, dit Jadin, si vous voulez vous asseoir et allumer les pipes et les cigares, je suis prêt.

Chacun obéit. Jadin toussa, ouvrit le manuscrit et lut ce qui suit.

V

COMMENT JACQUES Ier FUT ARRACHÉ DES BRAS DE SA MÈRE EXPIRANTE ET PORTÉ A BORD DU BRICK
DE COMMERCE LA ROXELANE (CAPITAINE PAMPHILE).

 e 24 juillet 1827, le brick faisait voile de Marseille et allait charger du café à Moka, des épiceries à Bombay, et du thé à Canton; il relâcha pour renouveler ses vivres dans la baie de Saint-Paul de Loanda, située, comme chacun sait, au centre de la Guinée inférieure.

Pendant que les échanges se faisaient, le capitaine Pamphile, qui en était à son dixième voyage dans les Indes, prit son fusil, et, par une chaleur de soixante-dix degrés, s'amusa à remonter les rives de la rivière Bango. Le capitaine Pamphile était, depuis Nemrod, le plus grand chasseur devant Dieu qui eût paru sur la terre.

Il n'avait pas fait vingt pas dans les grandes herbes qui bordent le fleuve, qu'il sentit que le pied lui tournait sur un objet rond et glissant comme le tronc d'un jeune arbre. Au même instant, il entendit un sifflement aigu, et, à dix pas devant lui, il vit se dresser la tête d'un énorme boa, sur la queue duquel il avait marché.

Un autre que le capitaine Pamphile eût certes ressenti quelque crainte en se voyant menacé par cette tête monstrueuse, dont les yeux sanglants brillaient en le regardant comme deux escarboucles, mais le boa ne connaissait pas le capitaine Pamphile.

— Tron dé Diou de répétile, essé que tu crois me fairé peur? dit le capitaine; et, au moment où le serpent ouvrait la gueule, il lui envoya une balle qui lui traversa le palais et sortit par le haut de la tête. Le serpent tomba mort.

Le capitaine commença par recharger tranquillement son fusil; puis, tirant son couteau de sa poche, il alla vers l'animal, lui ouvrit le ventre, sépara le foie des entrailles, comme avait fait l'ange de Tobie, et, après un instant de recherche active, il y trouva une petite pierre bleue de la grosseur d'une noisette.

— Bon! dit-il. Et il mit la pierre dans une bourse où il y en avait déjà une douzaine d'autres pareilles.

Le capitaine Pamphile était lettré comme un mandarin : il avait lu les *Mille et une Nuits* et cherchait le Bézoard enchanté du prince Caramalzaman.

Dès qu'il crut l'avoir trouvé, il se remit en chasse.

Au bout d'un quart d'heure, il vit s'agiter les herbes à quarante pas devant lui et entendit un rugissement terrible. A ce bruit, tous les êtres semblèrent reconnaître le maître de la création. Les oiseaux qui chantaient se turent; deux gazelles effarouchées bondirent et s'élancèrent dans la plaine; un éléphant sauvage, qu'on apercevait à un quart de lieue de là, sur une colline, leva sa trompe pour se préparer au combat.

— Prrrrou! prrrrou! fit le capitaine Pamphile, comme s'il se fût agi de faire envoler une compagnie de perdreaux.

A ce bruit, un tigre, qui était resté couché jusqu'alors, se leva, battant ses flancs de sa queue : c'était un tigre royal de la plus grande taille. Il fit un bond et se rapprocha de vingt pieds du chasseur.

— Farceur! dit le capitaine Pamphile, tu crois que je vais te tirer à cette distance, pour te gâter ta peau? Prrrrou! prrrrou!

Le tigre fit un second bond qui le rapprocha de vingt pieds encore; mais, au moment où il touchait la terre, le coup partit, et la balle l'atteignit dans l'œil gauche. Le tigre boula comme un lièvre et expira aussitôt.

Le capitaine Pamphile rechargea tranquillement son fusil, tira son couteau de sa poche, retourna le tigre sur le dos, lui fendit la peau sous le ventre, et le dépouilla comme une cuisinière fait d'un lapin. Ensuite il s'affubla de la fourrure de sa victime, comme l'avait fait quatre mille ans auparavant l'hercule Néméen, dont, en sa qualité de Marseillais, il avait la prétention de descendre; puis il se remit en chasse.

Une demi-heure ne s'était point écoulée qu'il entendit une grande rumeur dans les eaux du fleuve dont il suivait les rives. Il courut vivement sur le bord et reconnut que c'était un hippopotame qui allait contre le cours de l'eau, et qui de temps en temps montait à sa surface pour souffler.

— Bagasse! dit le capitaine Pamphile, voilà qui

— Tron dé Diou dé répétile, essé qué tu crois mé fairé peur? — Page. 20.

va m'épargner pour six francs de verroteries · c'était le prix courant des bœufs à Saint-Paul de Loanda, et le capitaine Pamphile passait pour être économe.

En conséquence, guidé par les bulles d'air qui le dénonçaient en venant crever à la surface de la rivière, il suivit la marche de l'animal, et, lorsque celui-ci sortit son énorme tête, le chasseur, choisissant le seul point qui soit vulnérable, lui envoya une balle dans l'oreille. Le capitaine Pamphile aurait, à cinq cents pas, touché Achille au talon.

Le monstre tournoya quelques secondes, mugissant effroyablement et battant l'eau de ses pieds. Un instant on eût cru qu'il allait s'engloutir dans le tourbillon que lui creusait son agonie ; mais bientôt ses forces s'épuisèrent, il roula comme un ballot ; puis peu à peu la peau blanchâtre et lisse de son ventre apparut, au lieu de la peau noire et pleine de rugosités de son dos, et, dans un dernier effort, il vint s'échouer, les quatre pattes en l'air, au milieu des herbes qui poussaient au bord de la rivière.

Le capitaine Pamphile rechargea tranquillement

son fusil, tira son couteau de sa poche, coupa un petit arbre de la grosseur d'un manche à balai, l'aiguisa par un bout, le fendit par l'autre, planta le bout aiguisé dans le ventre de l'hippopotame, et introduisit dans le bout fendu une feuille de son agenda, sur laquelle il écrivit au crayon :

Au cuisinier du brick de commerce la Roxelane, de la part du capitaine Pamphile, en chasse sur les rives de la rivière Bango.

Puis il poussa du pied l'animal, qui prit le fil de l'eau et descendit tranquillement la rivière, étiqueté comme le portemanteau d'un commis voyageur.

— Ah ! fit le capitaine Pamphile, lorsqu'il vit les provisions en bonne route vers son bâtiment, je crois que j'ai bien gagné que zé dézeunasse. Et, comme c'était une vérité que lui seul avait besoin de reconnaître pour que toutes ses conséquences en fussent déduites à l'instant même, il étendit sa peau de tigre, s'assit dessus, tira de sa poche gauche une gourde de rhum qu'il posa à sa droite, de sa poche droite une superbe goyave qu'il posa à sa gauche, et de sa gibecière un morceau de biscuit qu'il plaça entre ses jambes, puis il se mit à charger sa pipe pour n'avoir rien de fatigant à faire après son repas.

Vous avez vu parfois Deburau faire avec grand soin les préparatifs de son déjeuner pour que Arlequin le mange ; — vous vous rappelez sa tête, n'est-ce pas, lorsqu'en se tournant il voit son verre vide et sa pomme chippée ? — Oui. Eh bien ! regardez le capitaine Pamphile qui trouve sa gourde de rhum renversée et sa goyave disparue.

Le capitaine Pamphile, à qui le privilége du ministre de l'intérieur n'a point interdit la parole, fit entendre le plus merveilleux Tron dé Diou qui soit sorti d'une bouche provençale depuis la fondation de Marseille ; mais, comme il était moins crédule que Deburau, qu'il avait lu les philosophes anciens et modernes, et qu'il avait appris dans Diogène de Laerce et dans M. de Voltaire qu'il n'est point d'effet sans cause, il se mit immédiatement à chercher la cause dont l'effet lui était si préjudiciable, mais cela sans faire semblant de rien, sans bouger de la place où il était, et tout en ayant l'air de grignoter son pain sec. Sa tête seule tourna, cinq minutes à peu près, comme celle d'un magot de la Chine, et cela infructueusement, lorsque tout à coup un objet quelconque lui tomba sur la tête et s'arrêta dans ses cheveux. Le capitaine porta la main à l'endroit percuté et trouva la pelure de sa goyave. Le capitaine Pamphile leva le nez et aperçut directement au-dessus de lui un singe qui grimaçait dans les branches d'un arbre.

Le capitaine Pamphile étendit la main vers son fusil, sans perdre de vue son larron ; puis, appuyant la crosse à son épaule, il lâcha le coup. La guenon tomba à côté de lui.

— Pécaïre ! dit le capitaine Pamphile en jetant les yeux sur sa nouvelle proie, j'ai tué un singe bicéphale.

En effet, l'animal gisant aux pieds du capitaine Pamphile avait deux têtes bien séparées, bien distinctes, et le phénomène était d'autant plus remarquable, que l'une des deux têtes était morte et avait les yeux fermés, tandis que l'autre était vivante et avait les yeux ouverts.

Le capitaine Pamphile, qui voulait éclaircir ce point bizarre d'histoire naturelle, prit le monstre par la queue et l'examina avec attention ; mais à la première inspection tout étonnement disparut. Le singe était une guenon, et la seconde tête celle de son petit, qu'elle portait sur son dos au moment où elle avait reçu le coup, et qui était tombé de sa chute sans lâcher le sein maternel.

Le capitaine Pamphile, à qui le dévouement de Cléobis et Biton n'aurait pas fait verser une larme, prit le petit singe par la peau du cou, l'arracha du cadavre qu'il tenait embrassé, l'examina un instant avec autant d'attention qu'aurait pu le faire M. de Buffon, et, pinçant ses lèvres d'un air de satisfaction intérieure :

— Bagasse ! s'écria-t-il, c'est un callitriche ; cela vaut cinquante francs comme un liard, rendu sur le port de Marseille. Et il le mit dans sa gibecière.

Puis, comme le capitaine Pamphile était à jeun par l'incident que nous avons raconté, il se décida à reprendre la route de la baie. D'ailleurs, quoique la chasse n'eût duré que deux heures environ, il avait tué dans cet espace de temps un serpent boa, un tigre, un hippopotame, et rapporté vivant un callitriche. Il y a bien des chasseurs parisiens qui se contenteraient d'une pareille chance pour toute leur journée.

En arrivant sur le pont du brick, il vit tout l'équipage occupé autour de l'hippopotame, qui était heureusement parvenu à son adresse. Le chirurgien du navire lui arrachait les dents afin d'en faire des manches de couteaux pour Villenave et de faux râteliers pour Désirabode ; le contre-maître lui enlevait le cuir et le découpait en lanières afin d'en confectionner des fouets à battre les chiens et des garcettes à épousseter les mousses ; enfin le cuisinier lui taillait des biftecks dans le filet et des grillades dans l'entre-côte pour la table du capitaine Pamphile : le reste de l'animal devait être coupé par quartiers et salé à l'intention de l'équipage.

Le capitaine Pamphile fut si satisfait de cette activité, qu'il ordonna une distribution extraordinaire de rhum et fit remise de cinq coups de garcette à un mousse qui était condamné à en recevoir soixante-dix.

Le soir on mit à la voile.

Vu ce surcroît de provisions, le capitaine Pamphile jugea inutile de relâcher au cap de Bonne-Espérance, et, laissant à sa droite les îles du prince

Édouard, et à sa gauche la terre de Madagascar, il s'élança dans la mer des Indes

La *Roxelane* marchait donc bravement vent arrière, filant ses huit nœuds à l'heure, ce qui, au dire des marins, est un fort joli train pour un bâtiment de commerce, lorsqu'un matelot des vigies cria des huniers

— Une voile à l'avant !

Le capitaine Pamphile prit sa lunette, la braqua sur le bâtiment signalé, regarda à l'œil nu, rebraqua de nouveau sa lunette ; puis, après un instant d'examen attentif, il appela le second et lui remit silencieusement l'instrument entre les mains. Celui-ci le porta aussitôt à son œil.

— Eh bien ! Policar, dit le capitaine lorsqu'il eut cru que celui auquel il adressait la parole avait eu le temps d'examiner à son aise l'objet en question, que dis-tu de cette patache ?

— Ma foi, capitaine, je dis qu'elle a une drôle de tournure. Quant à son pavillon, — il reporta la lunette à son œil, — le diable me brûle si je sais quelle puissance il représente : c'est un dragon vert et jaune sur un fond blanc.

— Eh bien ! saluez jusqu'à terre, mon ami, car vous avez devant vous un bâtiment appartenant au fils du soleil, au père et à la mère du genre humain, au roi des rois, au sublime empereur de la Chine et de la Cochinchine ; et, de plus, je reconnais à sa couronne arrondie et à sa marche de tortue qu'il ne retourne pas à Pékin le ventre vide

— Diable ! diable ! fit Policar en se grattant l'oreille

— Que penses-tu de la rencontre ?

— Je pense que ce serait drôle.

— N'est-ce pas ?... Eh bien ! moi aussi, mon enfant.

— Alors, il faut...

— Monter la ferraille sur le pont et déployer jusqu'au dernier pouce de toile.

— Ah ! il nous a aperçus à son tour.

— Alors attendons la nuit, et jusque-là filons honnêtement notre câble afin qu'il ne se doute de rien. Autant que je puis juger de sa marche, avant cinq heures nous serons dans ses eaux ; toute la nuit nous naviguerons bord à bord, et demain, dès le matin, nous lui dirons bonjour.

Le capitaine Pamphile avait adopté un système. Au lieu de lester son bâtiment avec des pavés ou des gueuses, il mettait à fond de cale une demi-douzaine de pierriers, quatre ou cinq caronades de douze et une pièce de huit allongée ; puis, à tout hasard, il y ajoutait quelques milliers de gargousses, une cinquantaine de fusils, et une vingtaine de sabres d'abordage. Une occasion semblable à celle dans laquelle on se trouvait se présentait-elle, il faisait monter toutes ces petites bricoles sur le pont, as-

sujettissait les pierriers et les caronades sur leurs pivots, traînait la pièce de huit sur l'arrière, distribuait les fusils à ses hommes, et commençait à établir ce qu'il appelait son système d'échange. Ce fut dans ces dispositions commerciales que le bâtiment chinois le trouva le lendemain.

La stupéfaction fut grande à bord du navire impérial. Le capitaine avait reconnu la veille un navire marchand, et s'était endormi là-dessus en fumant sa pipe à opium ; mais voilà que dans la nuit le chat était devenu tigre, et qu'il montrait ses griffes de fer et ses dents de bronze.

On alla prévenir le capitaine Kao-Kiou-Koan de la situation dans laquelle on se trouvait. Il achevait un rêve délicieux : le fils du soleil venait de lui donner une de ses sœurs en mariage, de sorte qu'il se trouvait beau-frère de la lune.

Aussi eut-il beaucoup de peine à comprendre ce que lui voulait le capitaine Pamphile. Il est vrai que celui-ci lui parlait en provençal et que le nouveau marié répondait en chinois. Enfin il se trouva à bord de la *Roxelane* un Provençal qui savait un peu de chinois, et à bord du bâtiment du sublime empereur un Chinois qui parlait passablement provençal, de sorte que les deux capitaines finirent par s'entendre.

Le résultat du dialogue fut que la moitié de la cargaison du bâtiment impérial (capitaine Kao-Kiou-Koan) passa immédiatement à bord du brick de commerce la *Roxelane* (capitaine Pamphile).

Et, comme cette cargaison se composait justement de café, de riz et de thé, il en résulta que le capitaine Pamphile n'eut besoin de relâcher ni à Moka, ni à Bombay, ni à Pékin ; ce qui lui fit une grande économie de temps et d'argent.

Cela le rendit de si bonne humeur, qu'en passant à l'île Rodrigue il acheta un perroquet.

— Messieurs, dit Jadin en s'interrompant, comme il m'a été impossible de savoir si le perroquet en question était un jacquot ou un kakatoès, et que la chose était fort importante, j'ai écrit au capitaine Pamphile, afin d'obtenir de lui-même les renseignements les plus précis sur la famille du nouveau personnage que nous mettons en scène ; mais, après s'être défait avantageusement de ses marchandises, il était reparti pour un onzième voyage dans l'Inde. Madame Pamphile m'a fait l'honneur de me répondre que son époux serait de retour vers le mois de septembre ou d'octobre prochain, je suis donc forcé de vous remettre à cette époque pour la continuation de l'histoire de Jacques Ier et de Jacques II.

Cette déclaration de Jadin ramena tout naturellement les esprits vers le positif et les yeux vers la pendule. Il était minuit, heure militaire pour presque tous ceux qui logent au-dessus du cinquième étage.

Chacun se leva donc pour se retirer, lorsque Flers rappela au docteur Thierry qu'il restait une dernière vérification à faire.

Le docteur prit le bocal, l'exposa à la vue de tous. Il n'y restait pas une seule mouche; en échange, mademoiselle Camargo avait acquis le volume d'un œuf de dinde, et semblait sortir d'un pot à cirage.

Chacun s'éloigna en félicitant Thierry sur son immense érudition

Le lendemain nous reçûmes une lettre ainsi conçue.

« MM. Louis et Alexandre Decamps ont l'honneur de vous faire part de la perte douloureuse qu'ils viennent de faire de mademoiselle Camargo, morte d'indigestion, dans la nuit du 2 au 3 septembre. »

FIN.